apprendre à dessiner
animaux mignons

+50

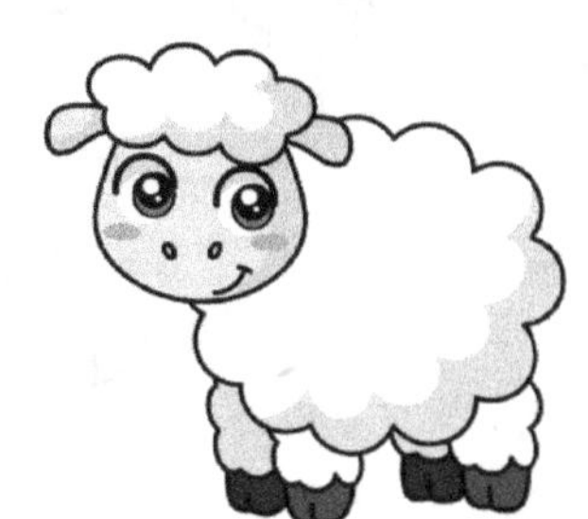

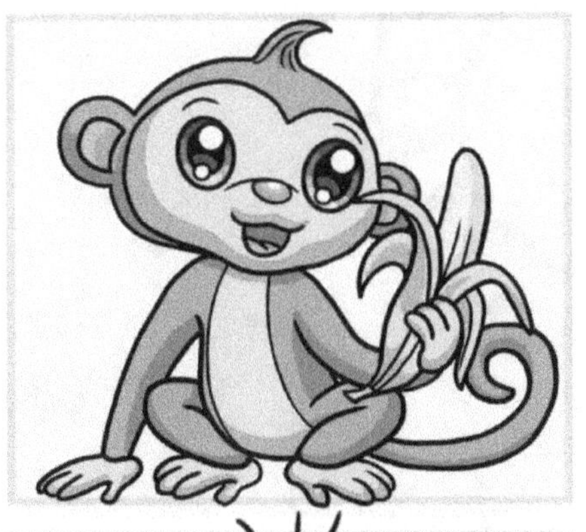

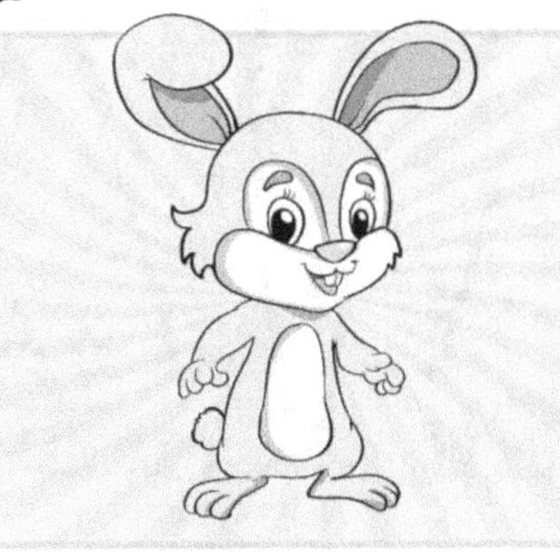

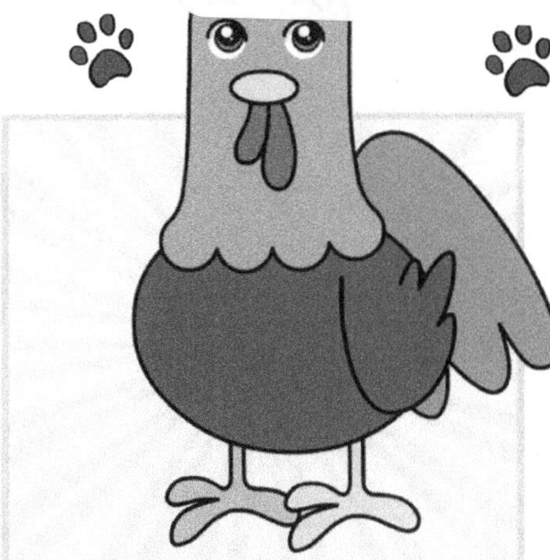

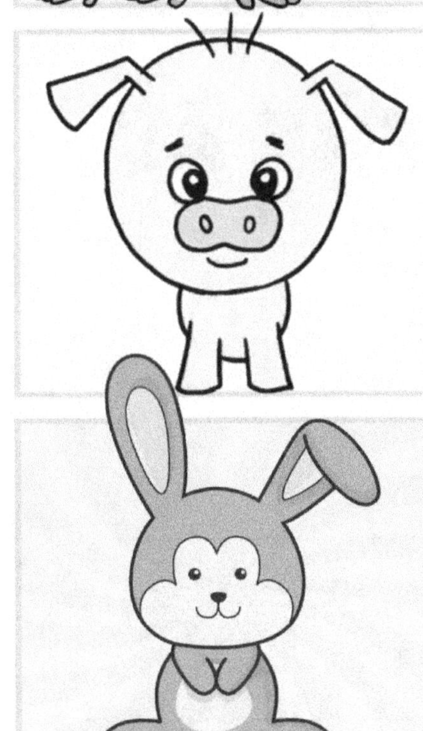

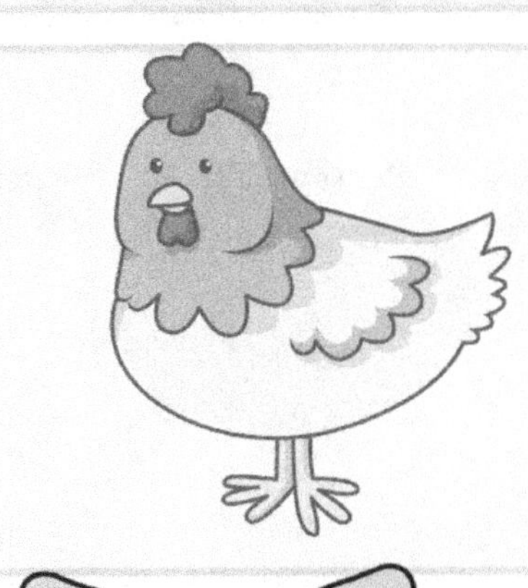

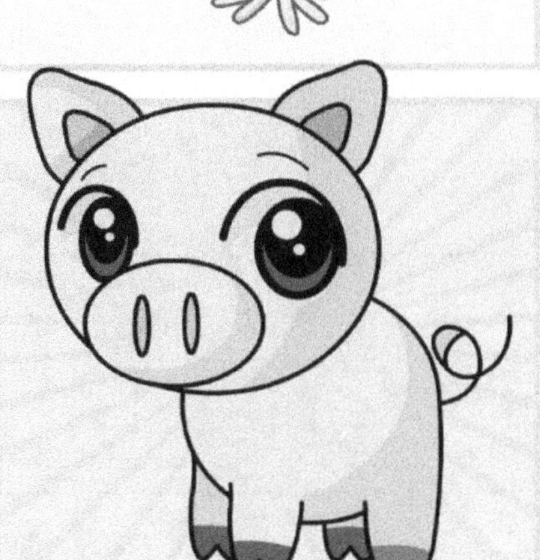

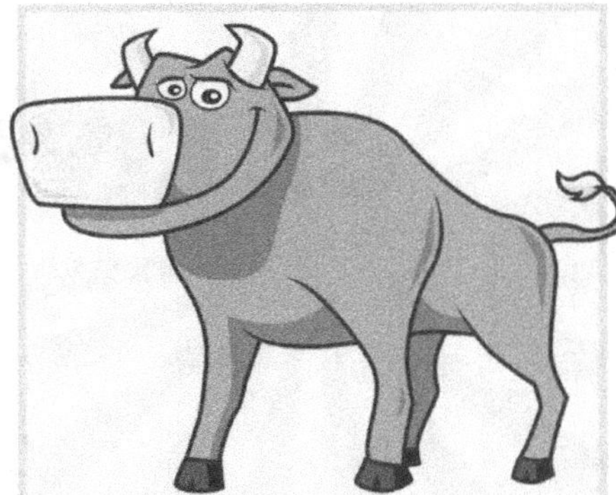

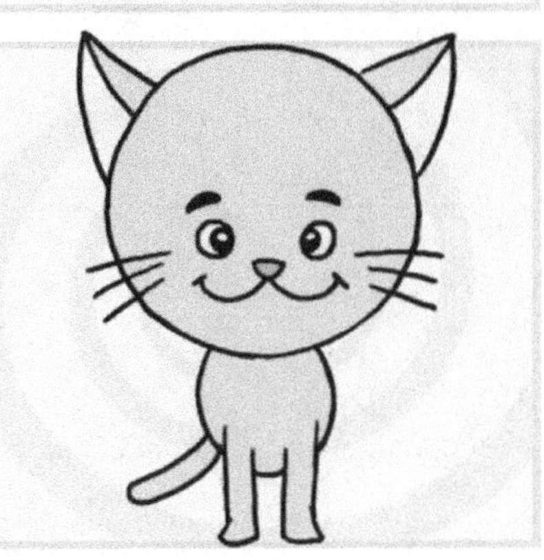

Sara Press

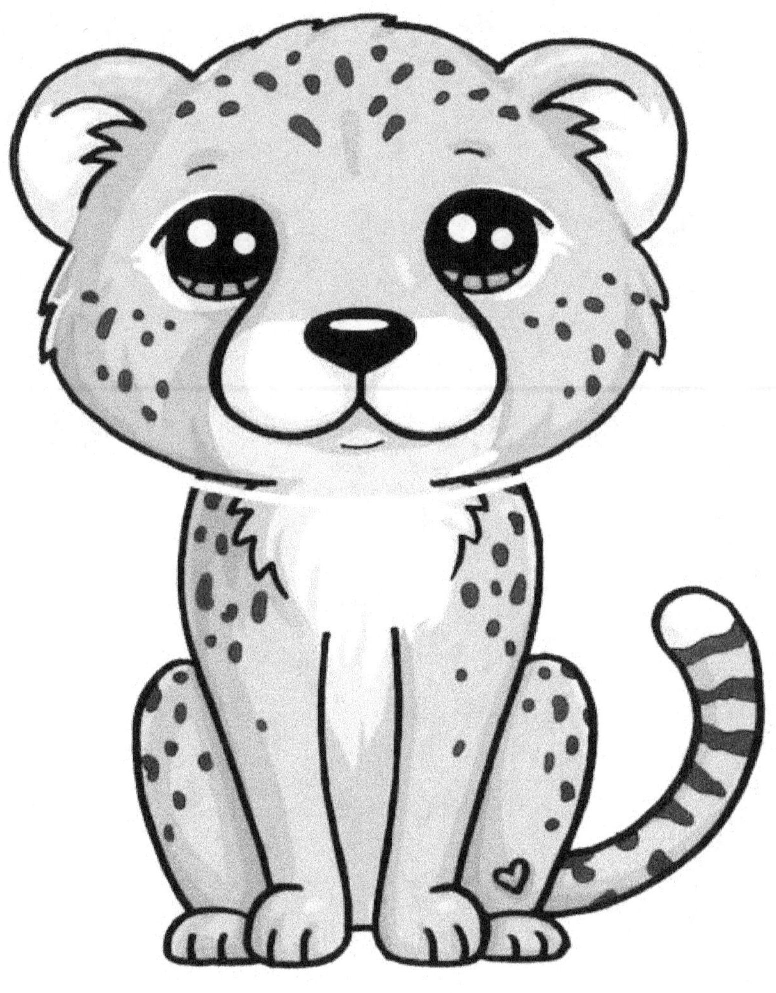

CE LIVRE APPARTIENT À:

....

....

animaux mignons

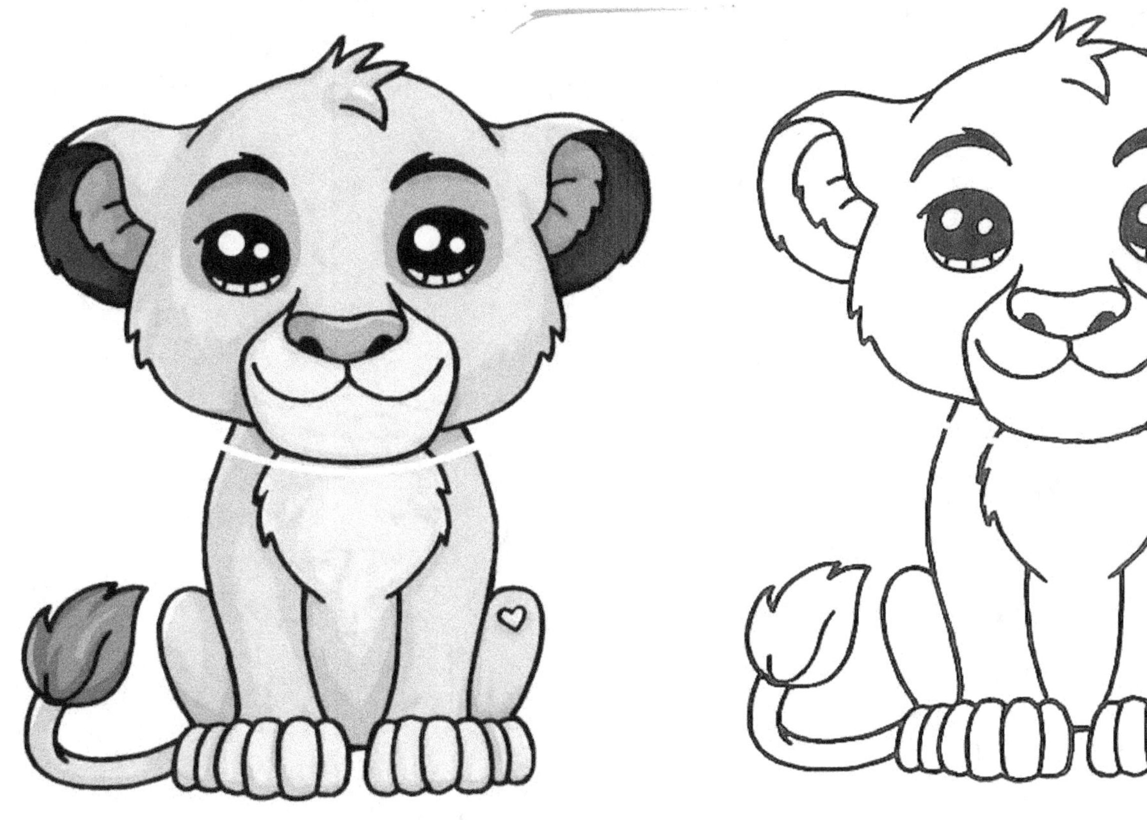

Comment utiliser ce livre, Tout ce dont vous avez besoin pour commencer est un morceau de papier, un crayon et une gomme, mais n'hésitez pas à utiliser n'importe quel outil pour dessiner les personnages et vous pourrez les nommer après les avoir dessinés dans les pages de formation.

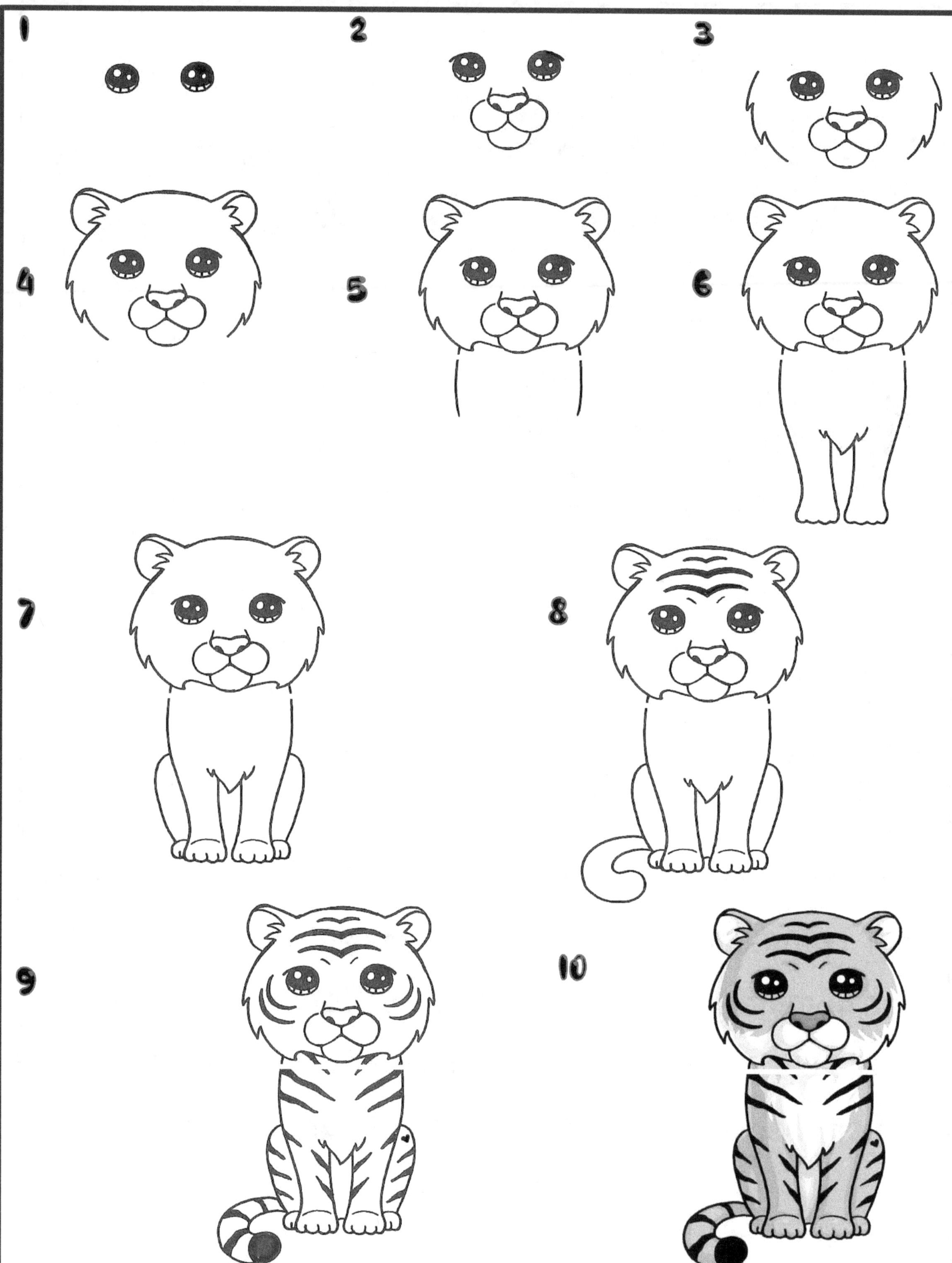

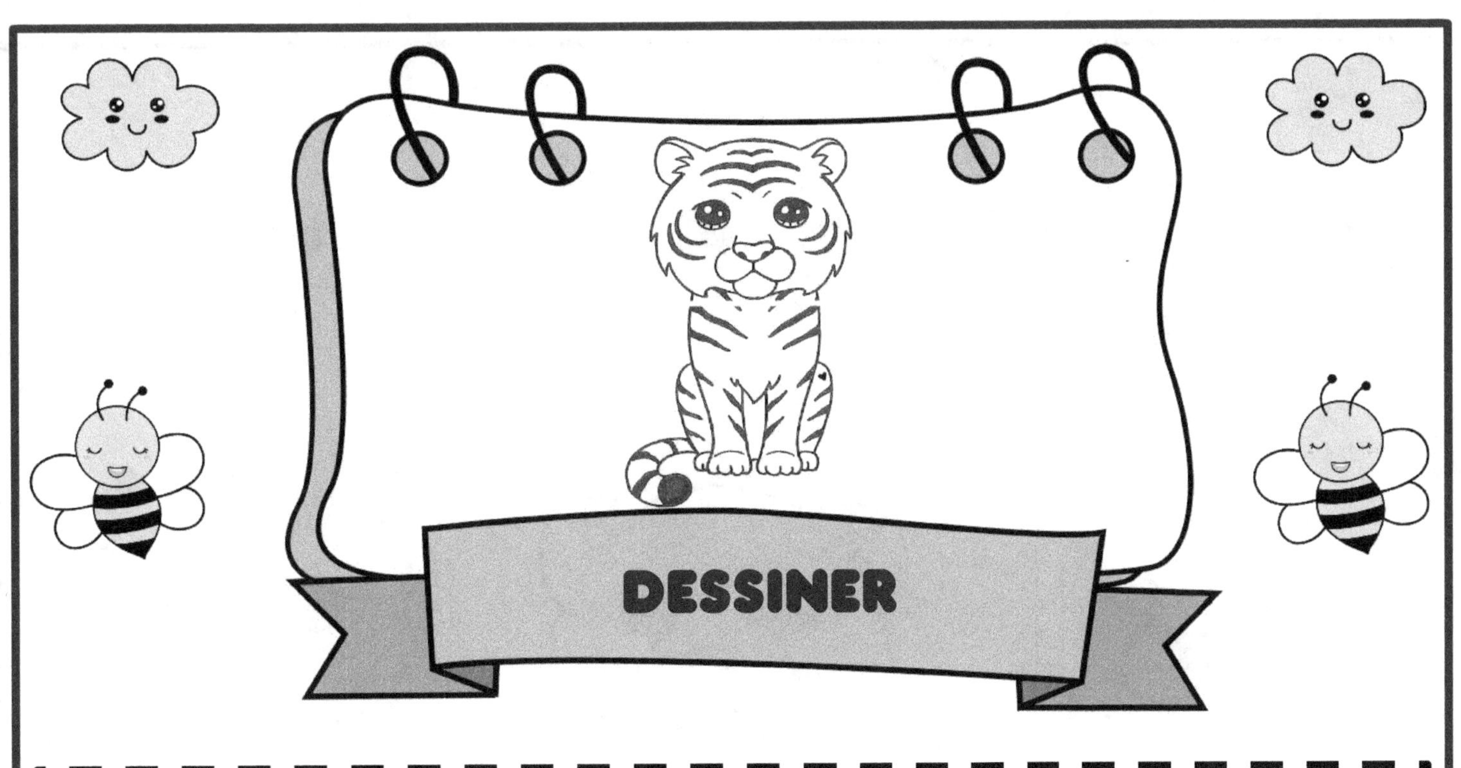

DESSINER

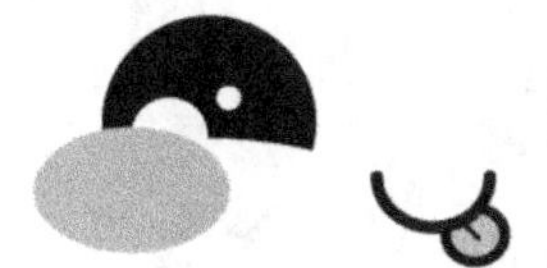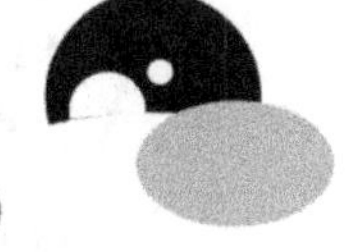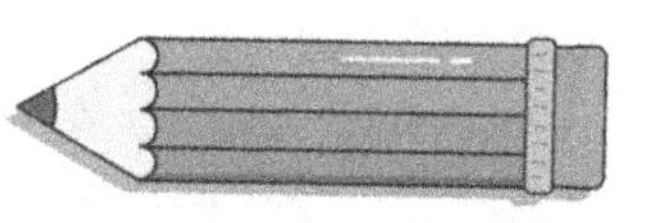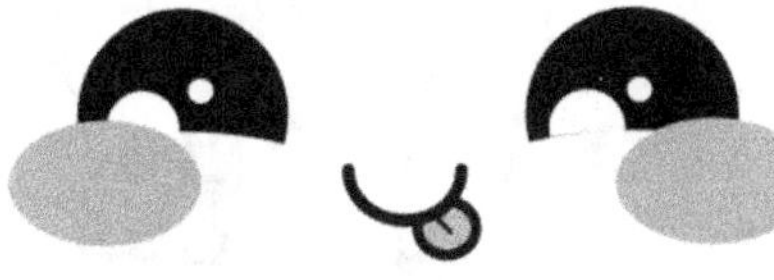

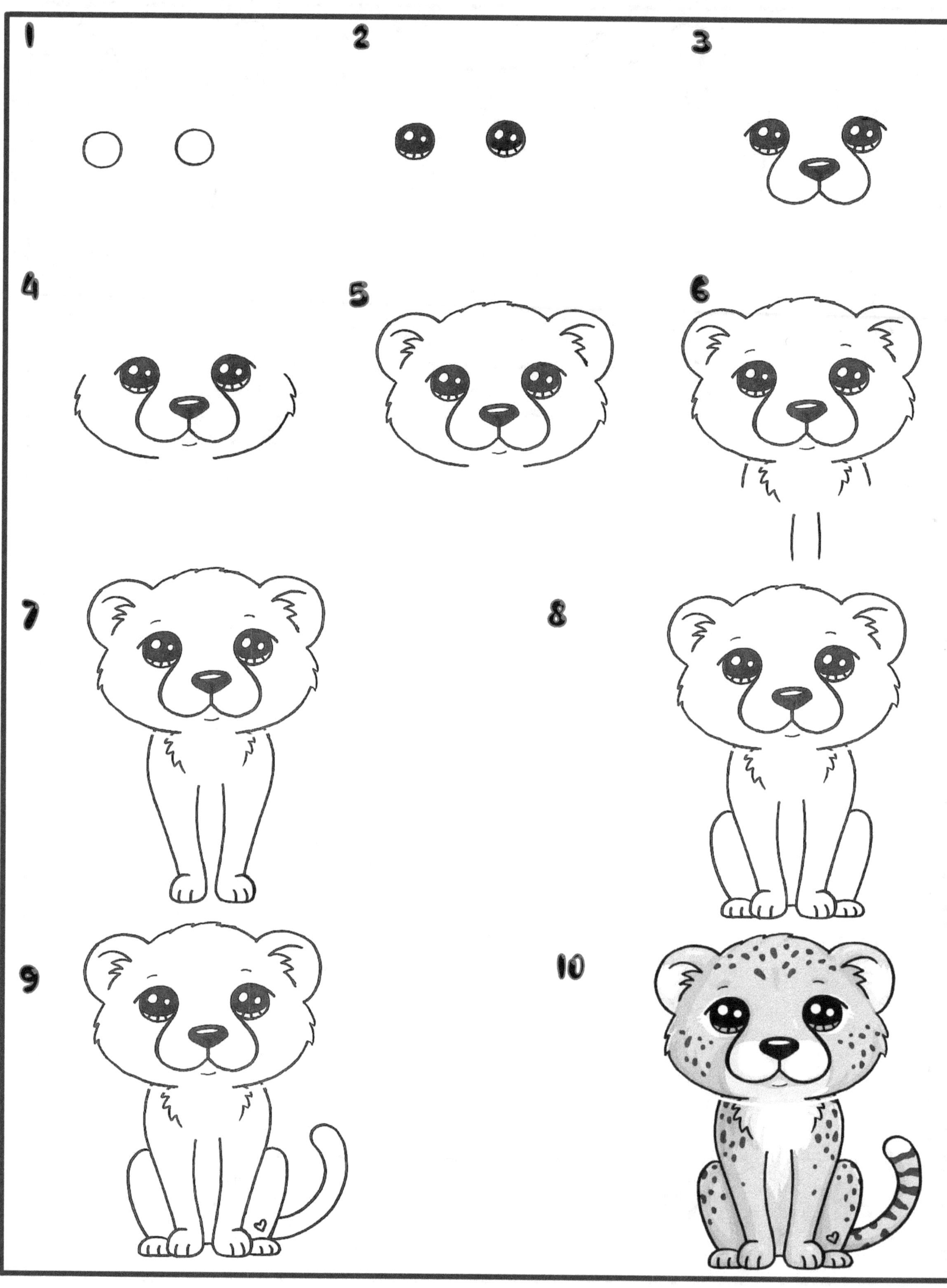

1
2
3
4
5
6
7
8
9
10

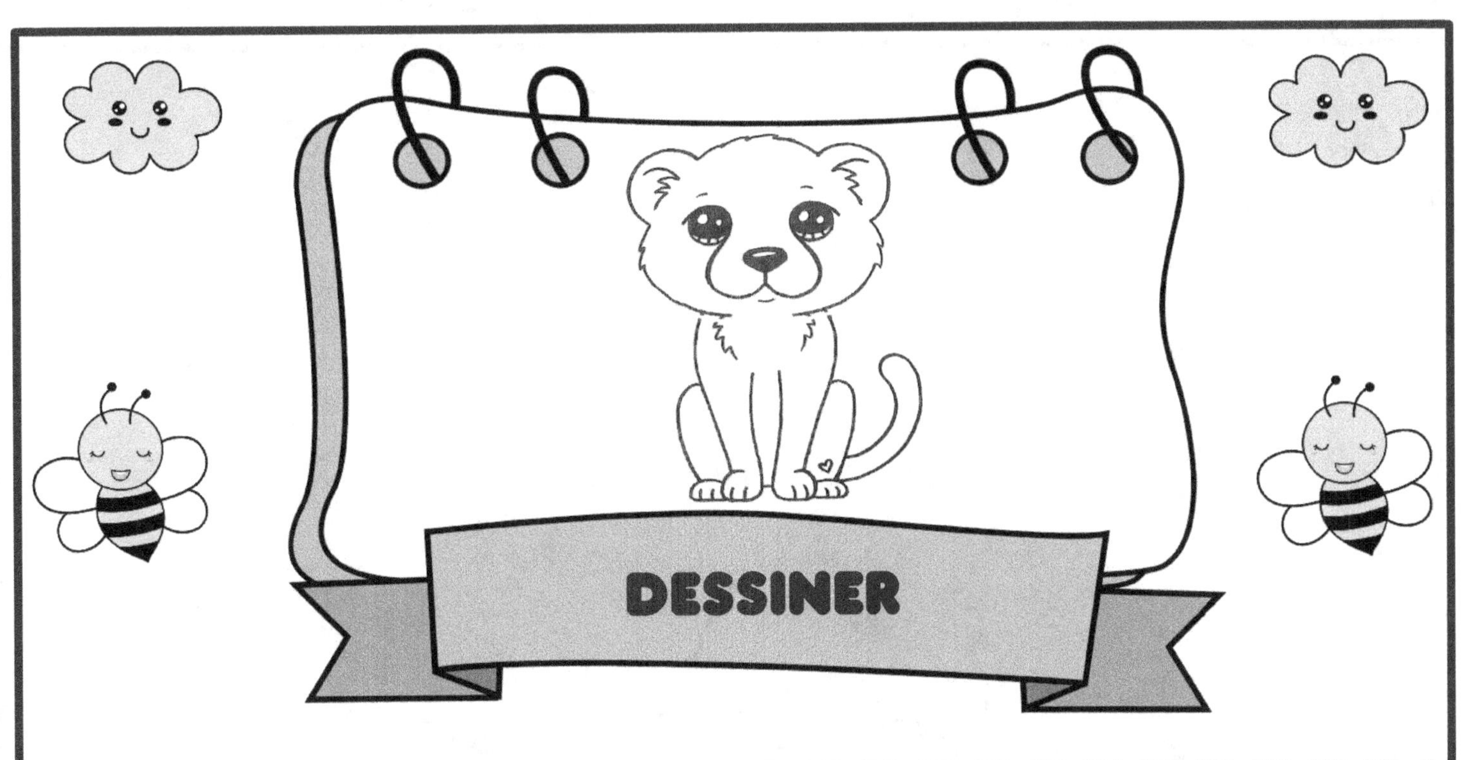

DESSINER

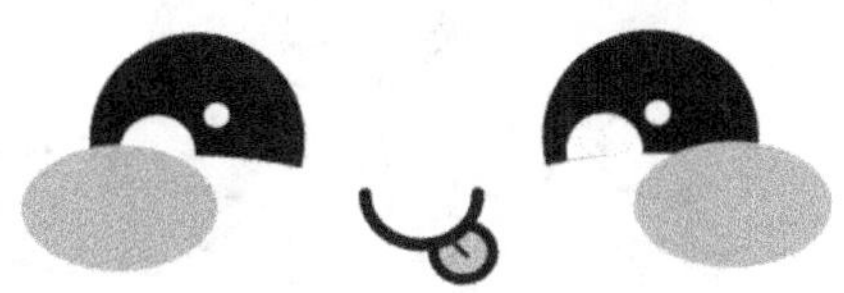
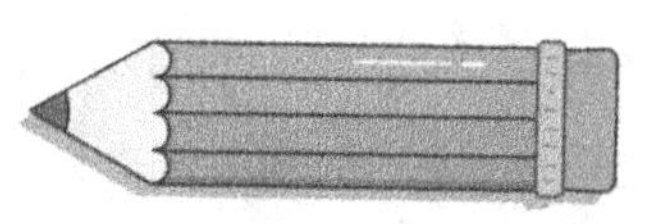
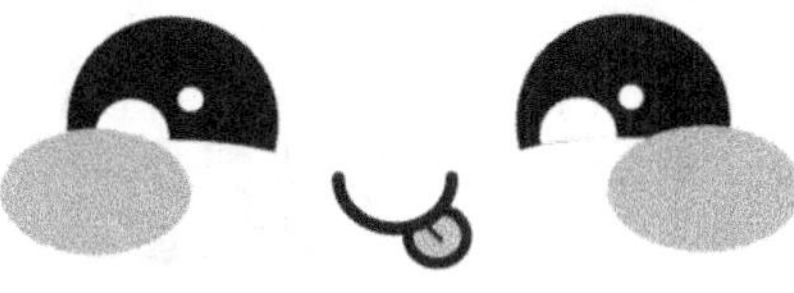

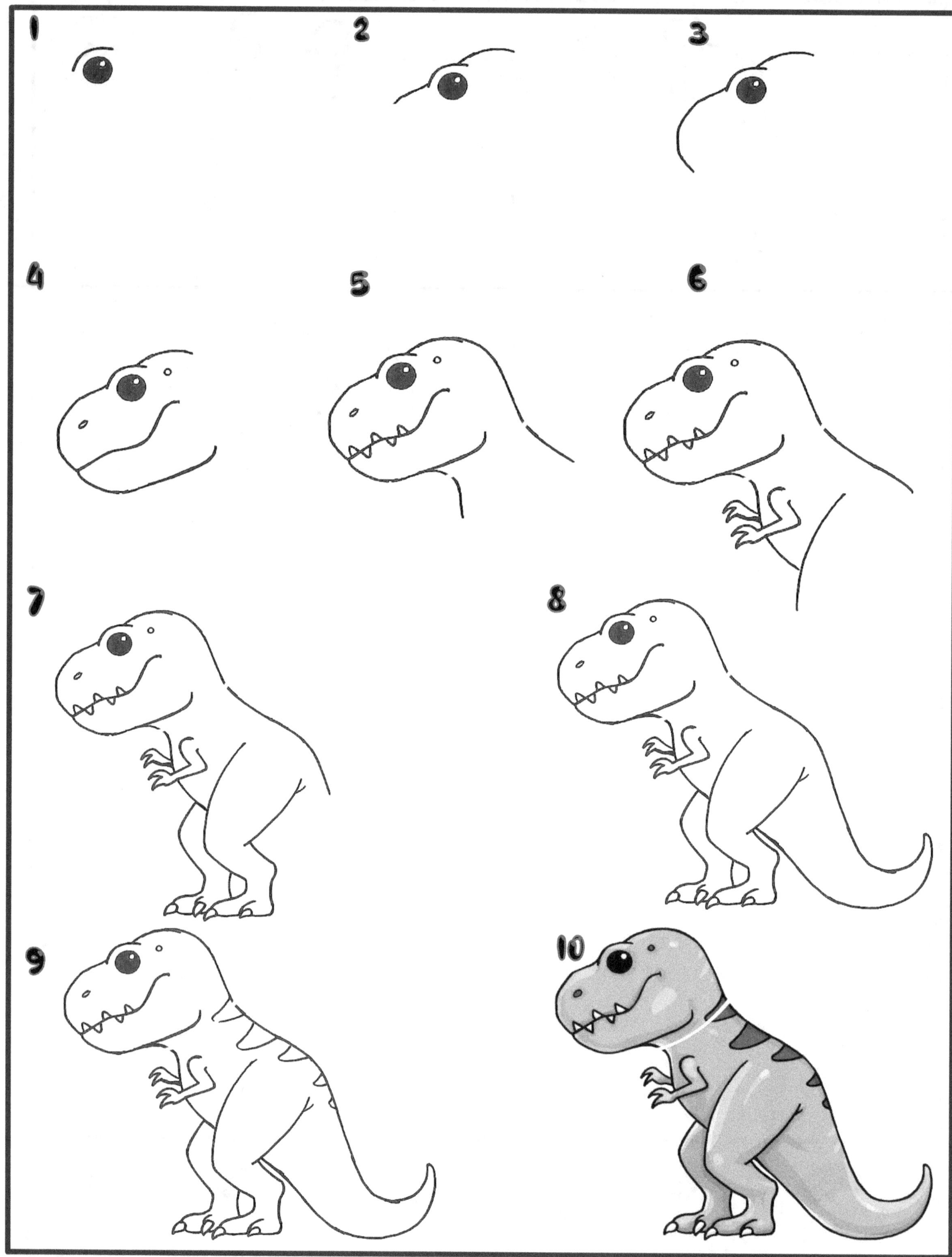

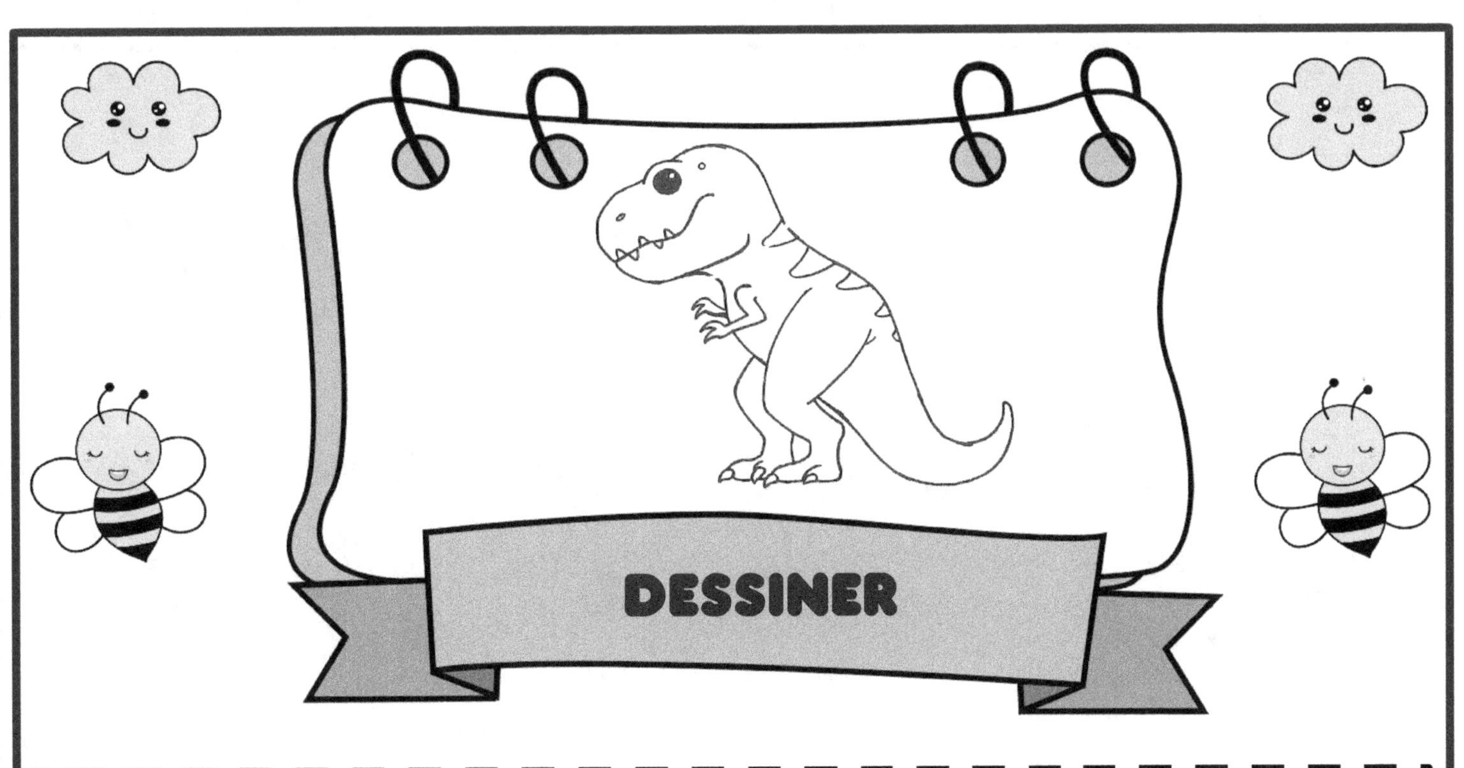

DESSINER

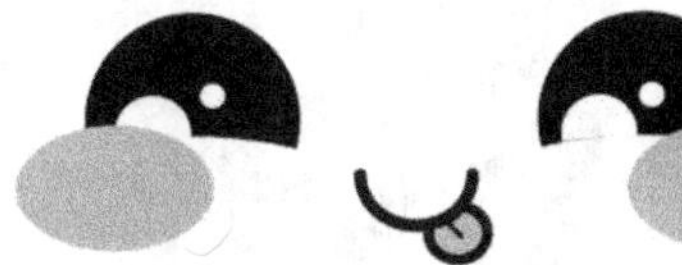
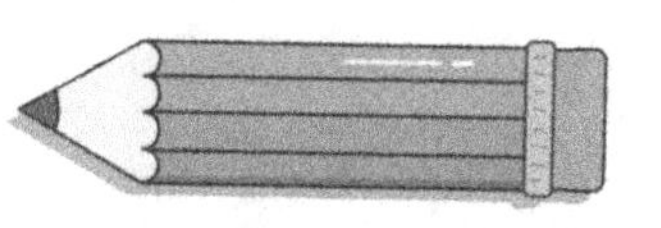
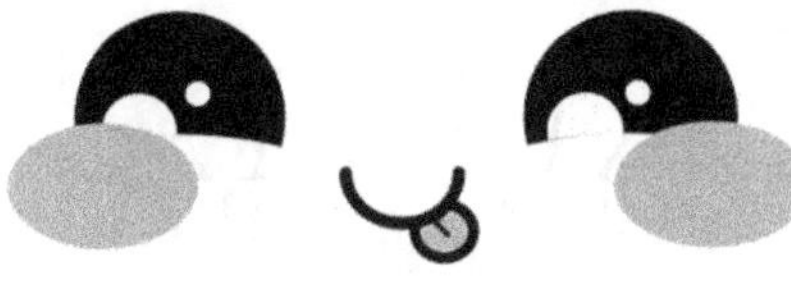

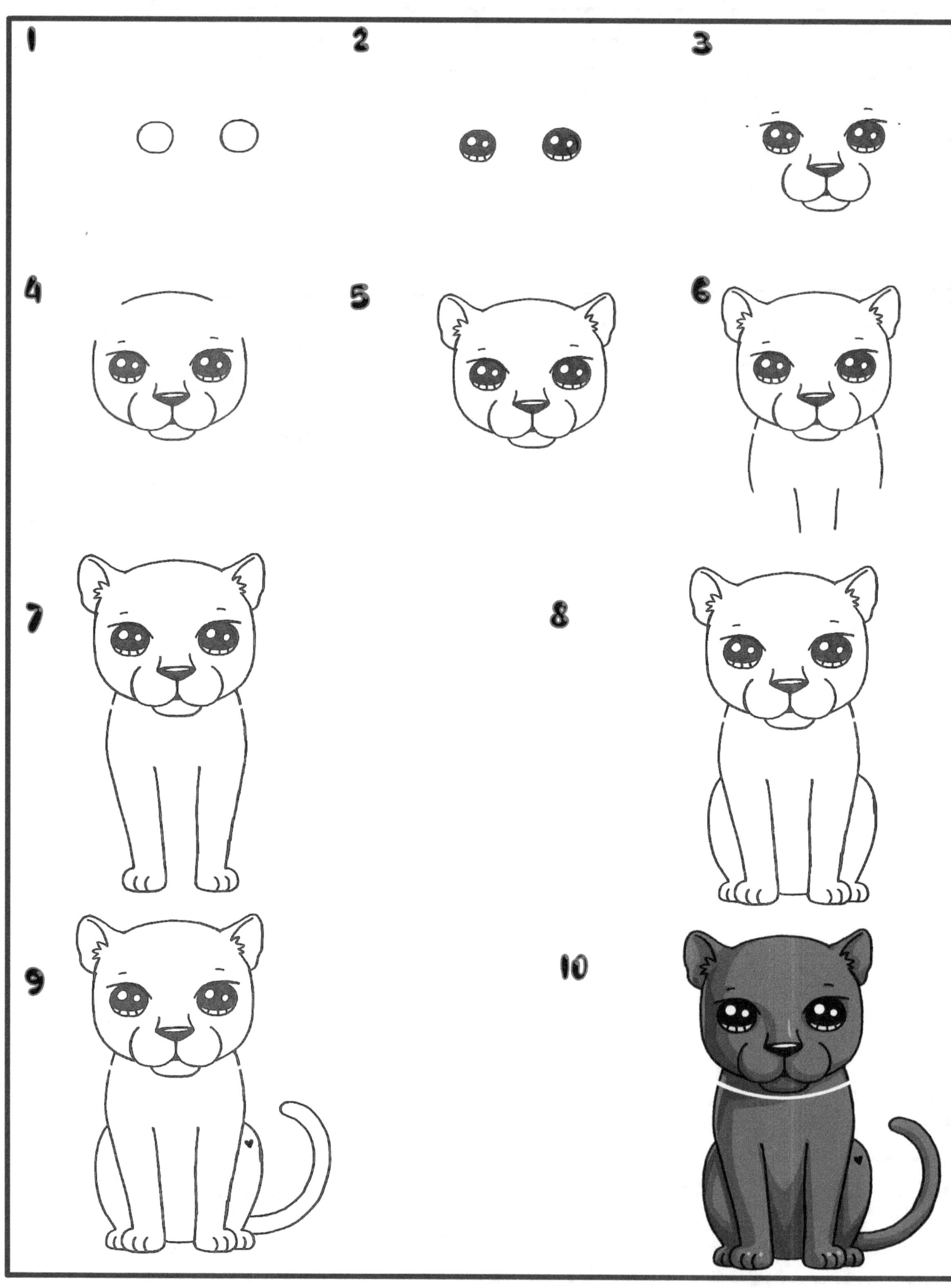

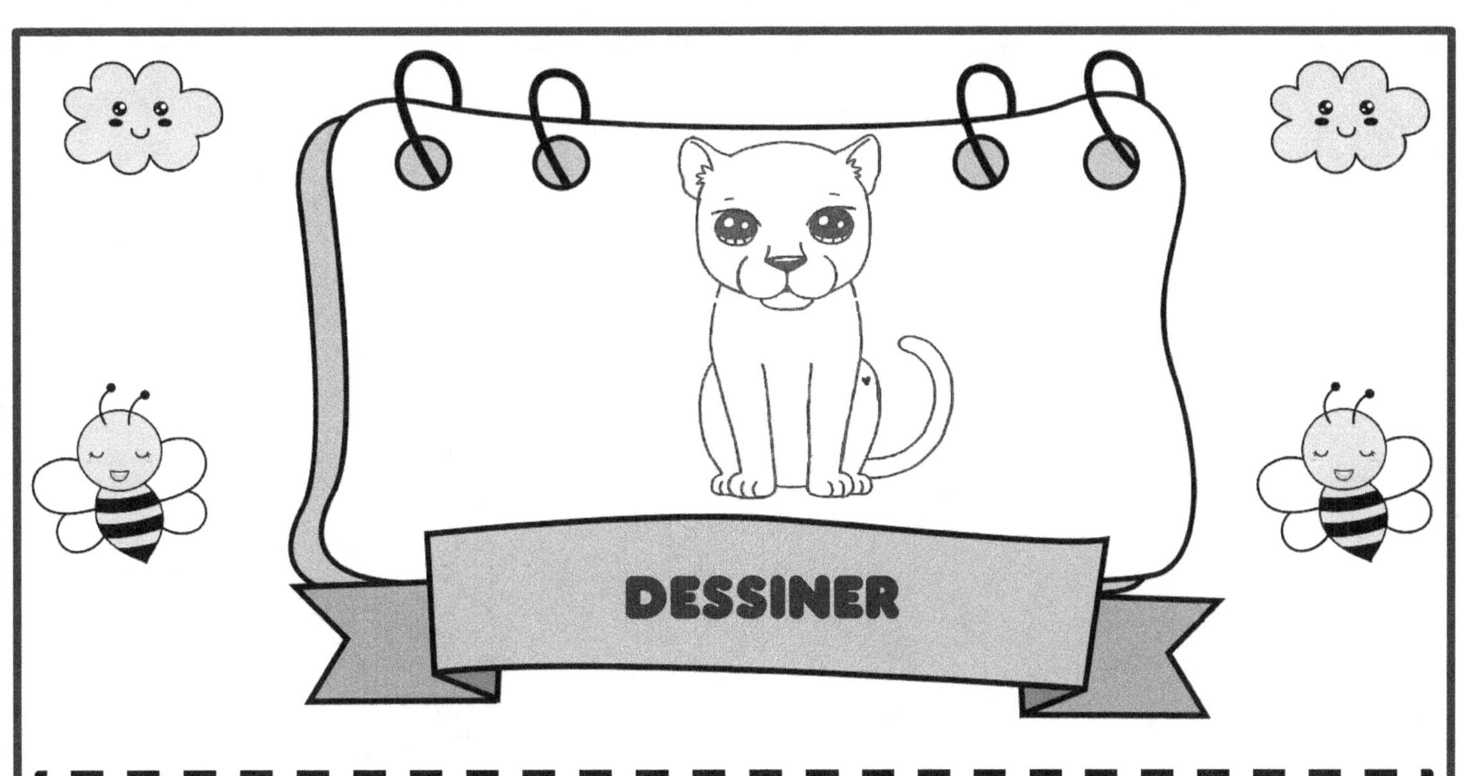

DESSINER

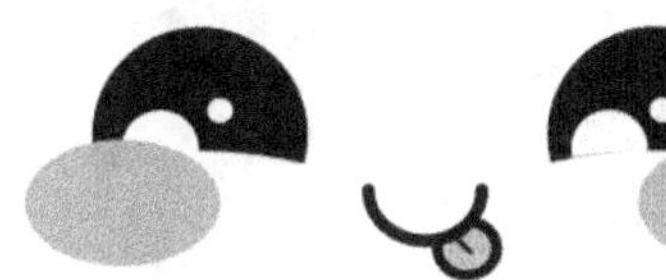
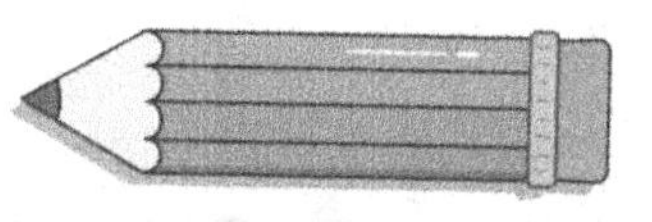
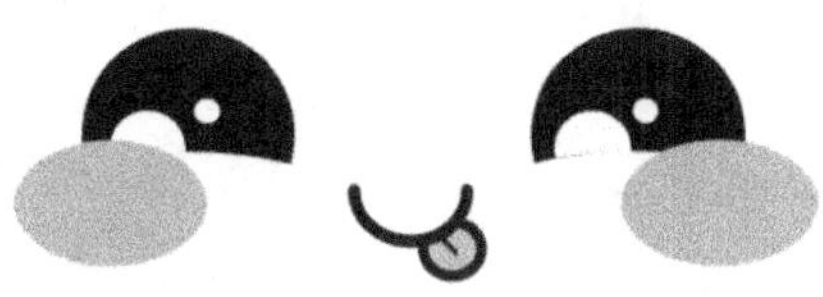

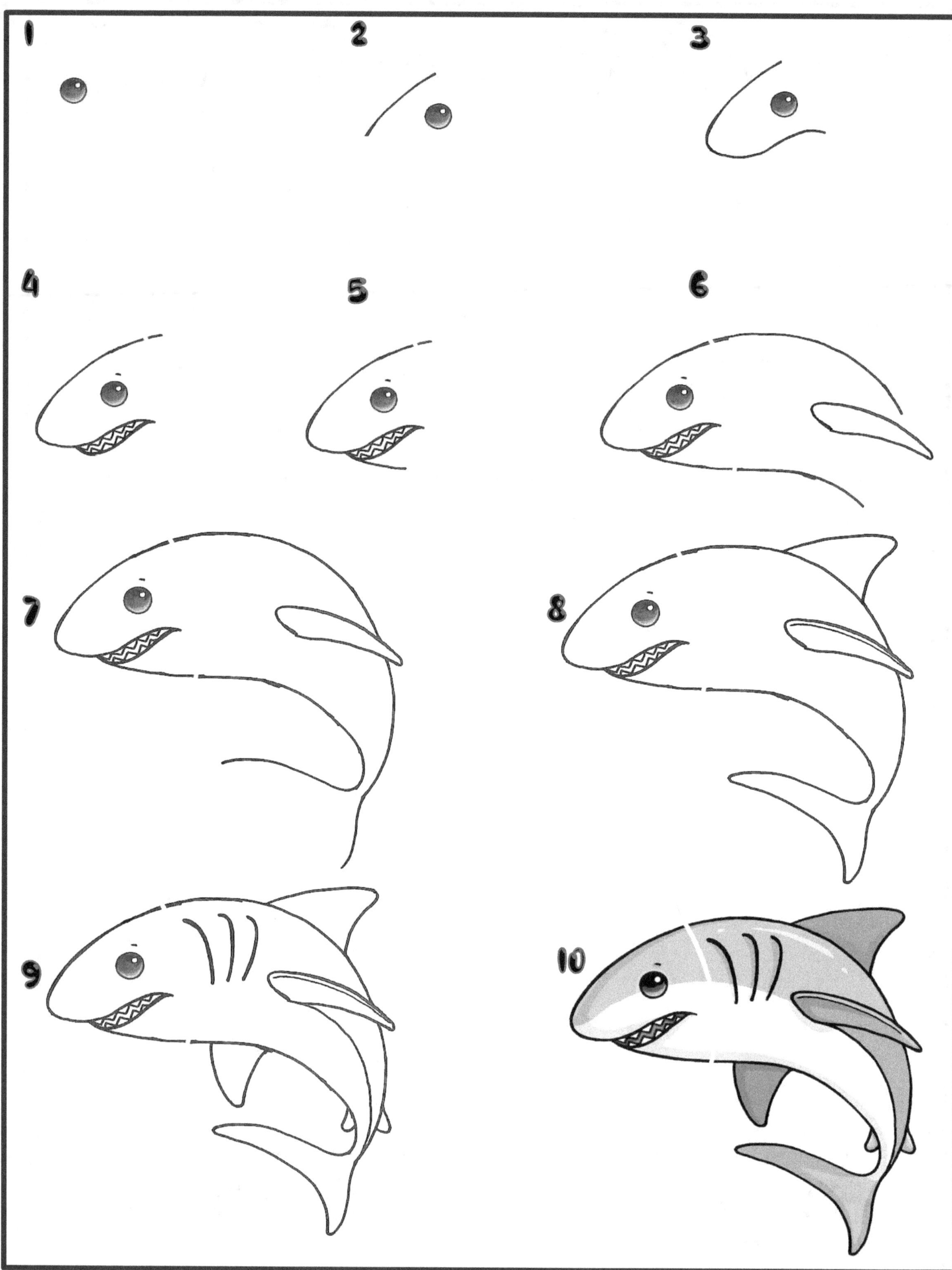

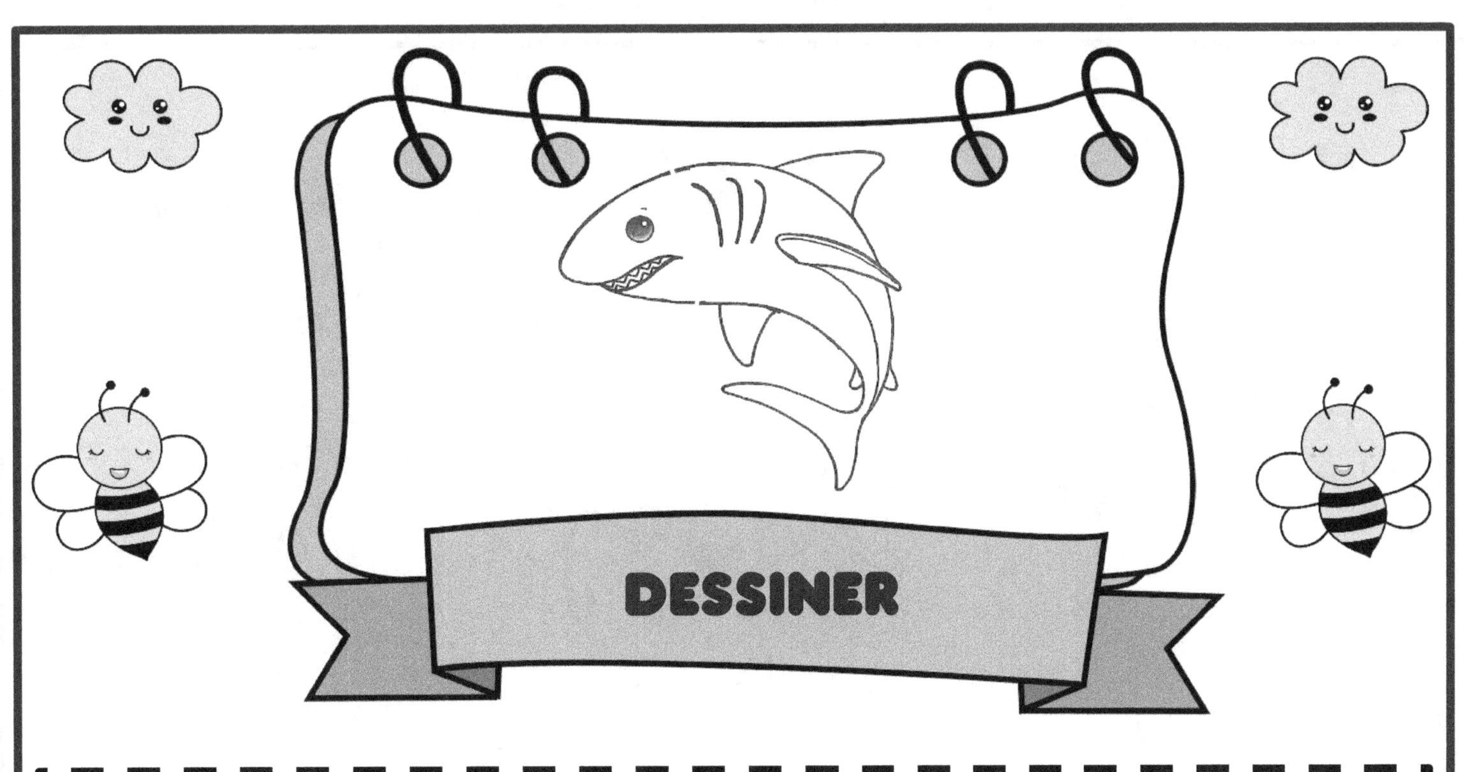

DESSINER

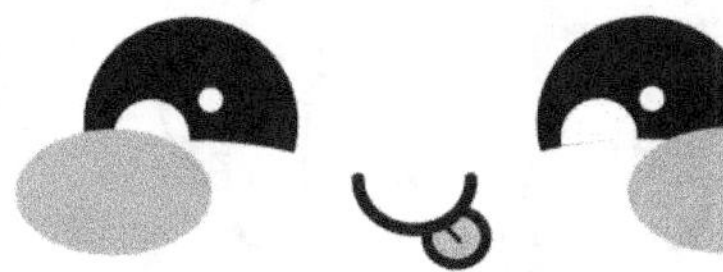
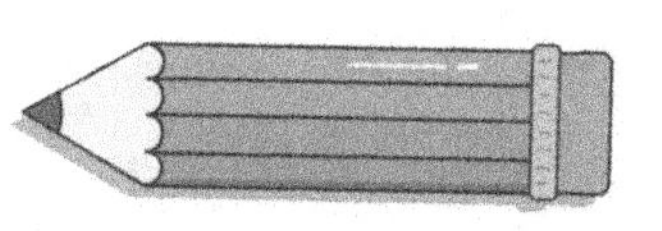
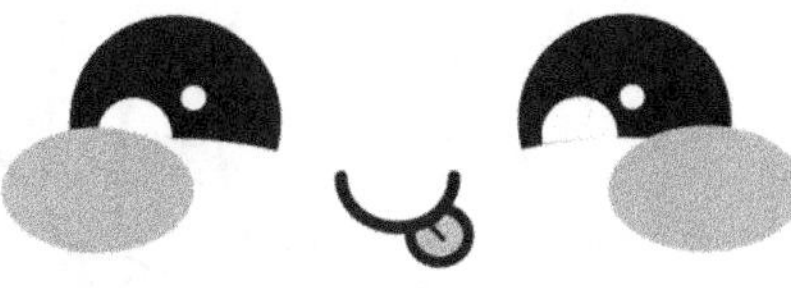

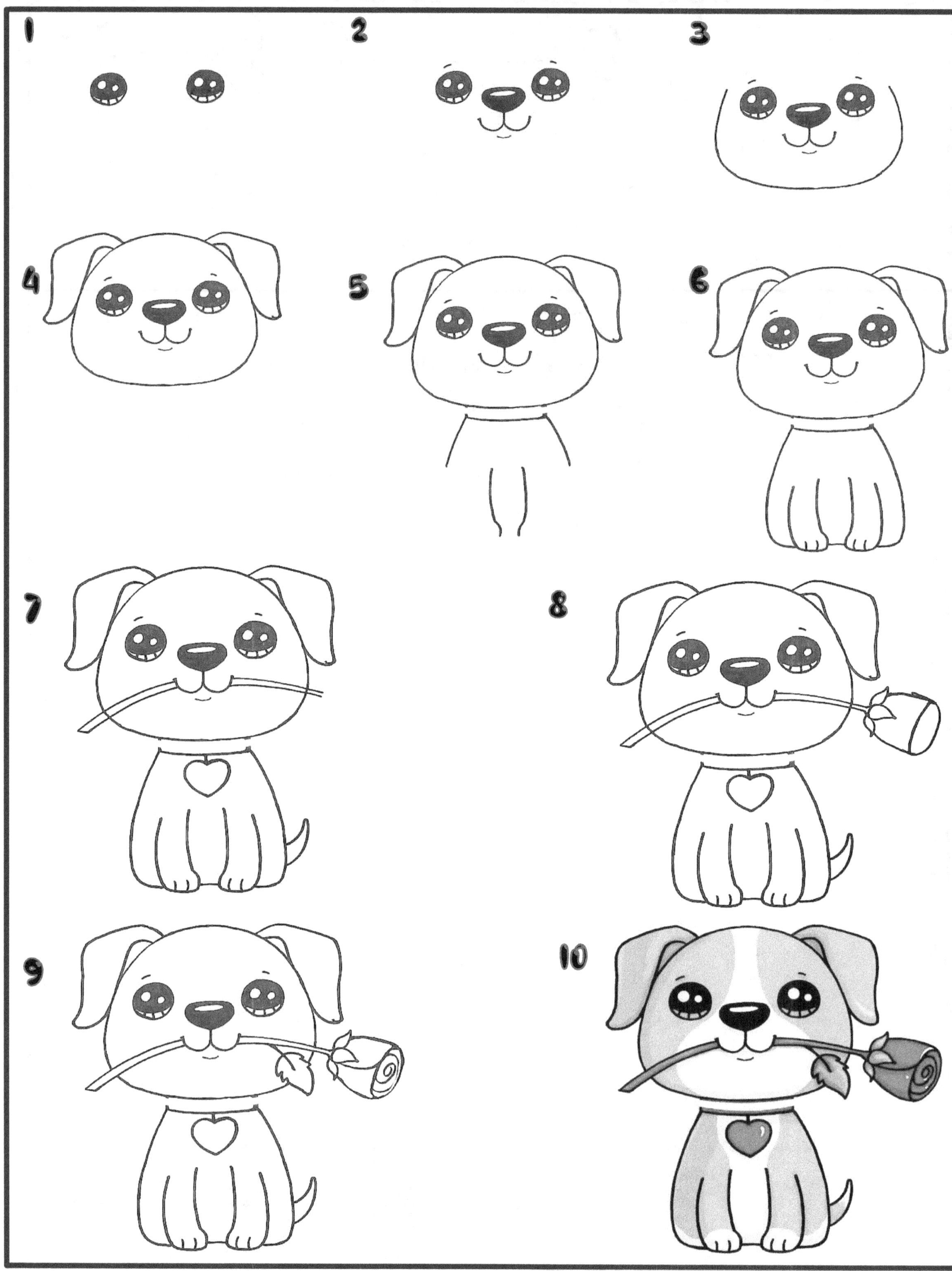

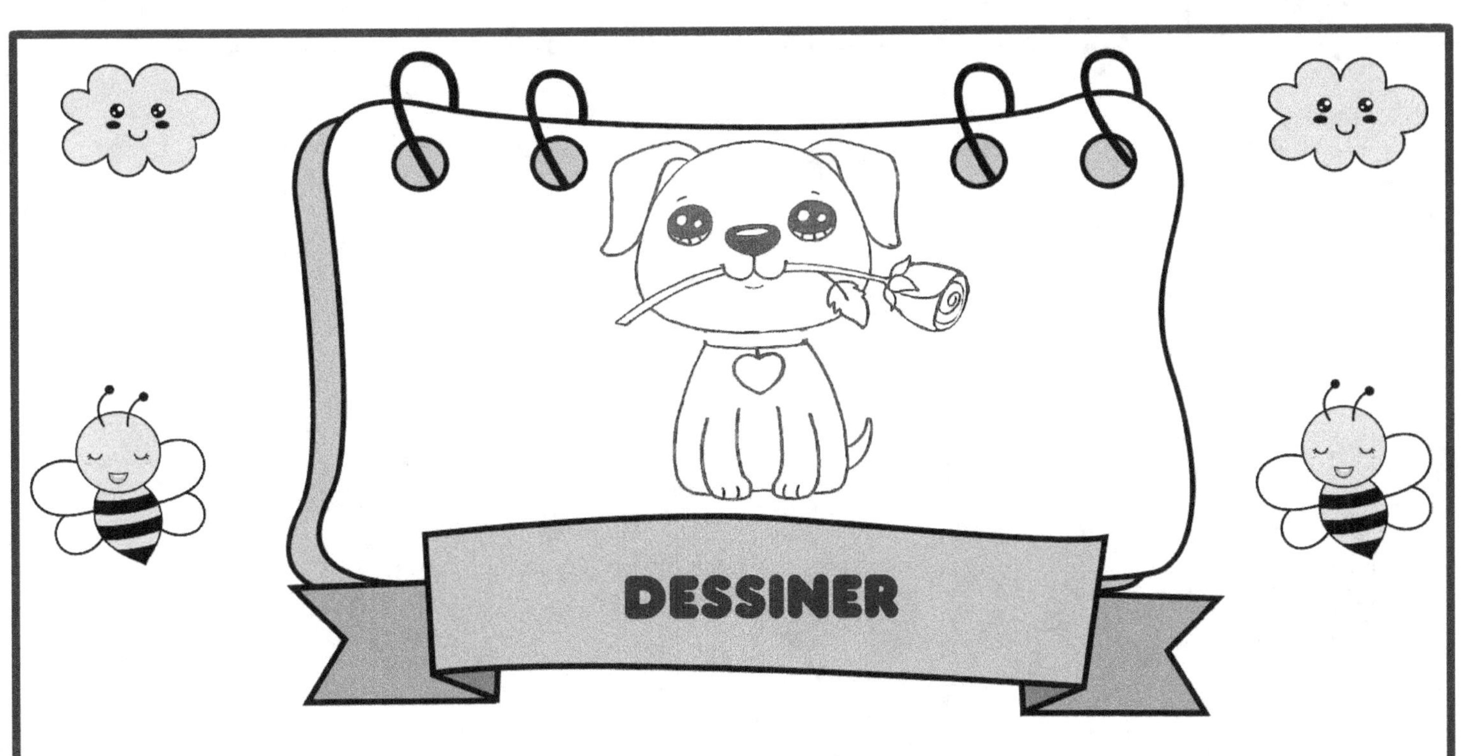

DESSINER

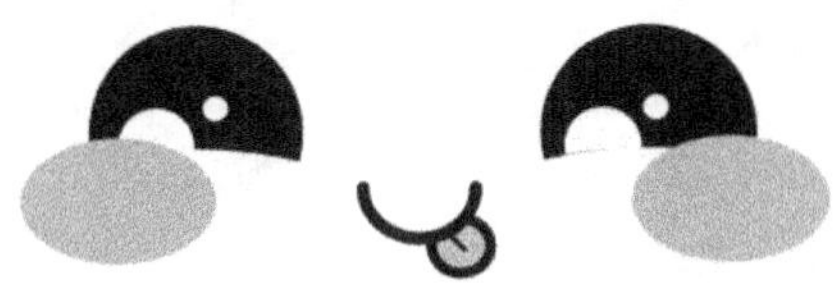
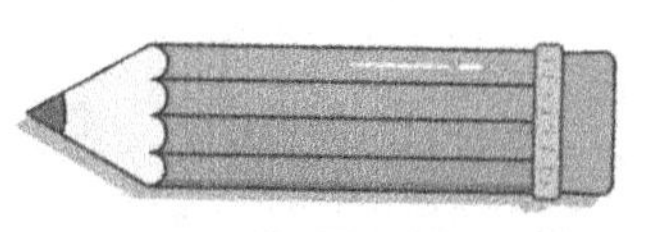
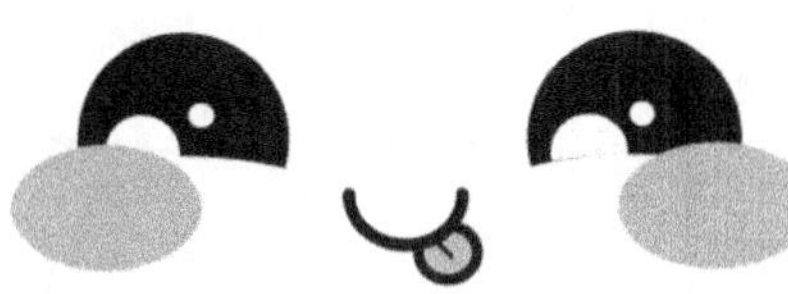

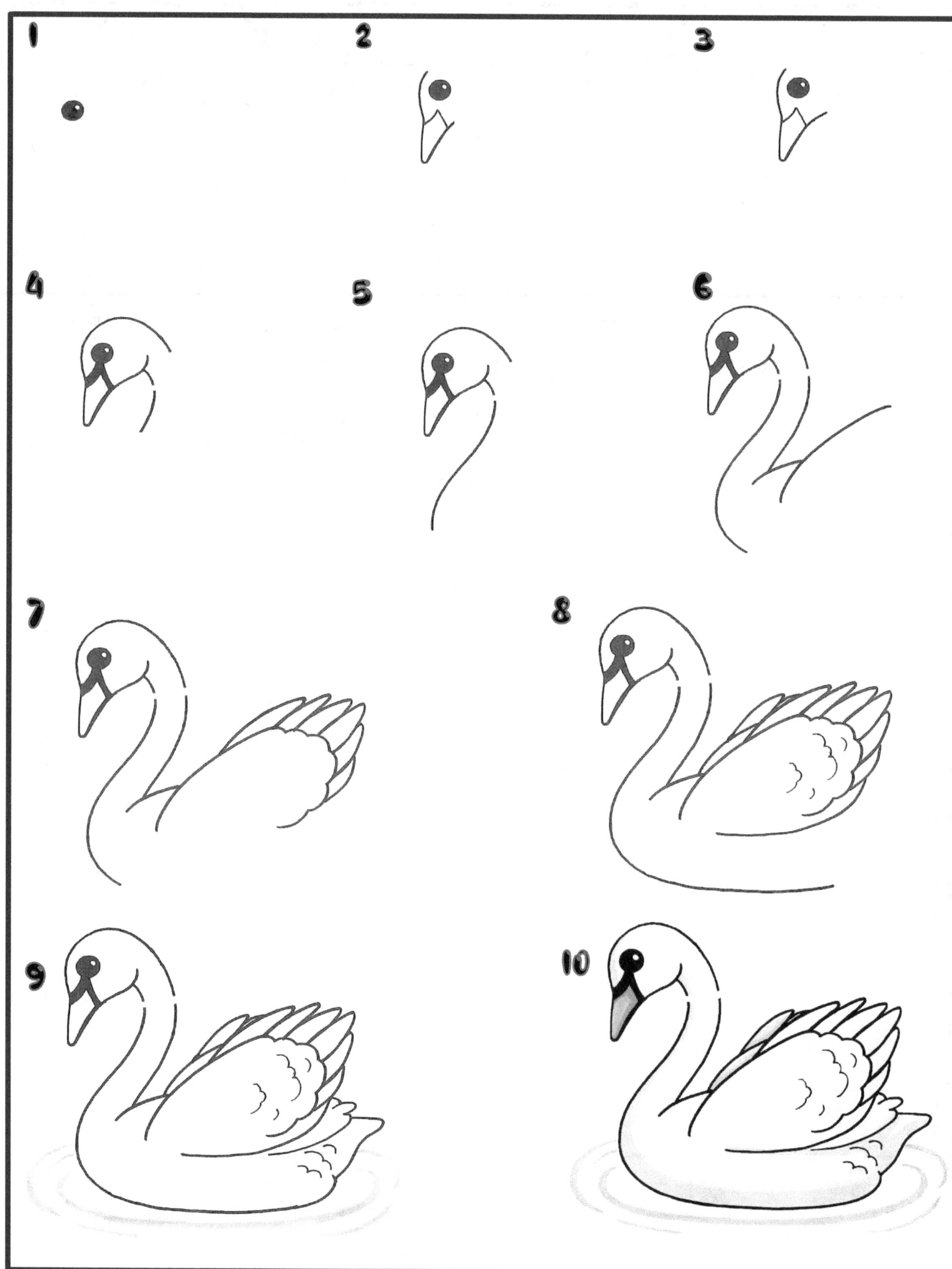

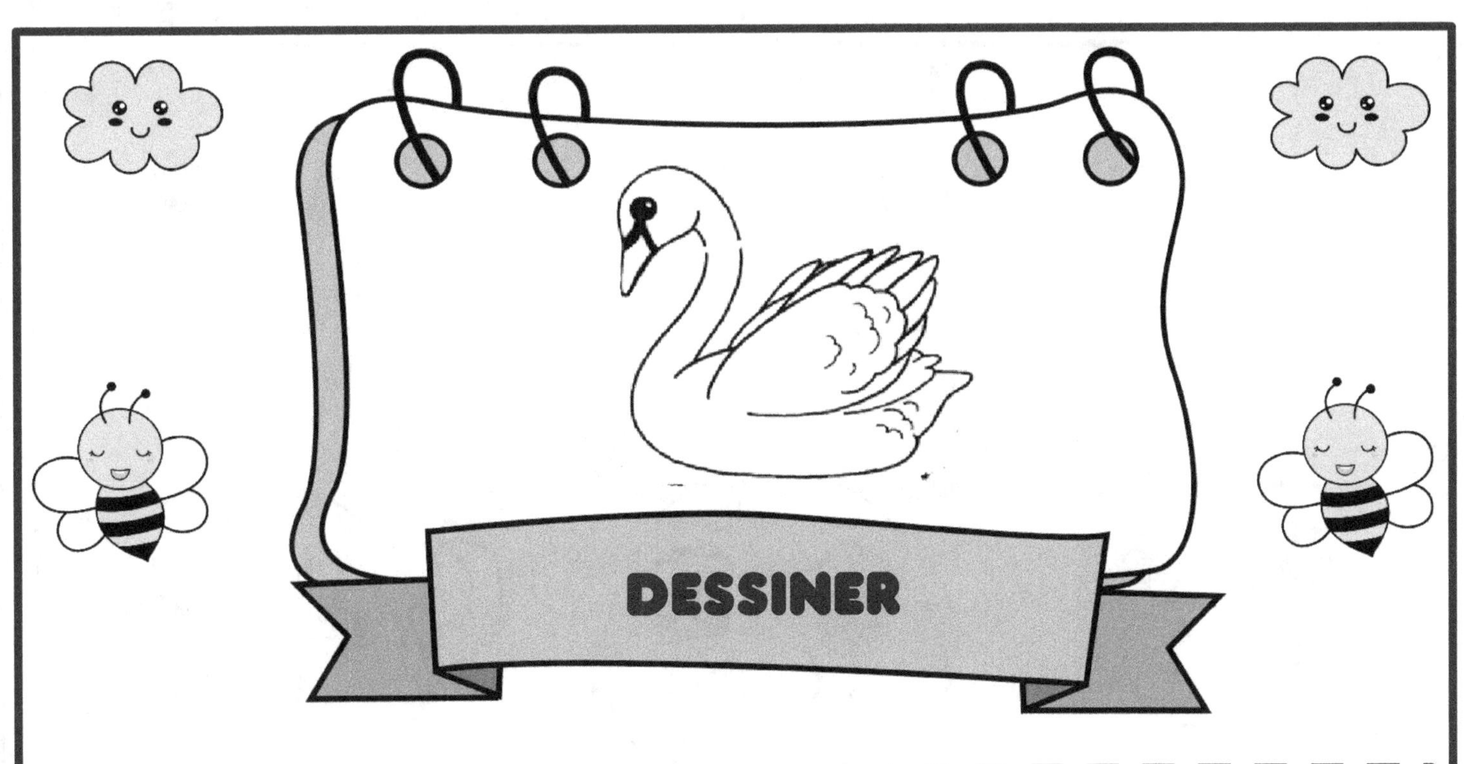

DESSINER

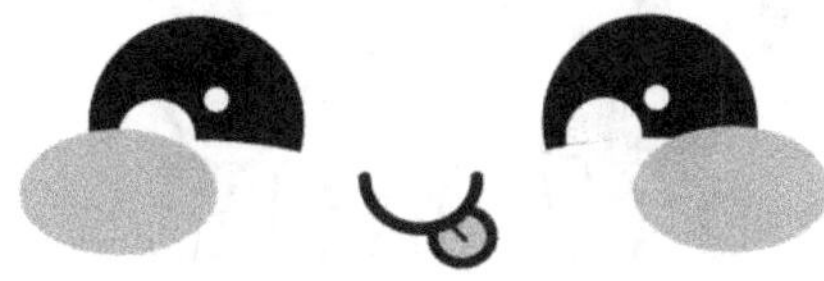
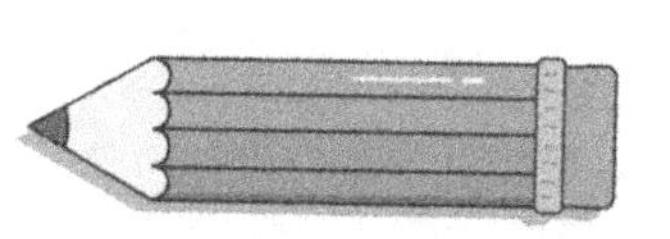
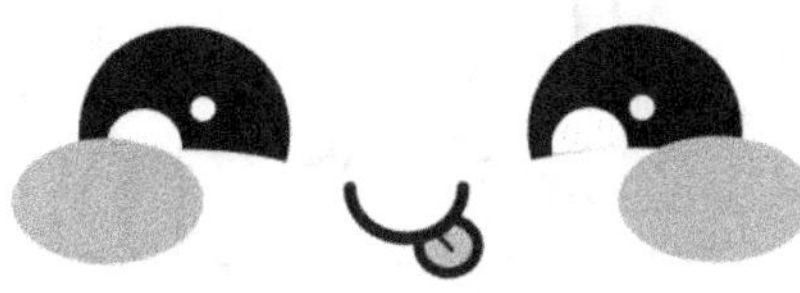

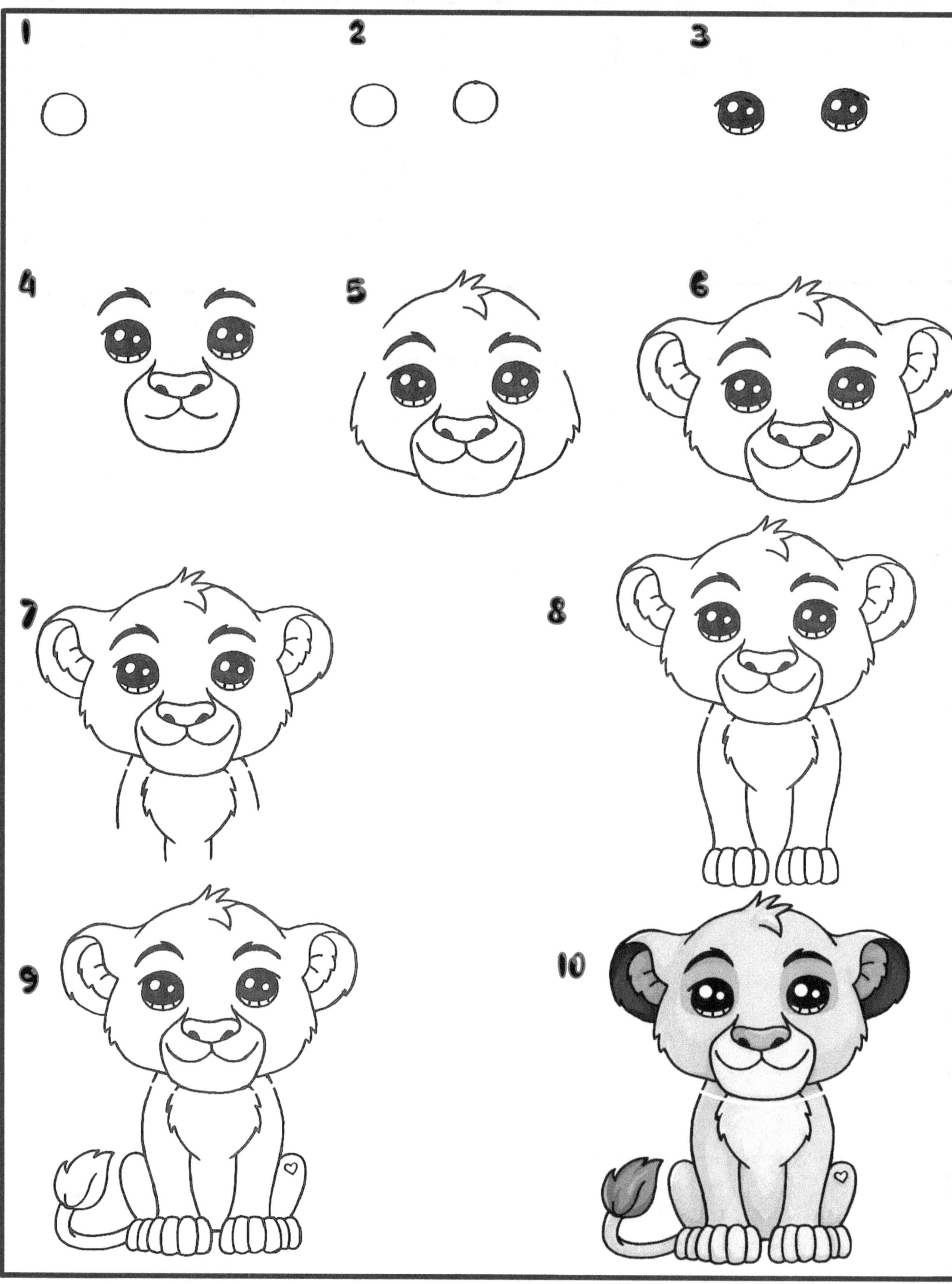

1
2
3
4
5
6
7
8
9
10

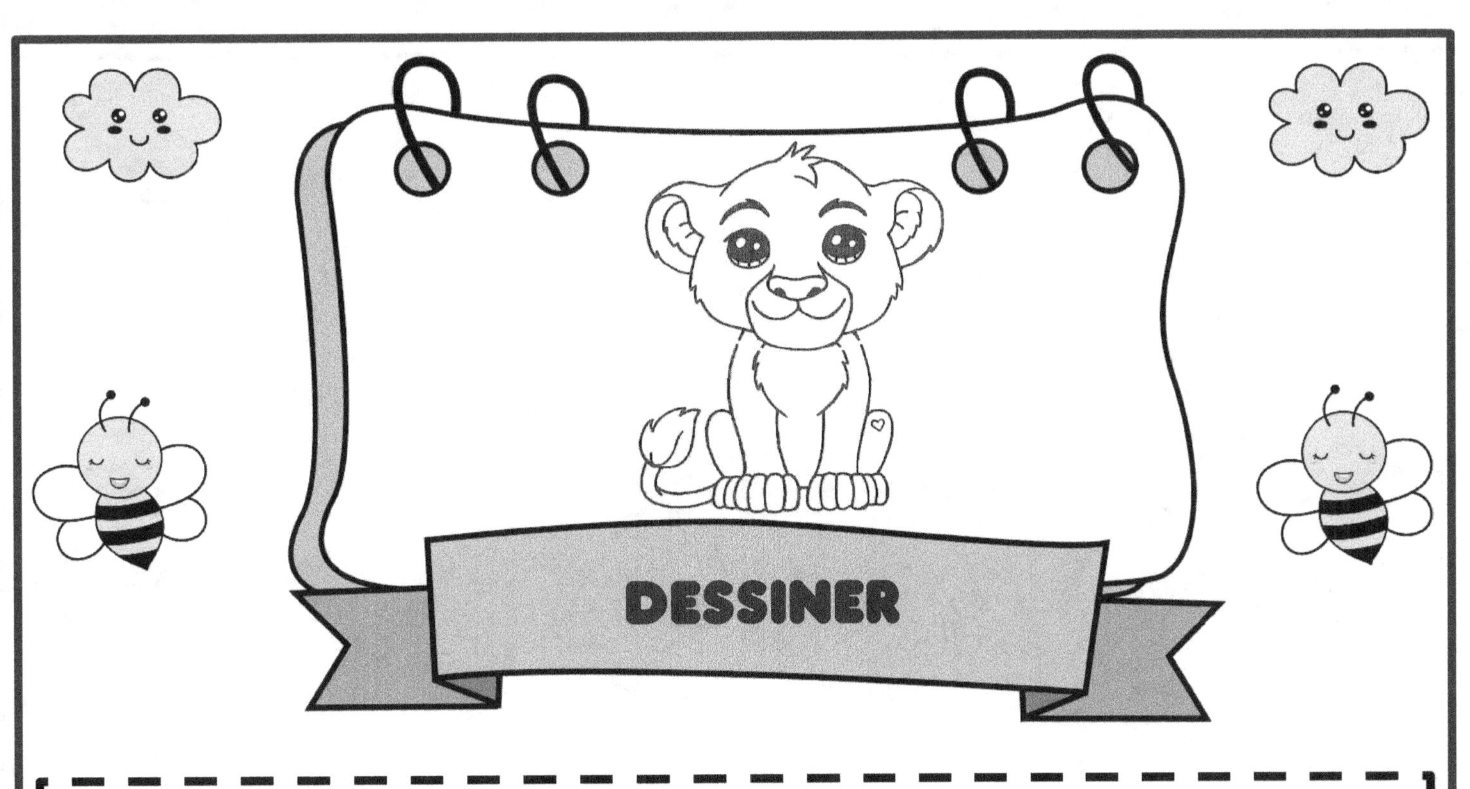

DESSINER

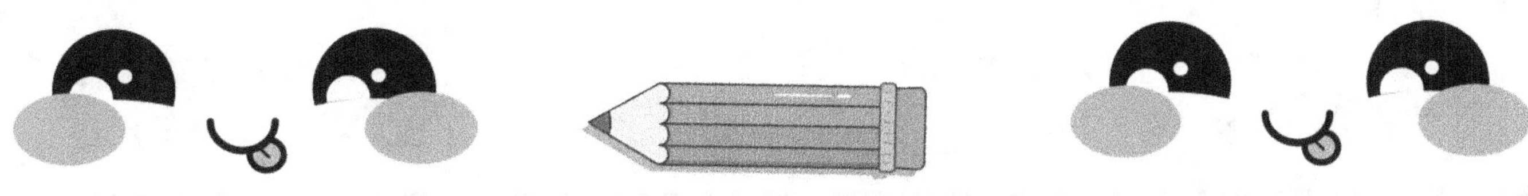

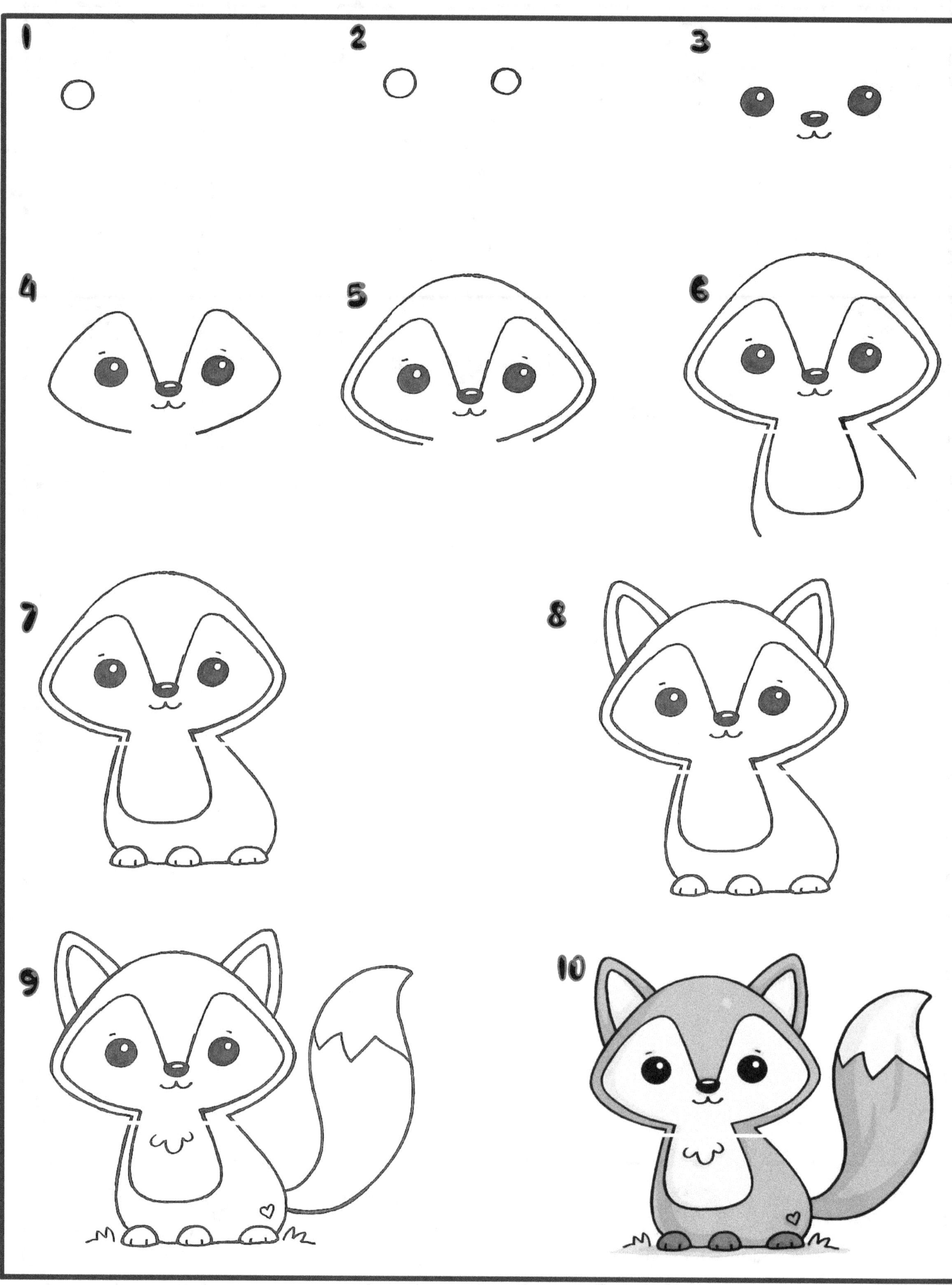

1
2
3
4
5
6
7
8
9
10

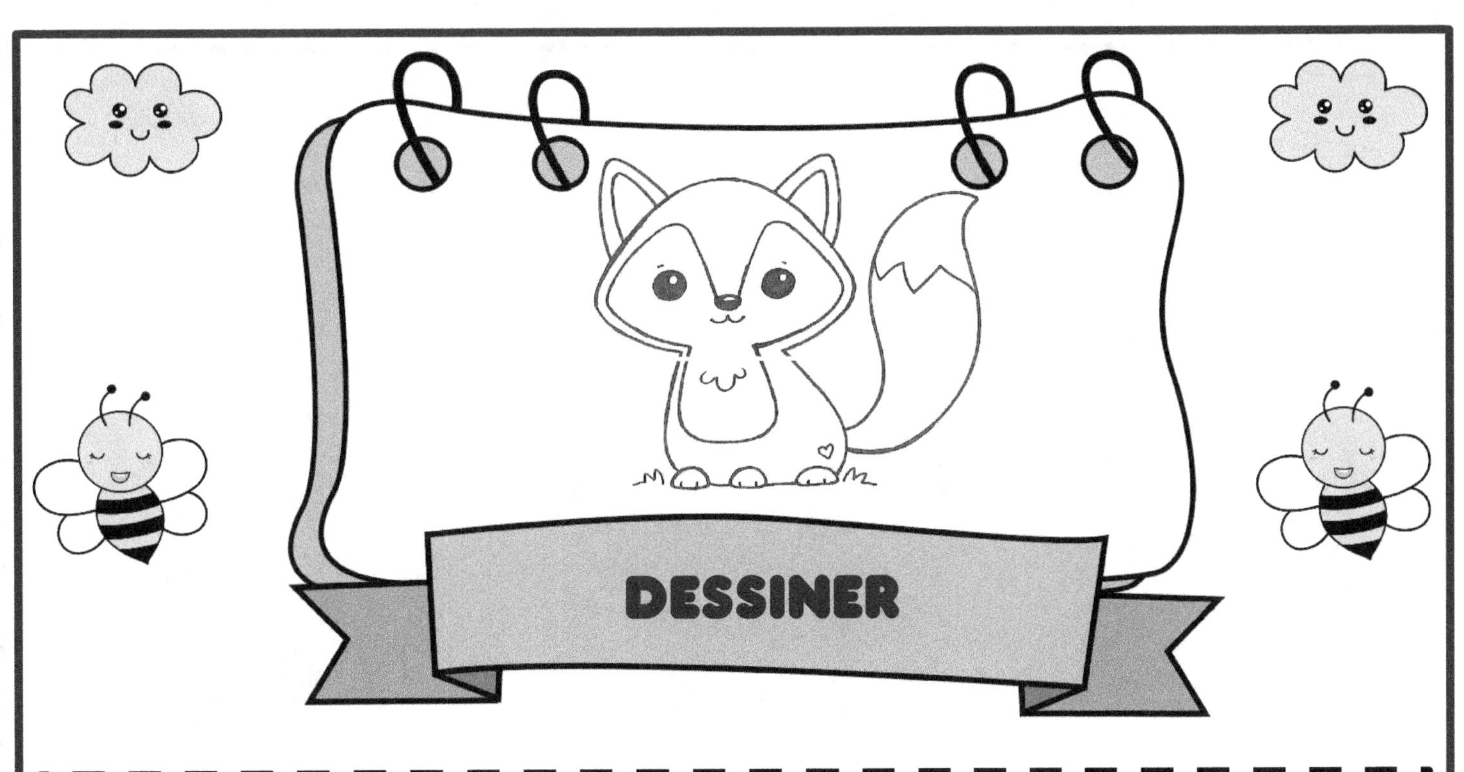

DESSINER

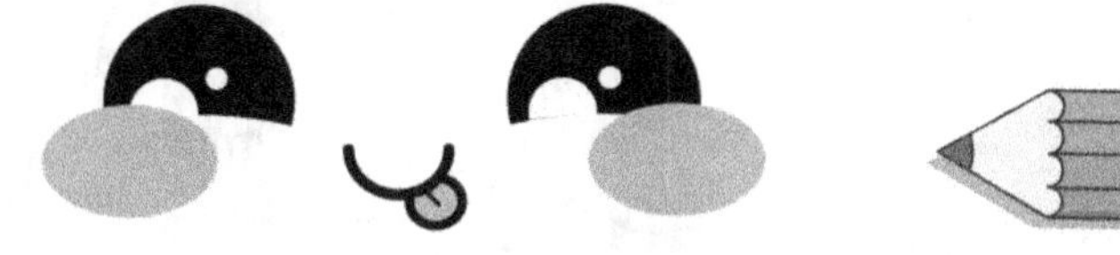

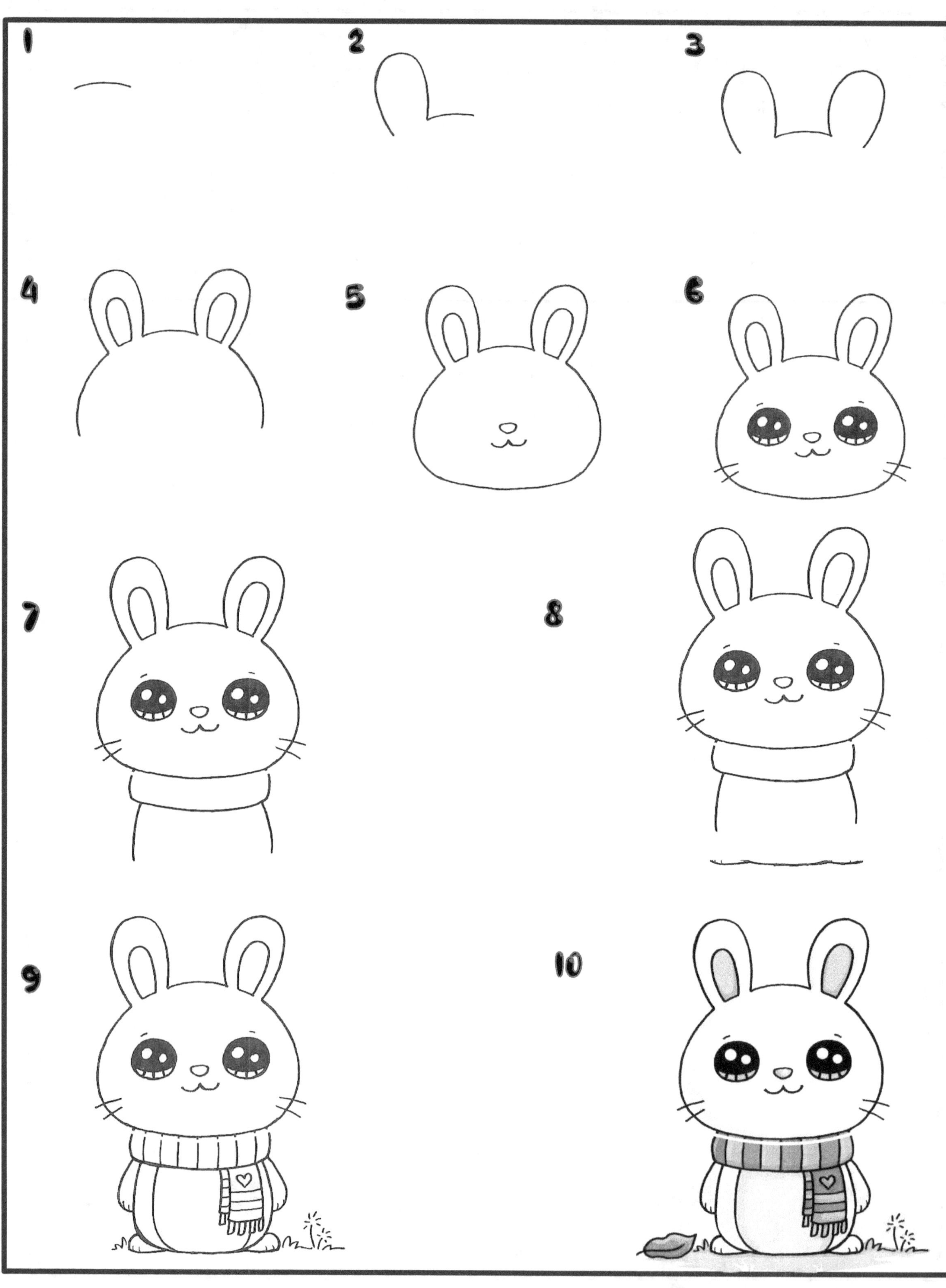

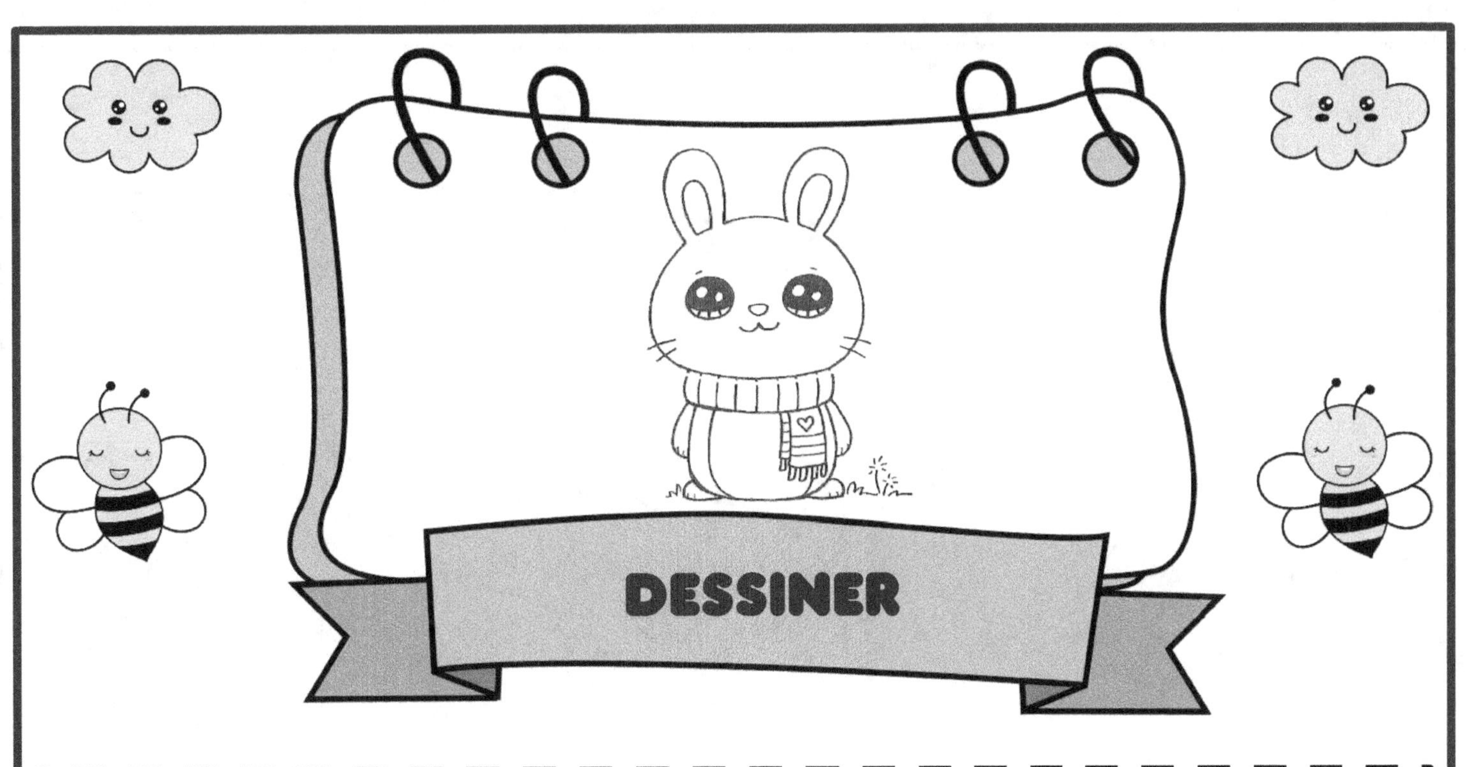

DESSINER

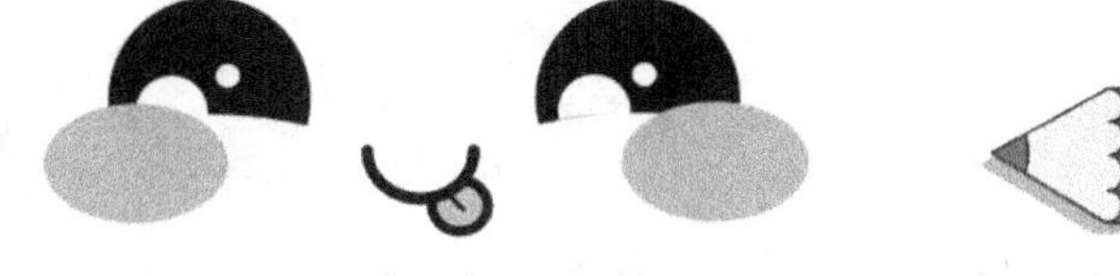

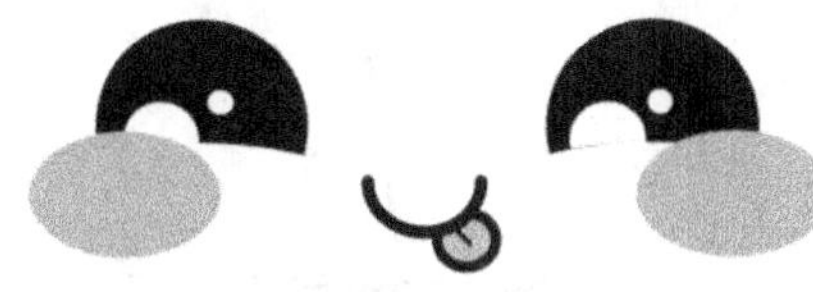

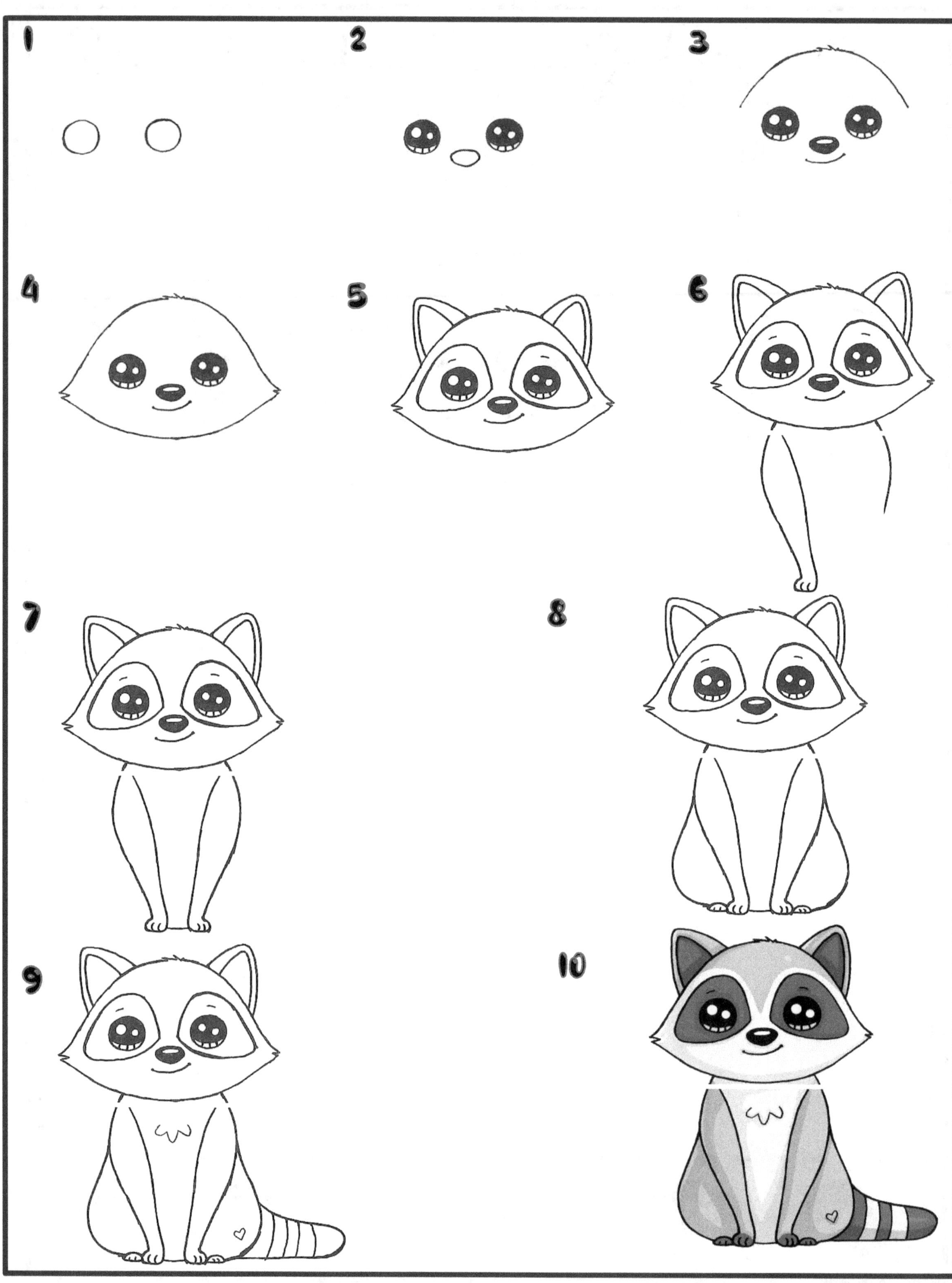

1
2
3
4
5
6
7
8
9
10

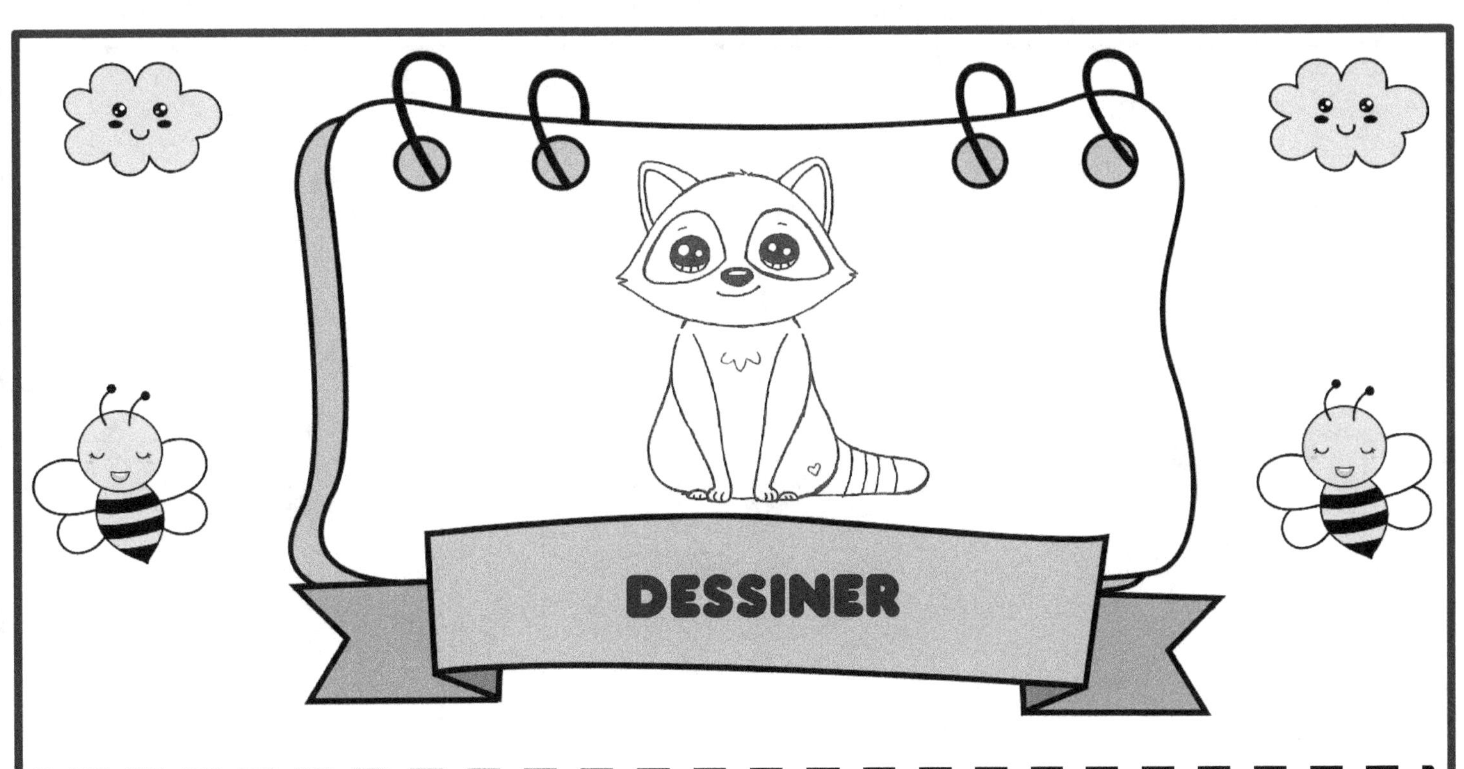

DESSINER

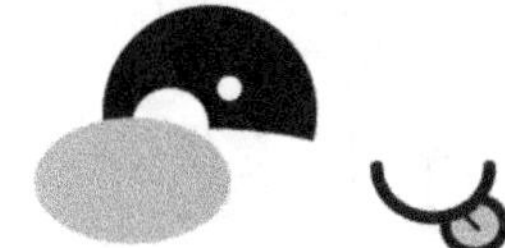
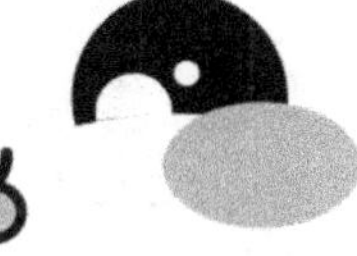
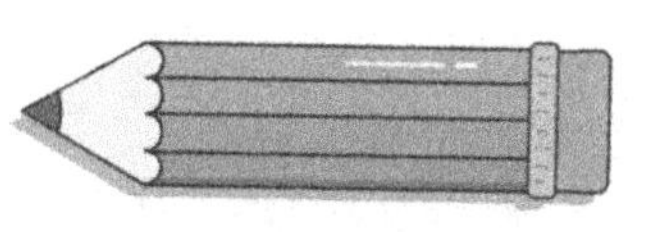
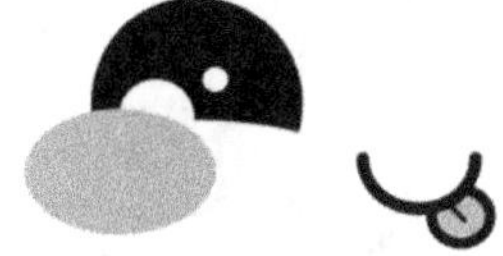
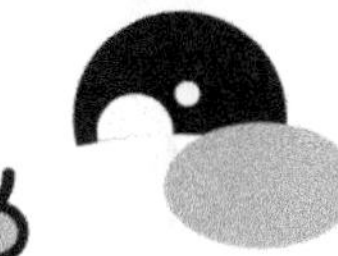

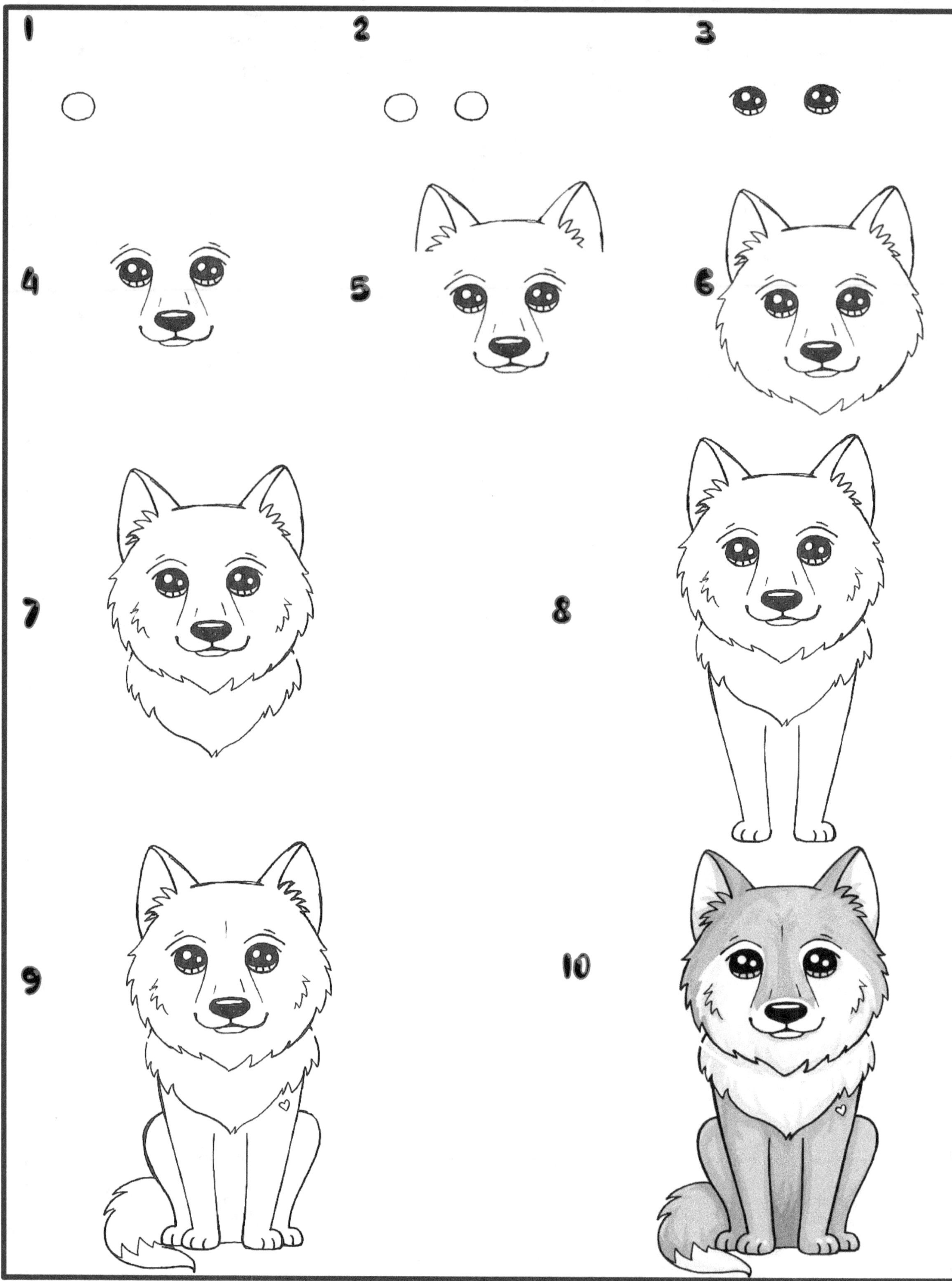

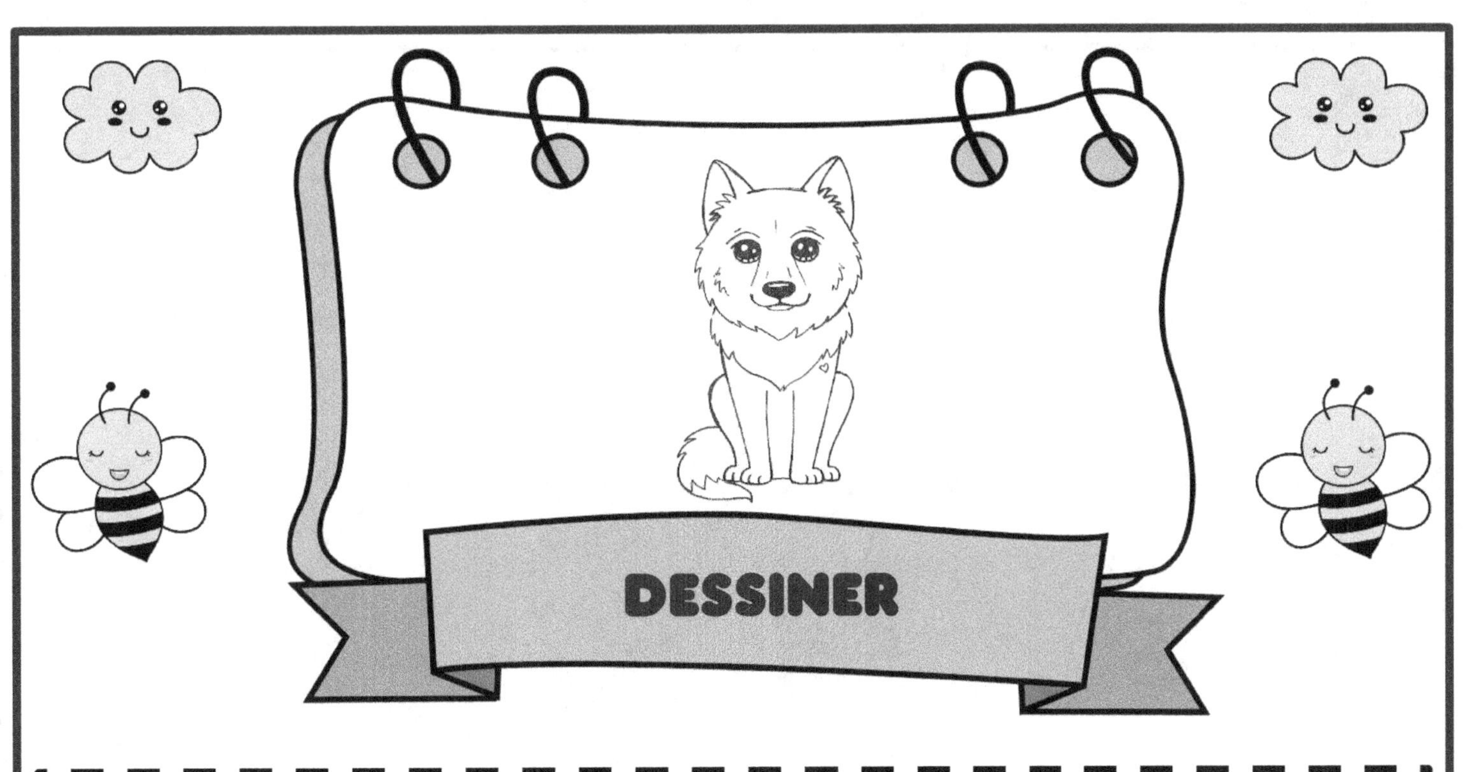

DESSINER

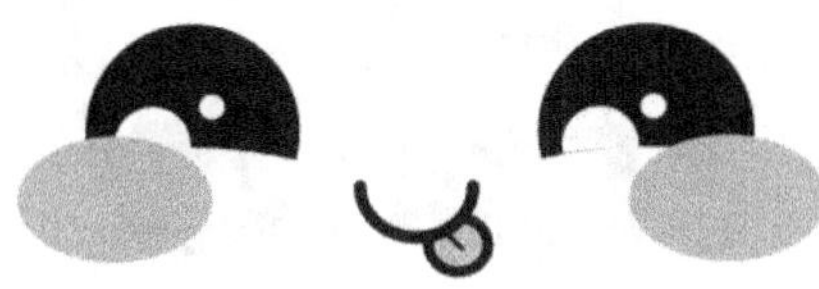
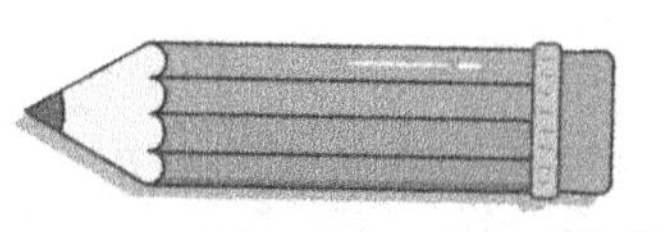
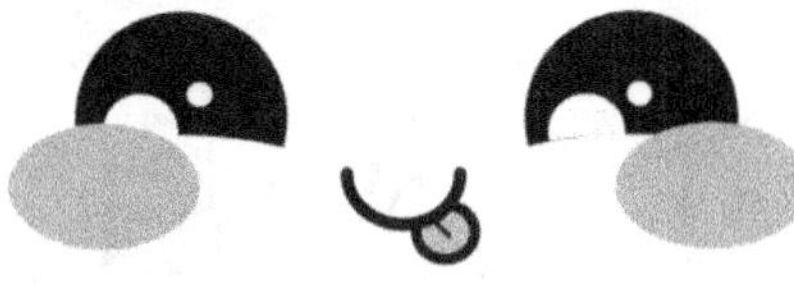

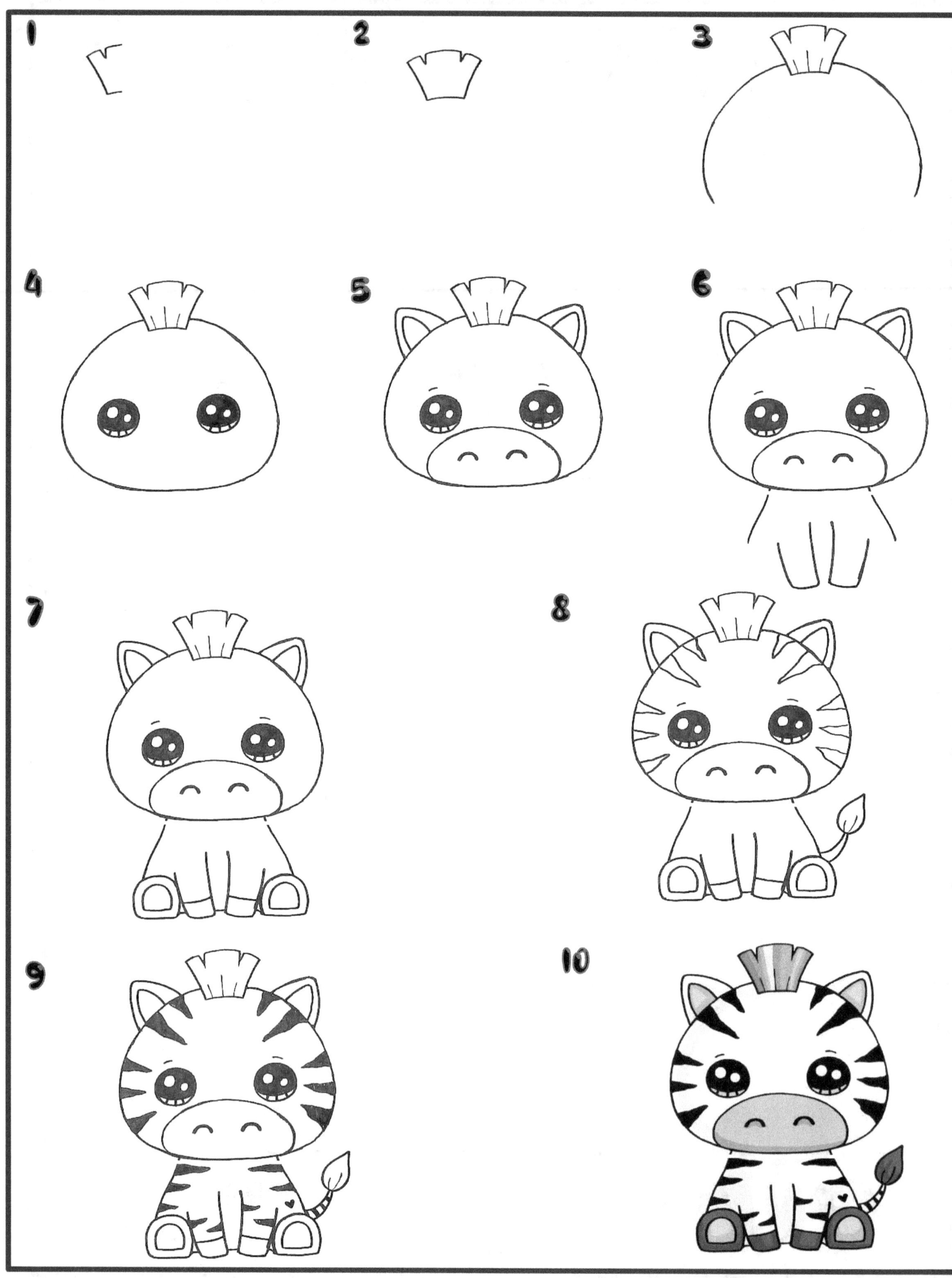

1
2
3
4
5
6
7
8
9
10

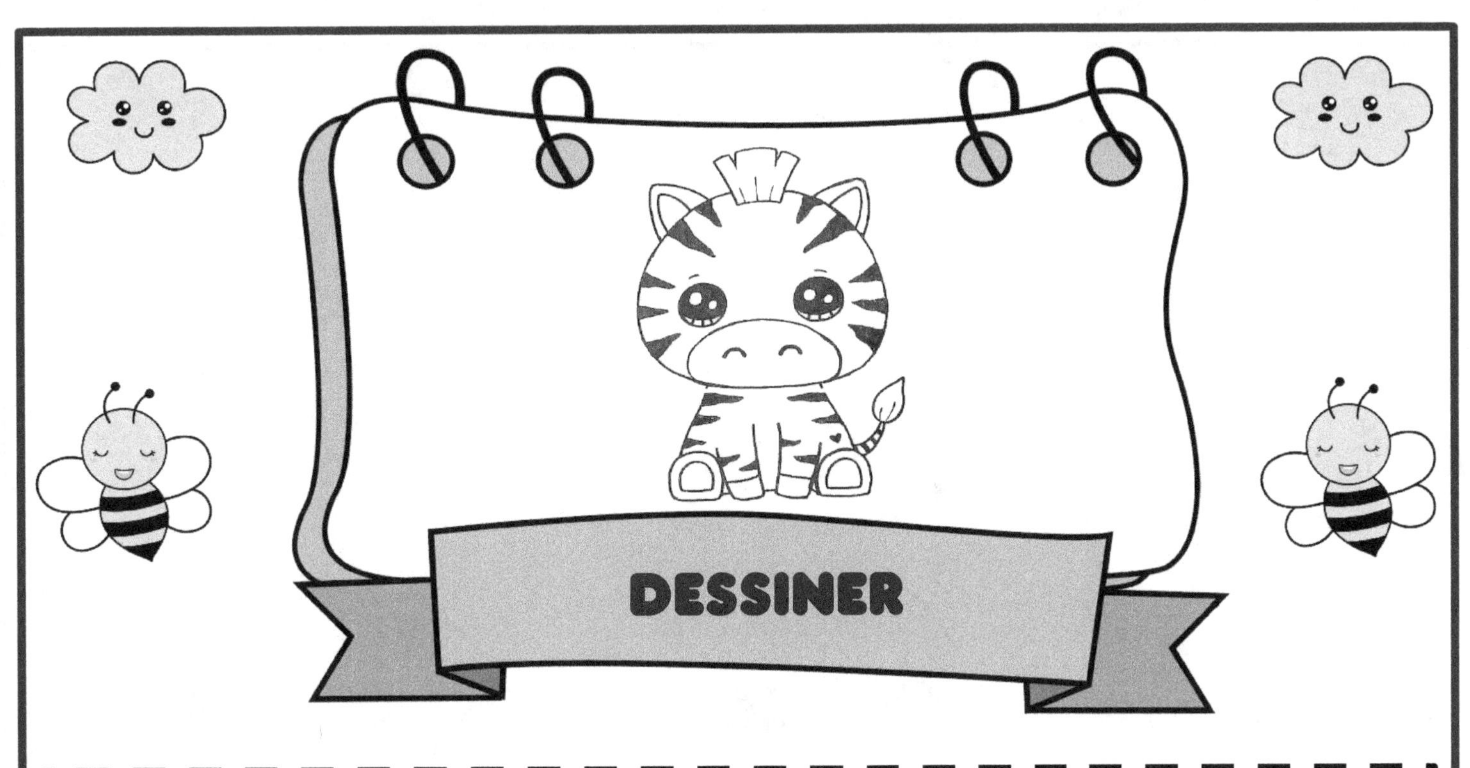

DESSINER

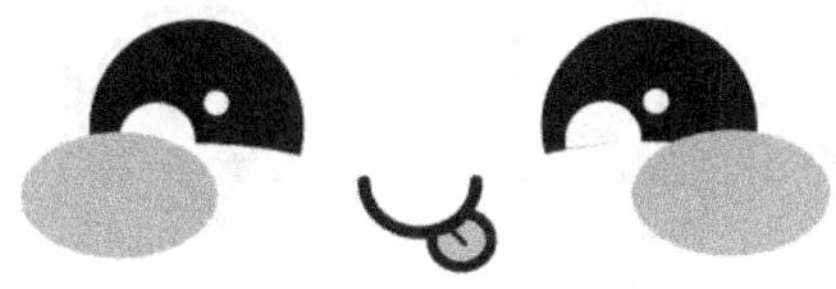
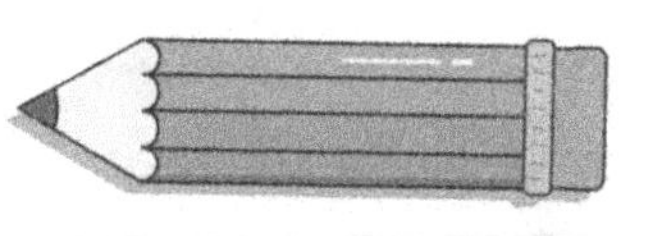
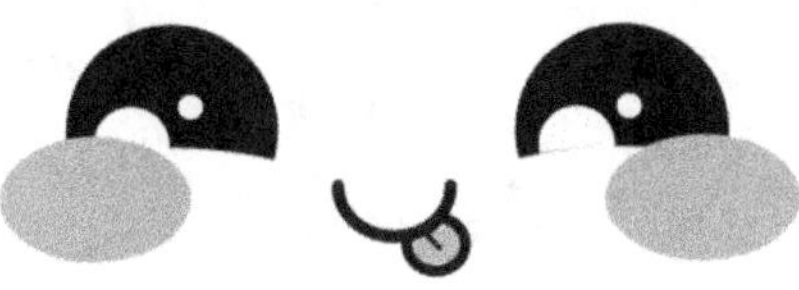

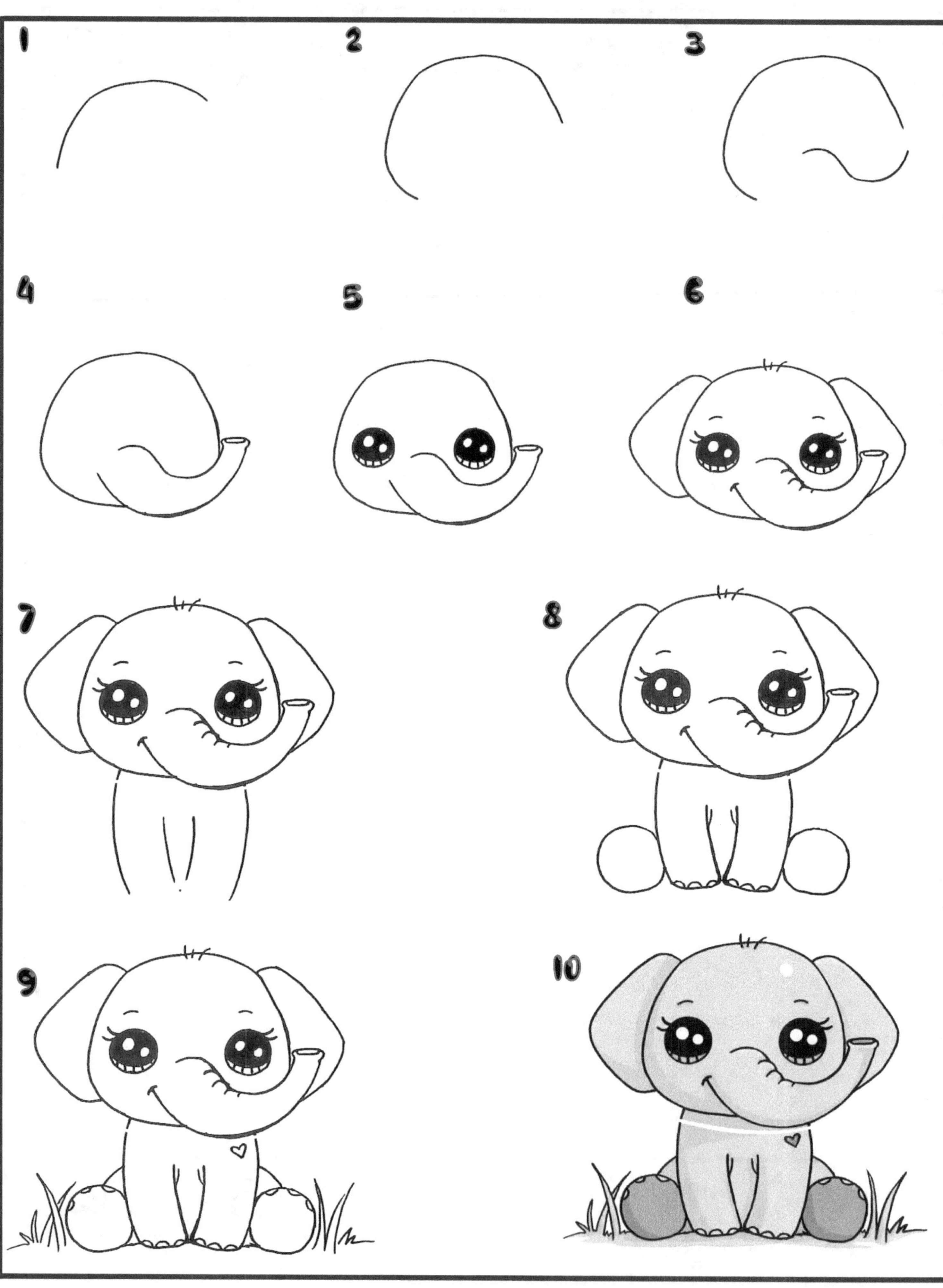

1
2
3
4
5
6
7
8
9
10

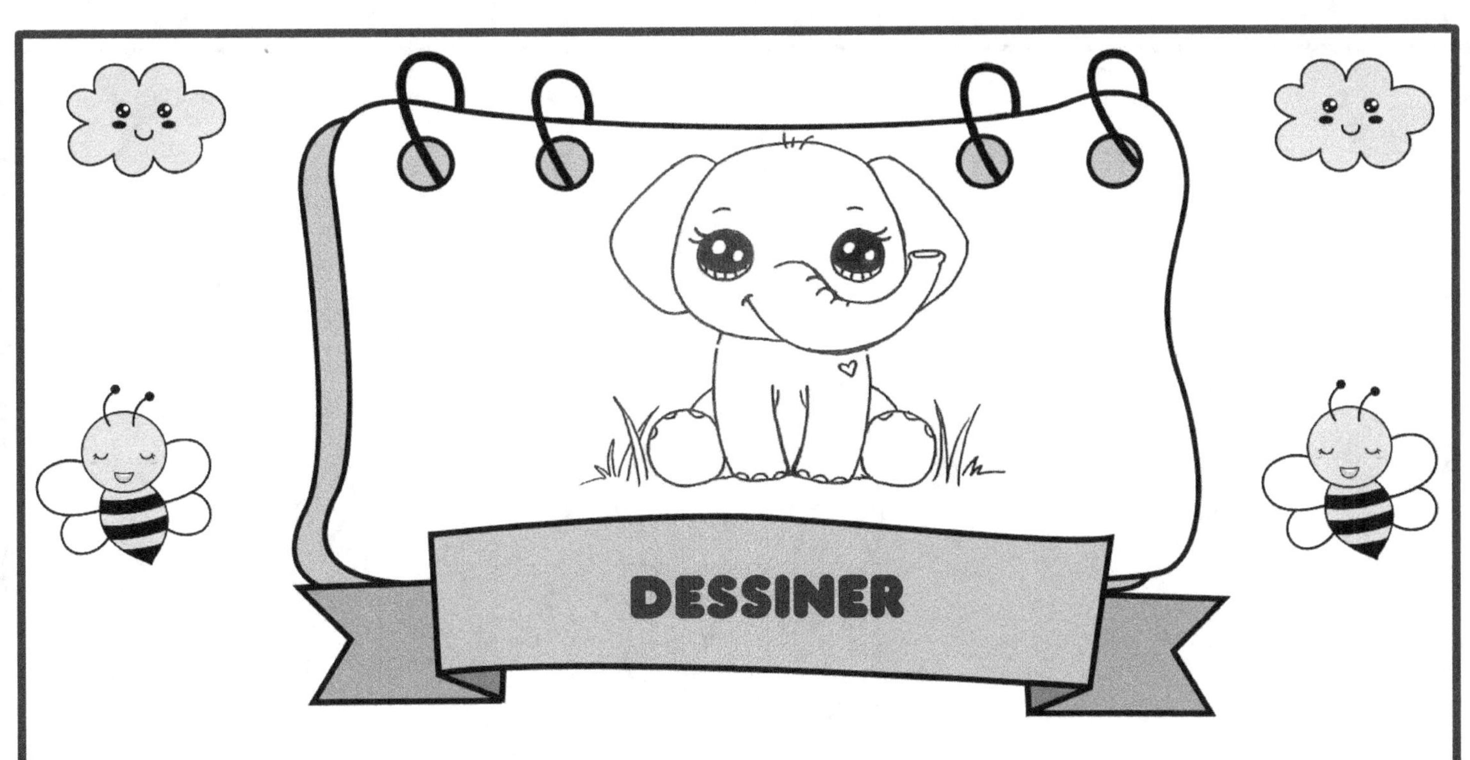

DESSINER

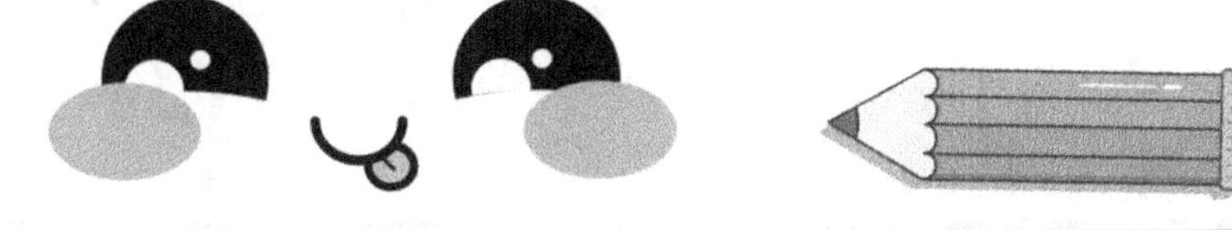

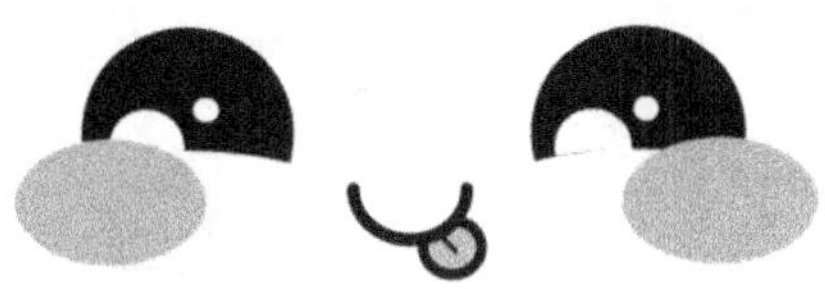

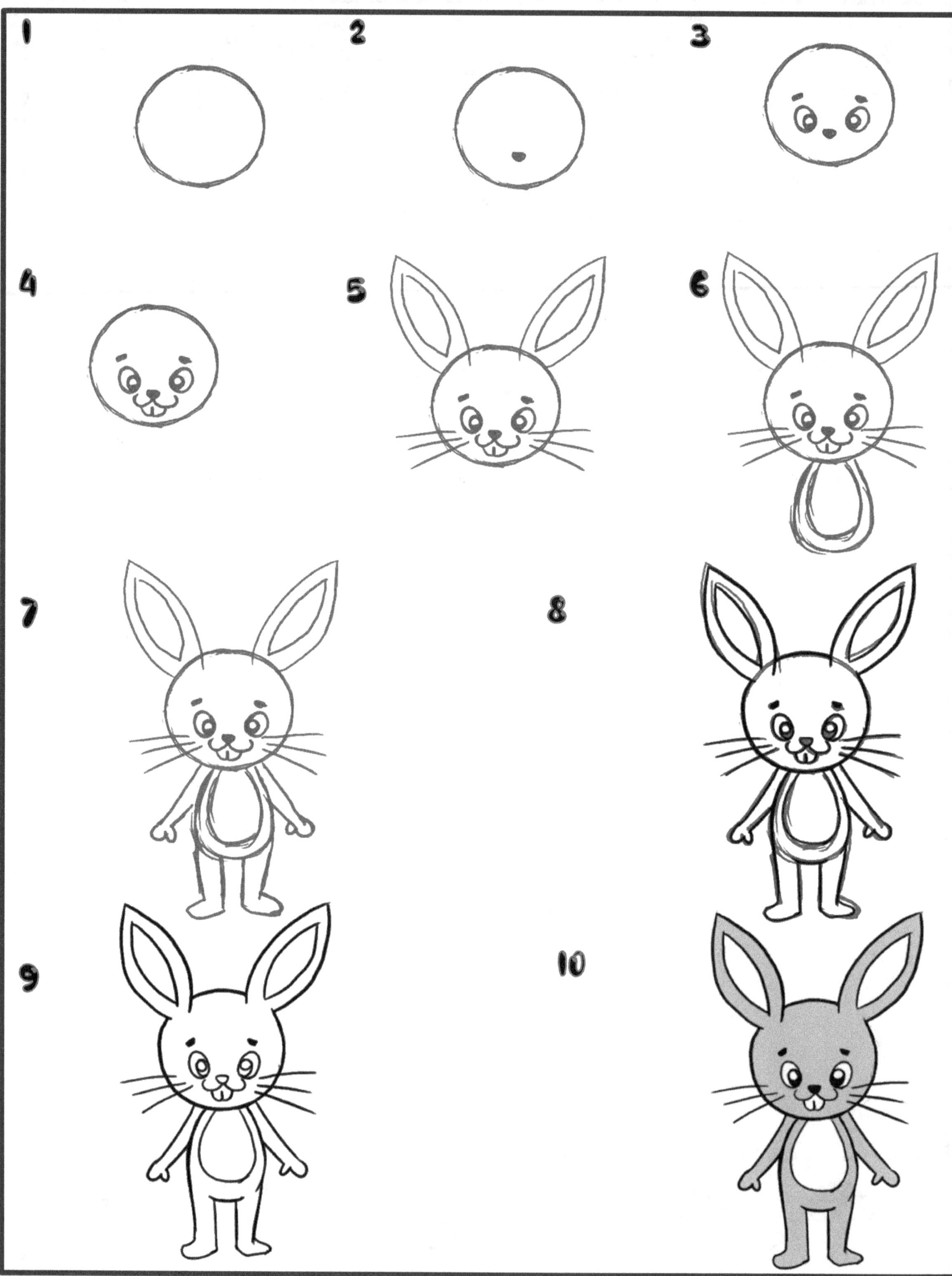

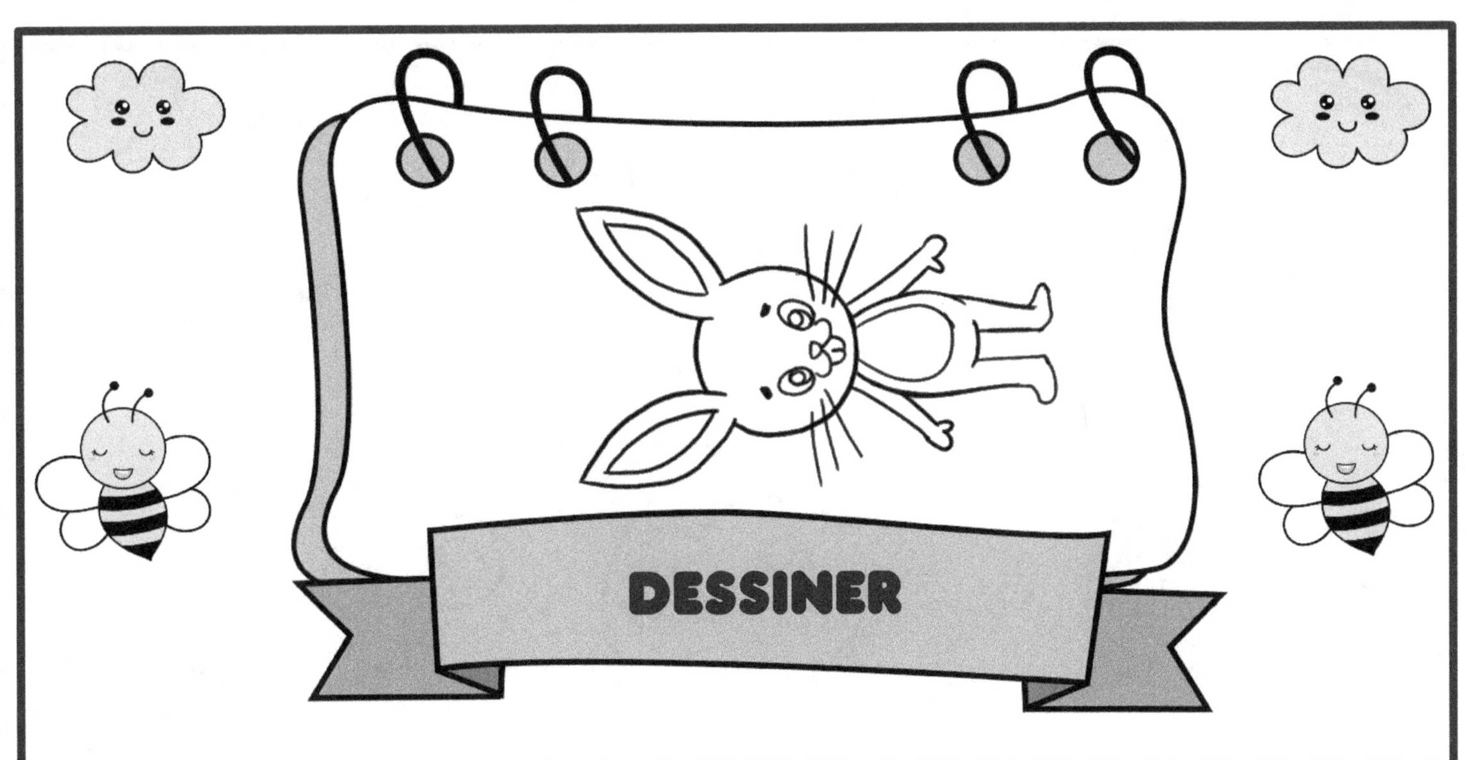

DESSINER

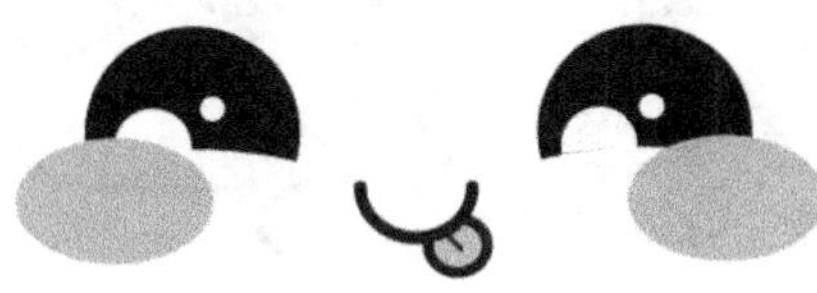
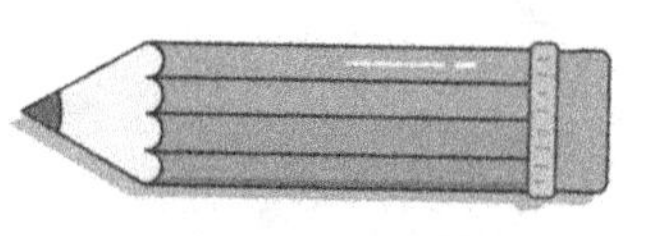
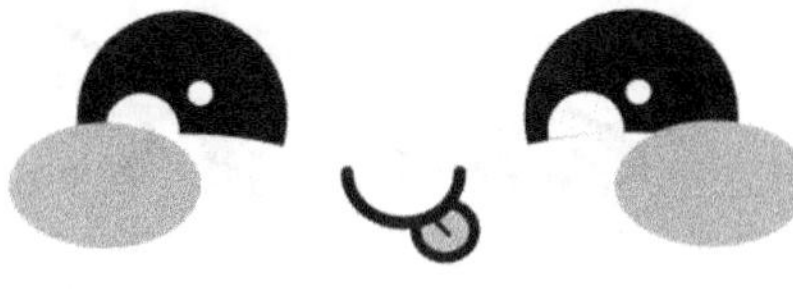

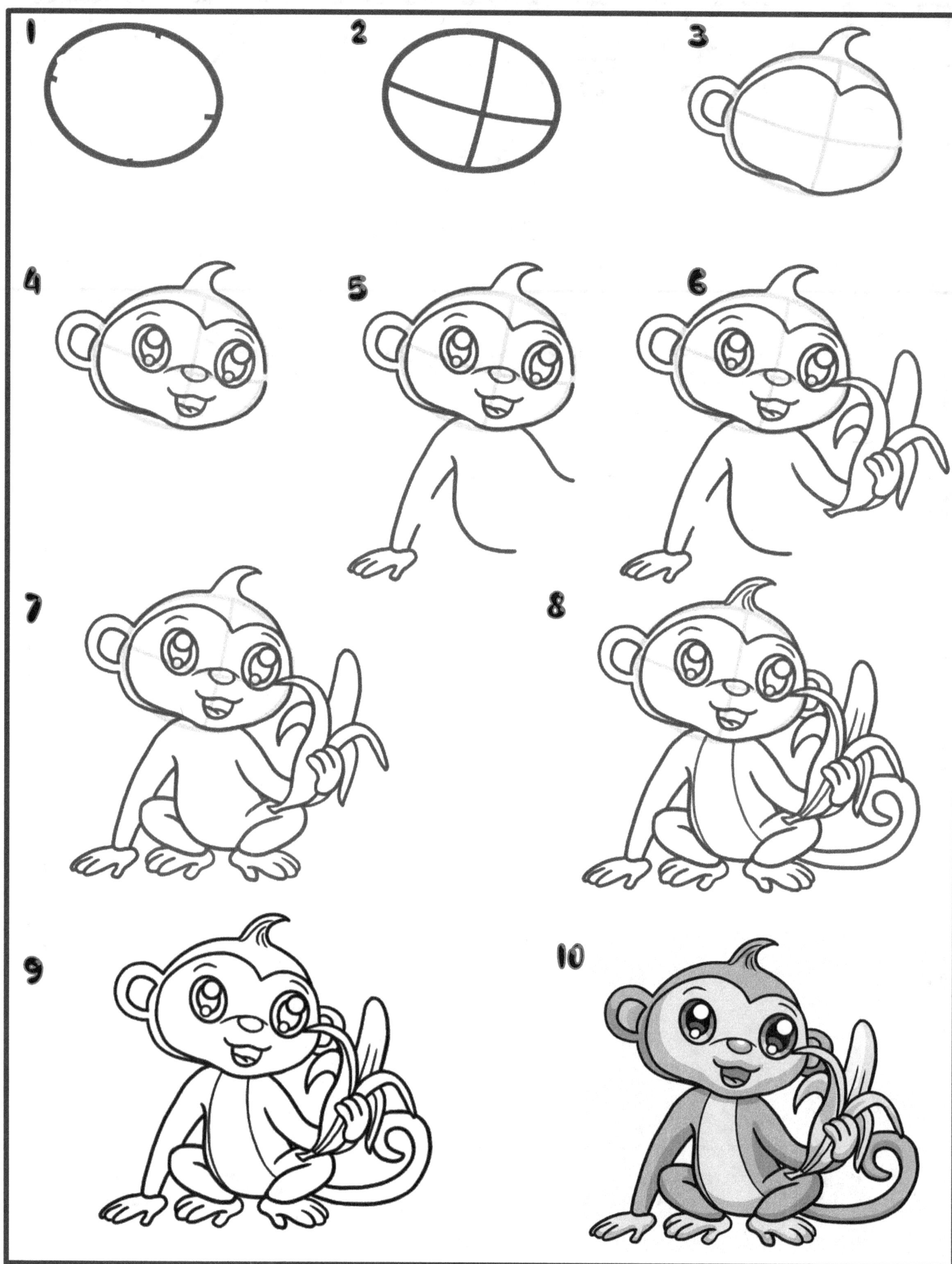

1
2
3
4
5
6
7
8
9
10

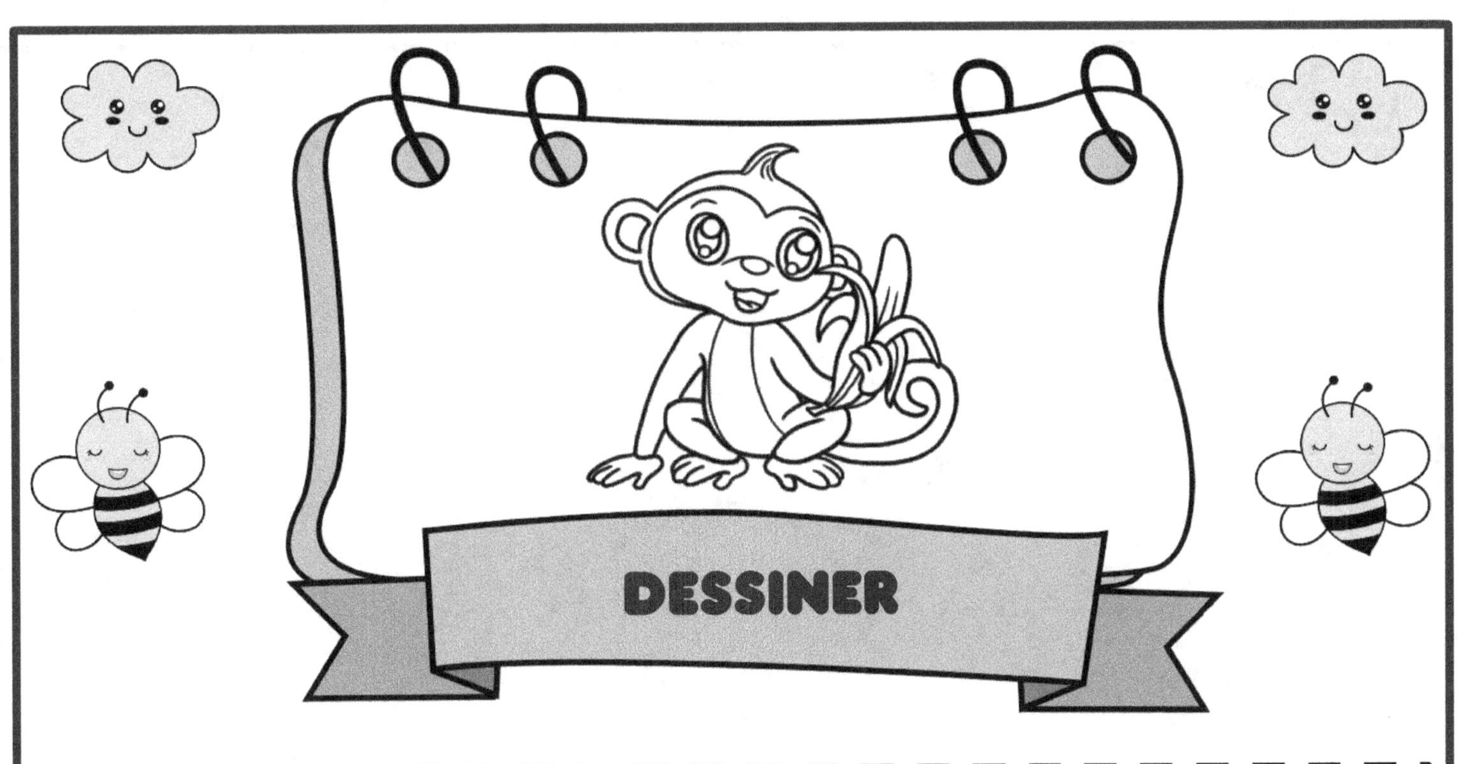

DESSINER

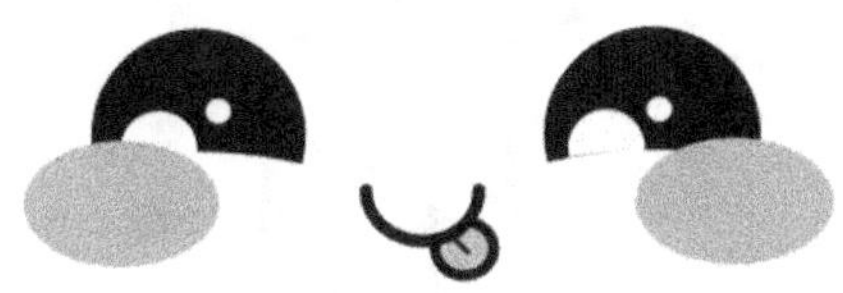
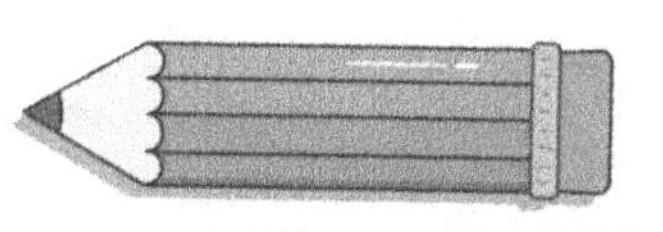
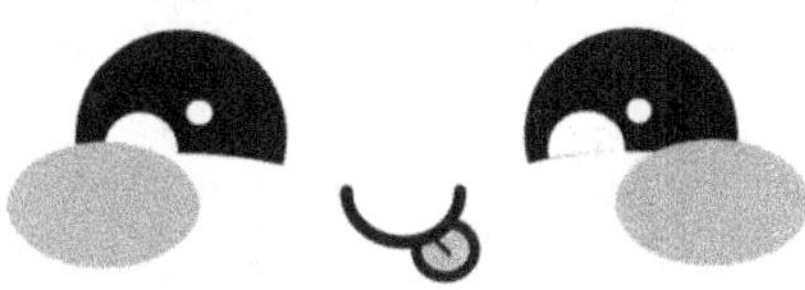

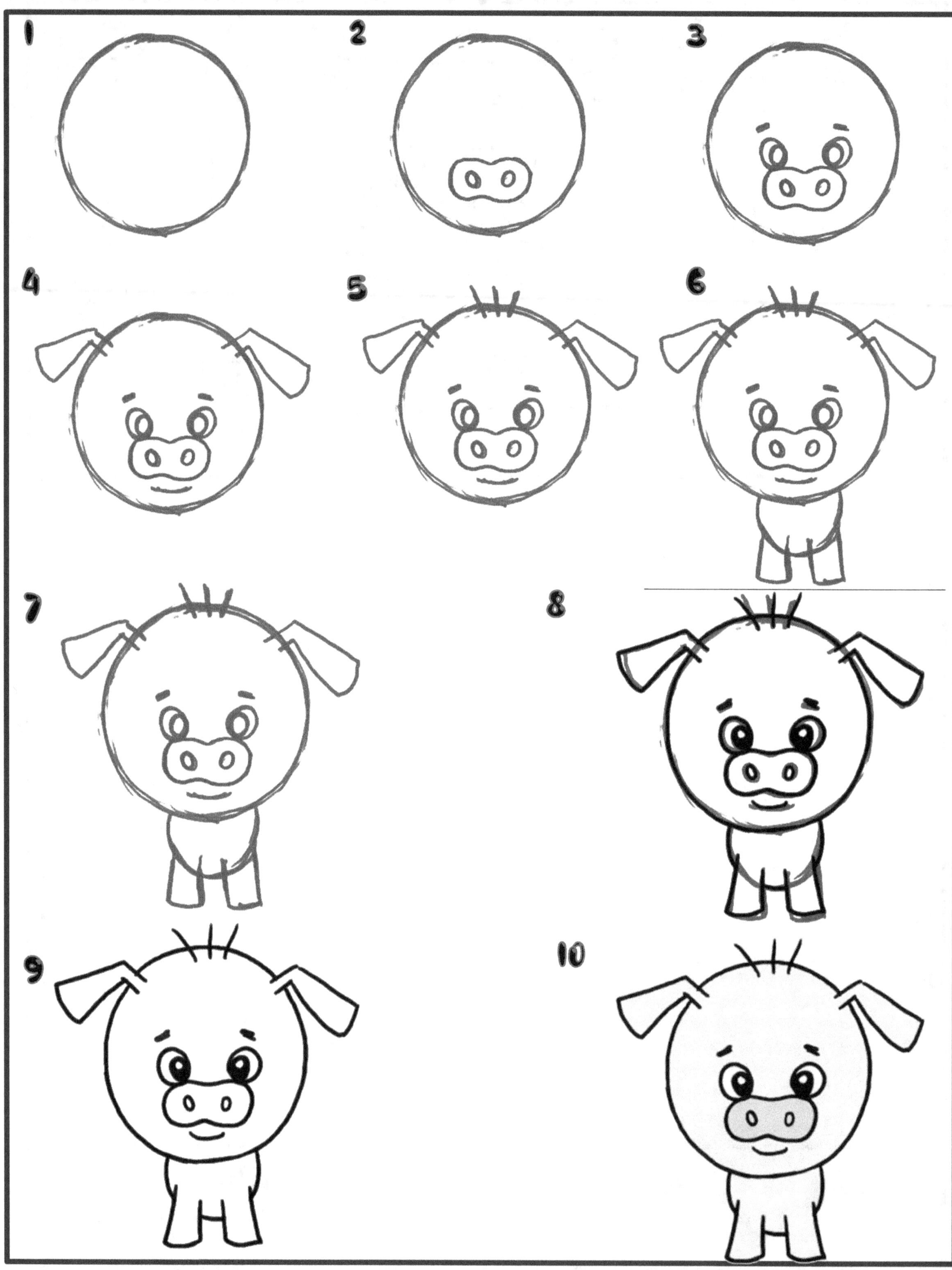

1
2
3
4
5
6
7
8
9
10

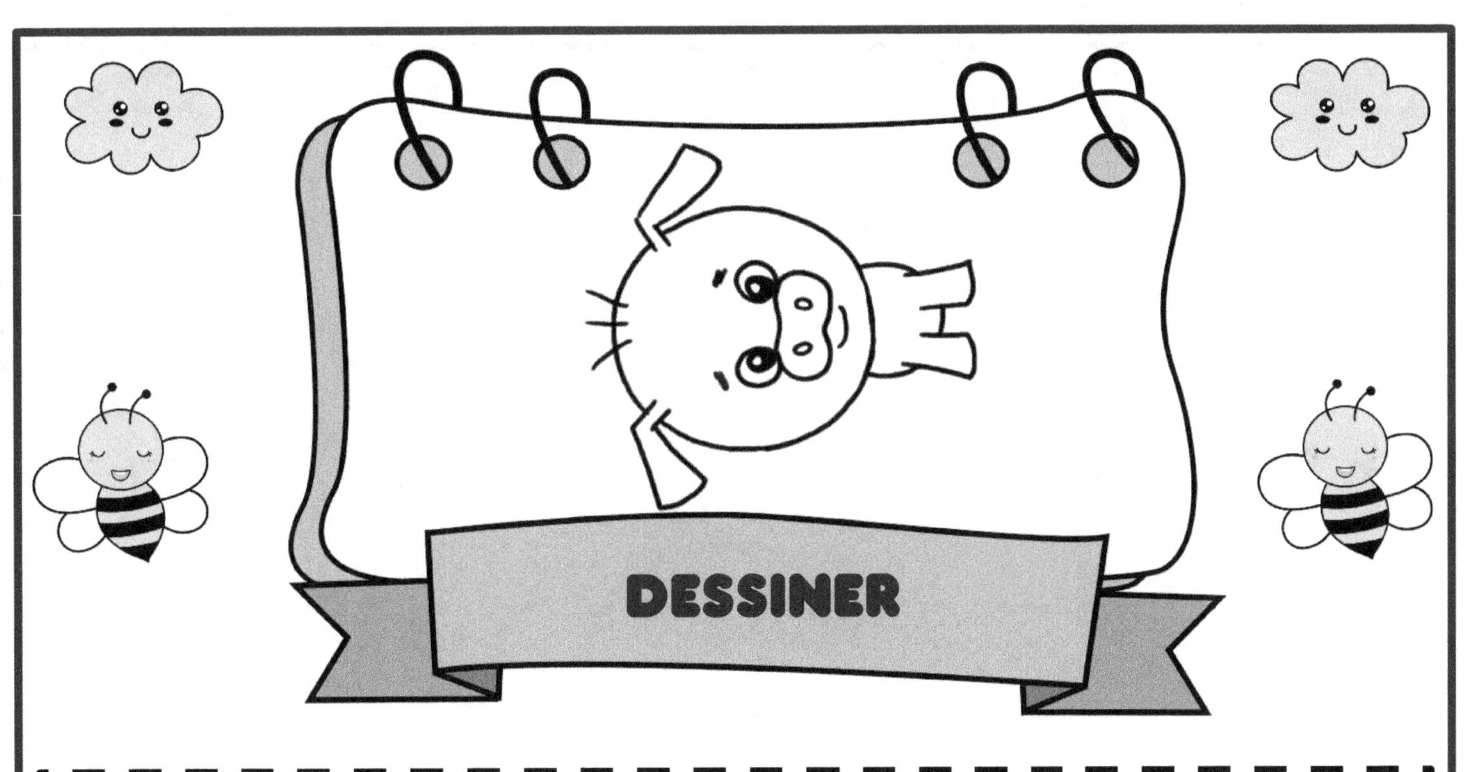

DESSINER

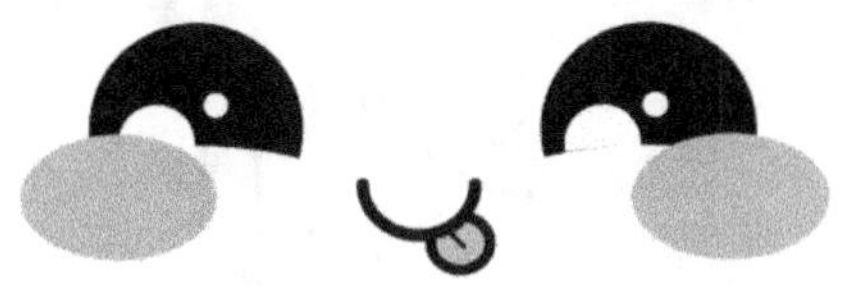
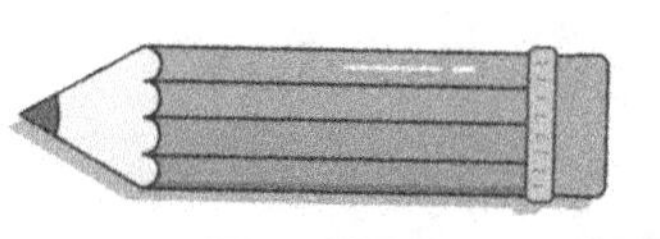
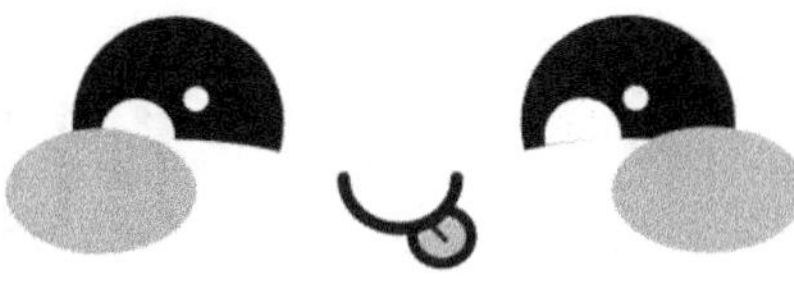

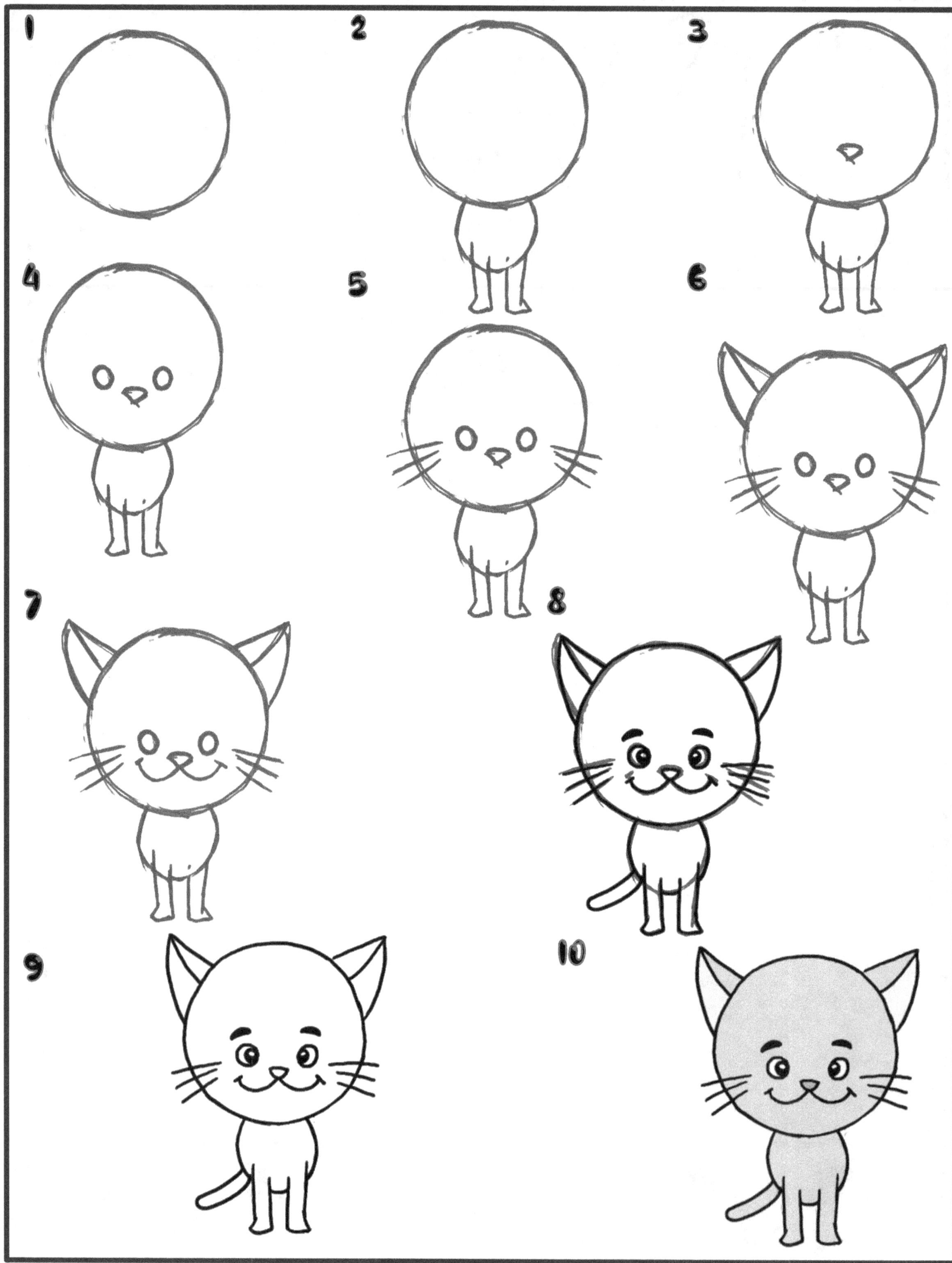

1
2
3
4
5
6
7
8
9
10

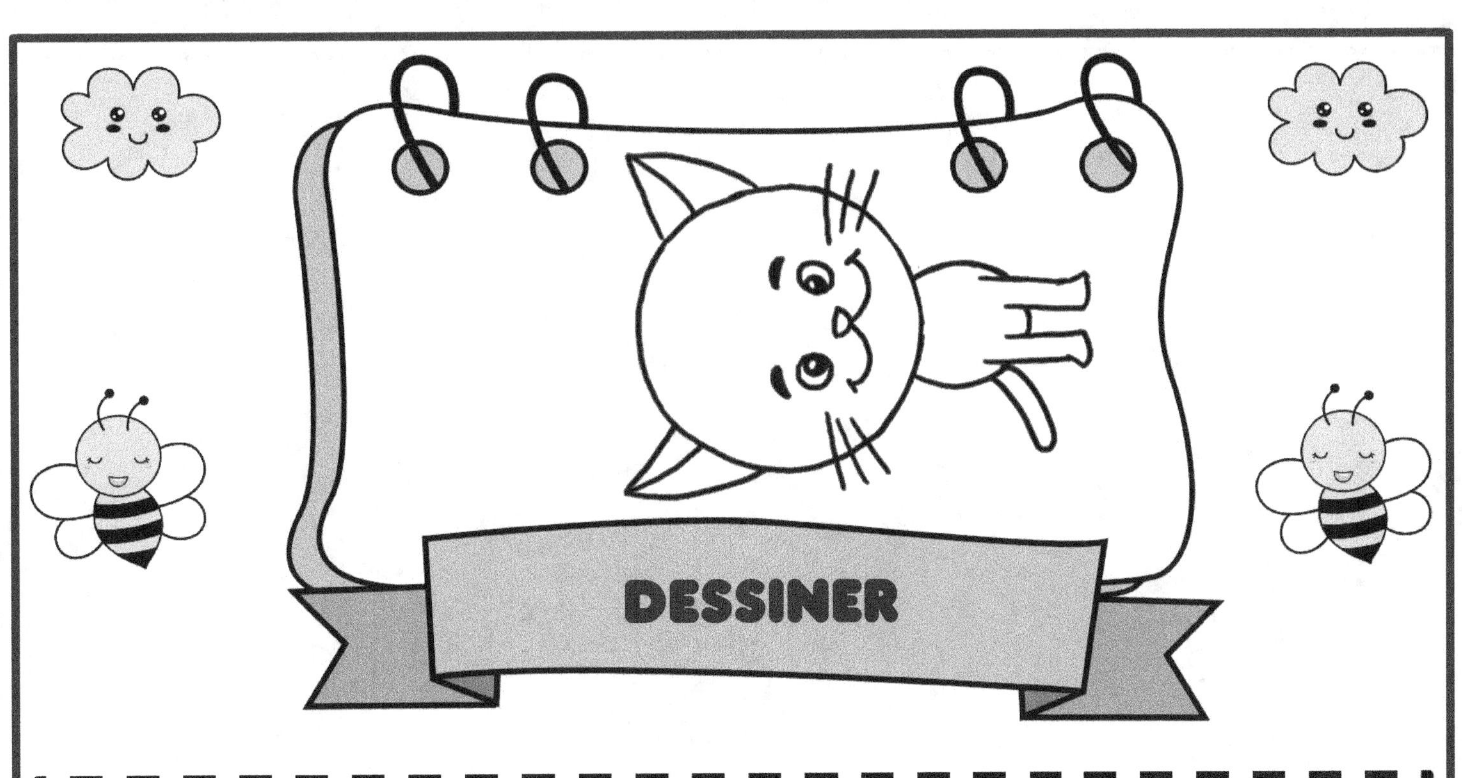
DESSINER
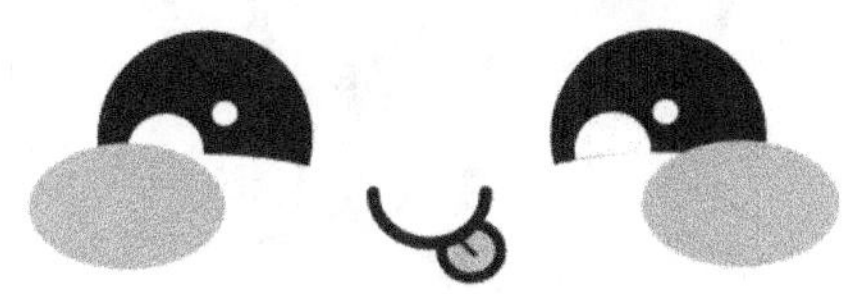
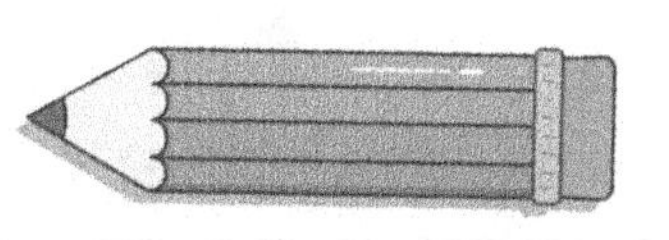
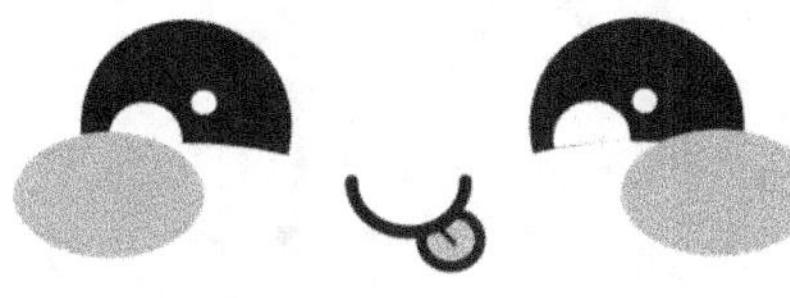

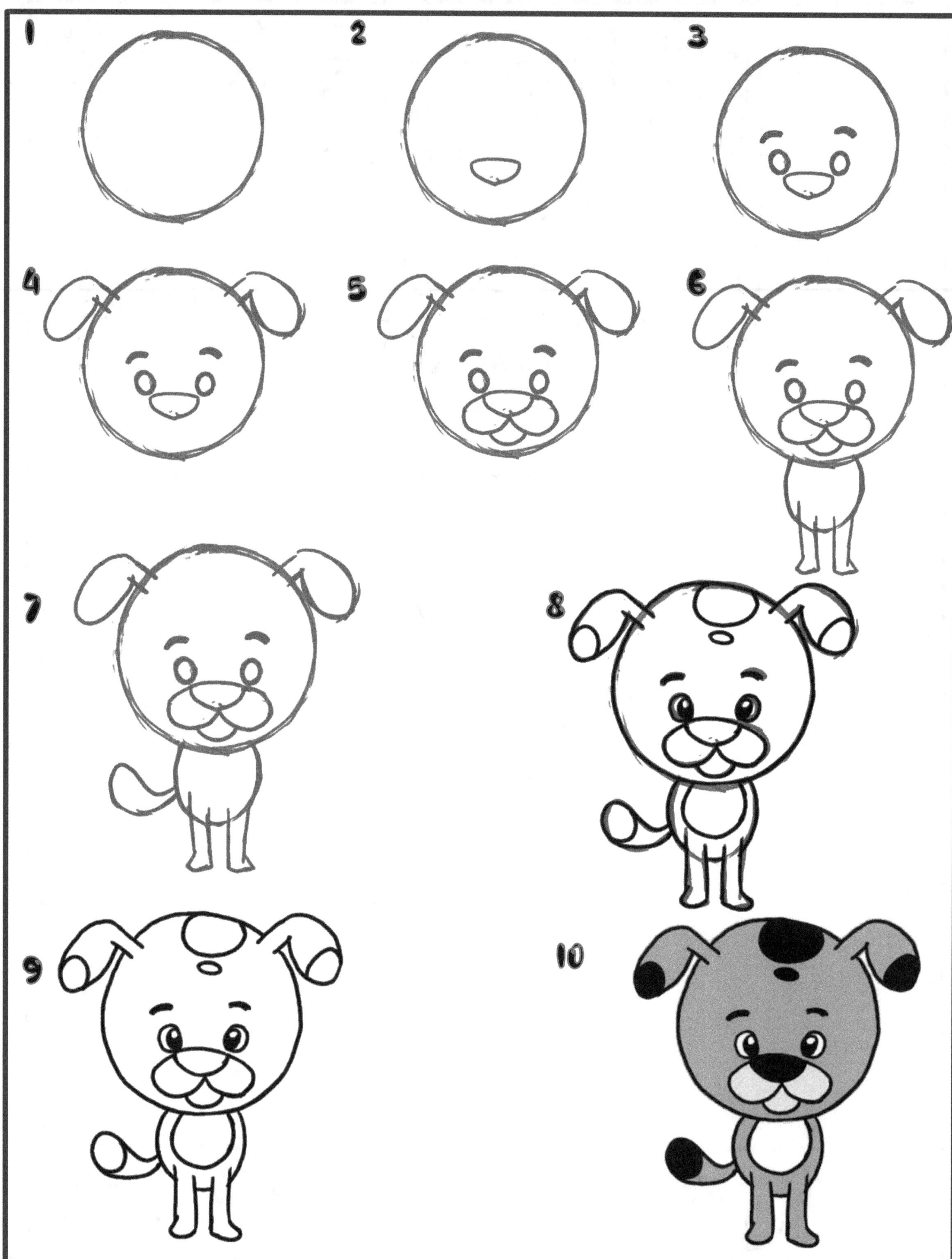

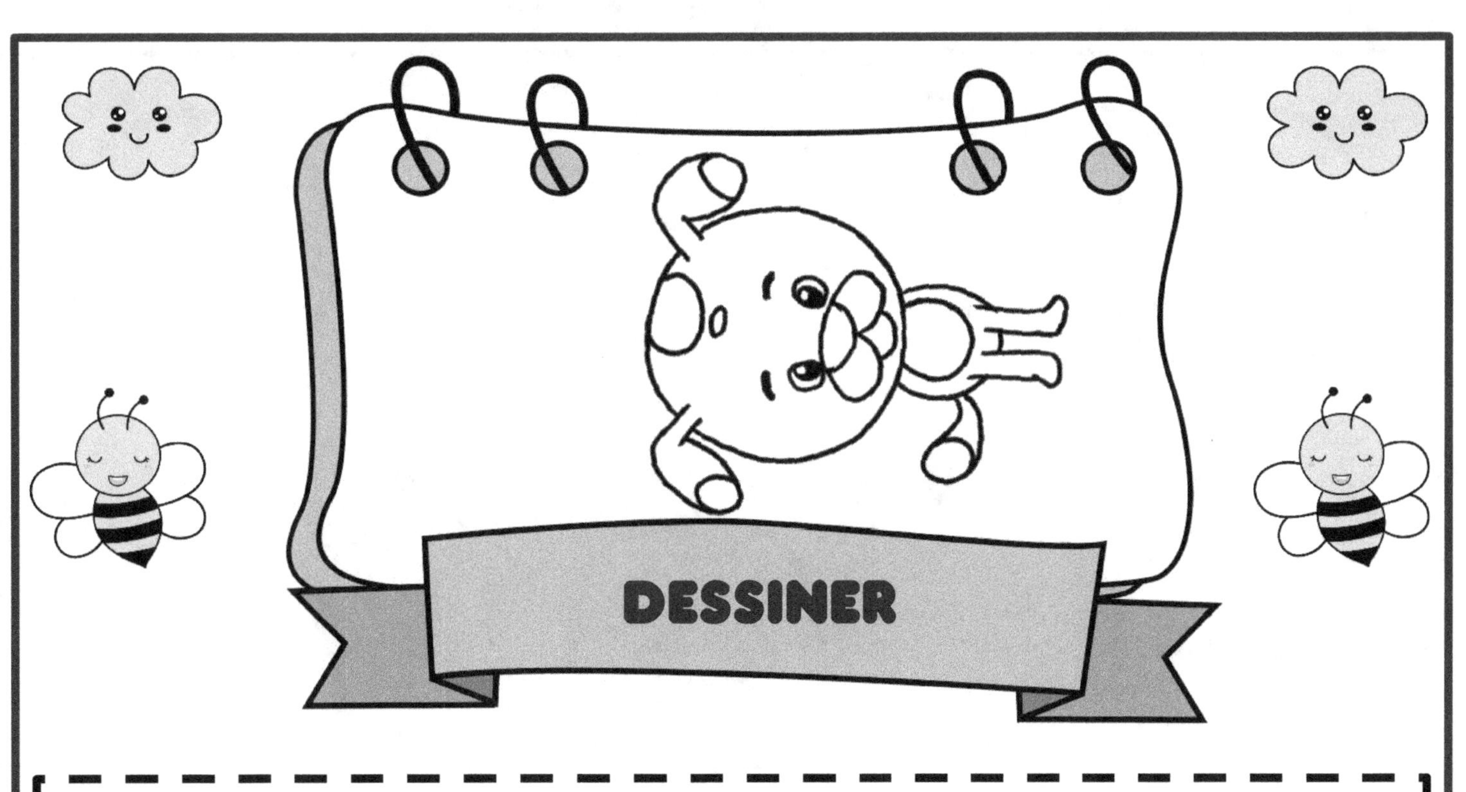

DESSINER

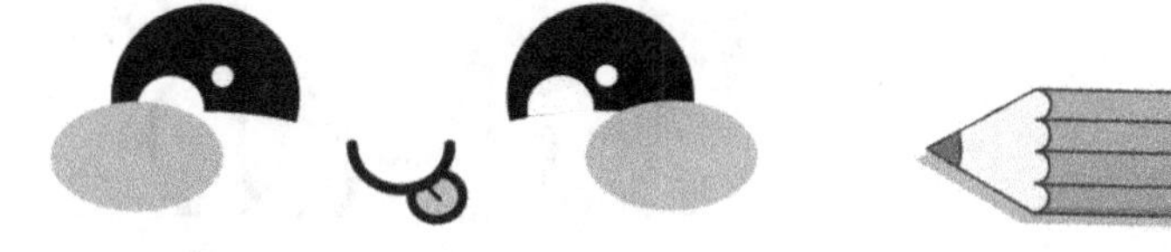
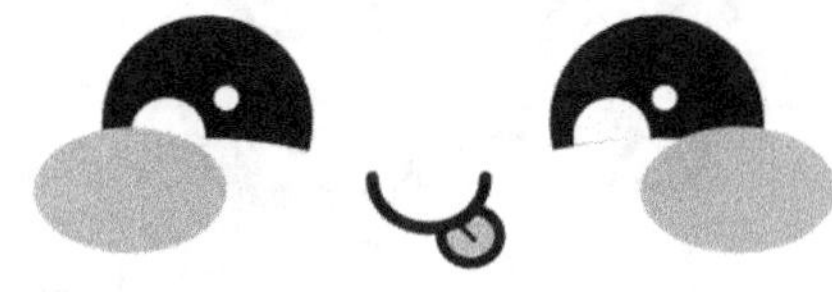

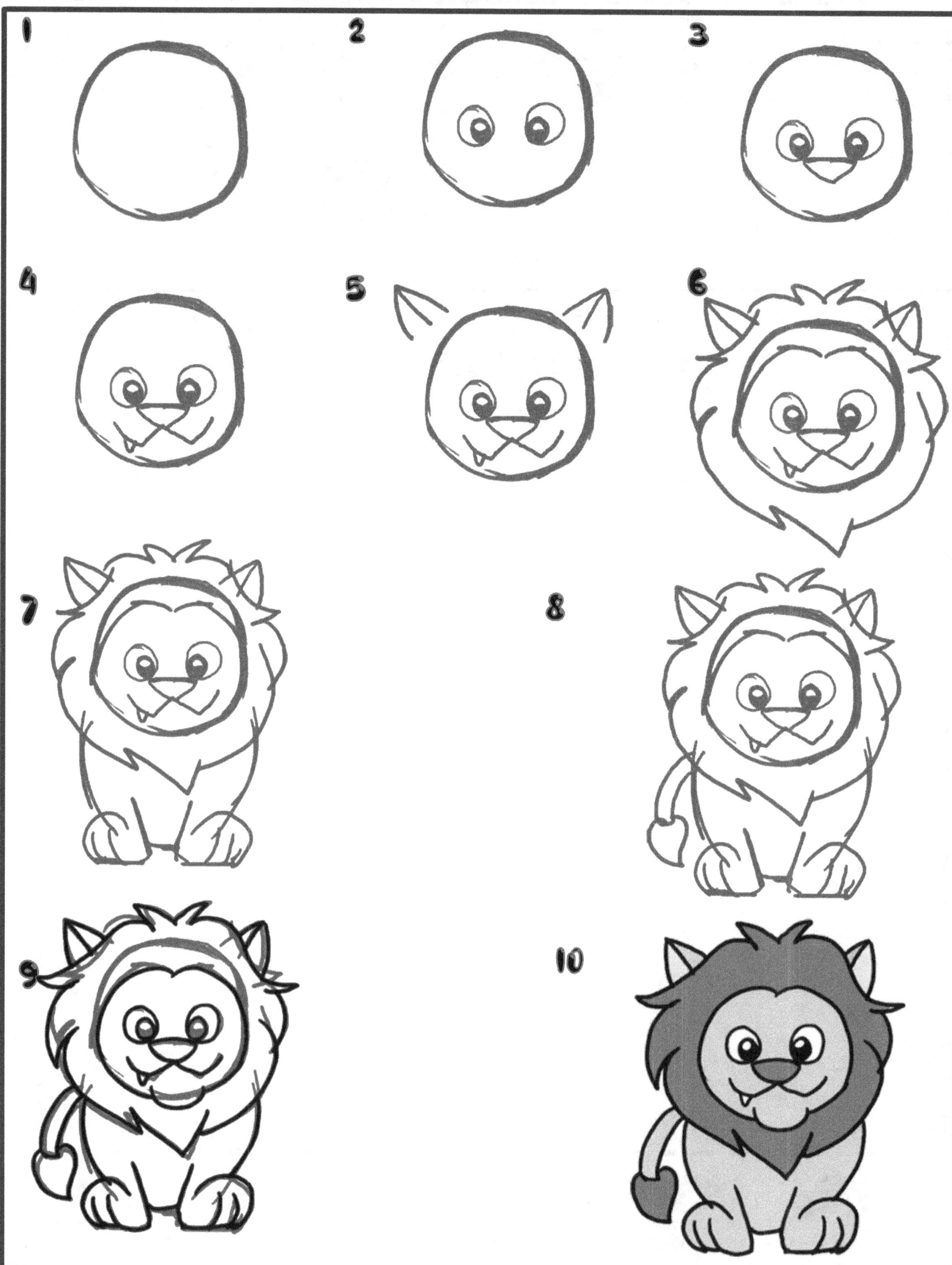

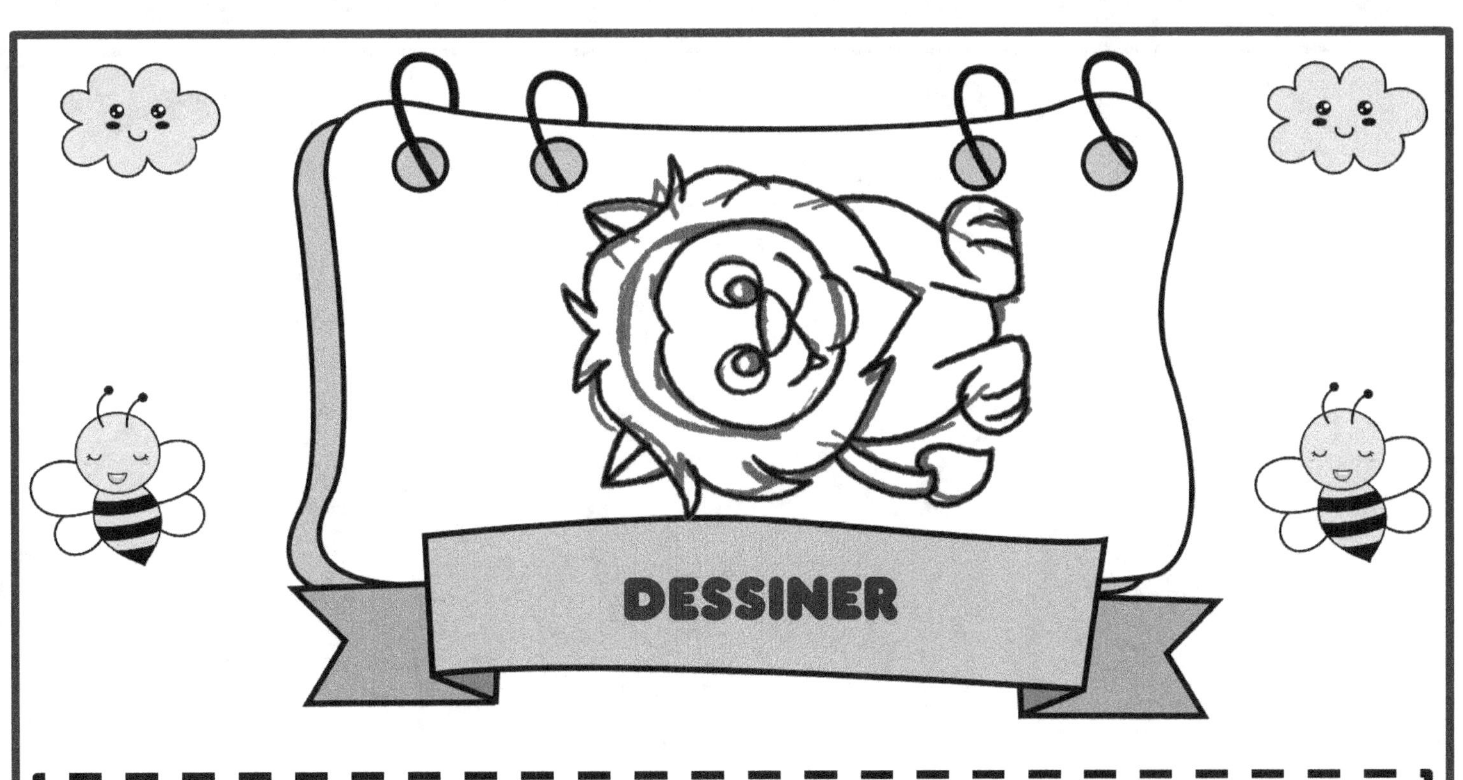

DESSINER

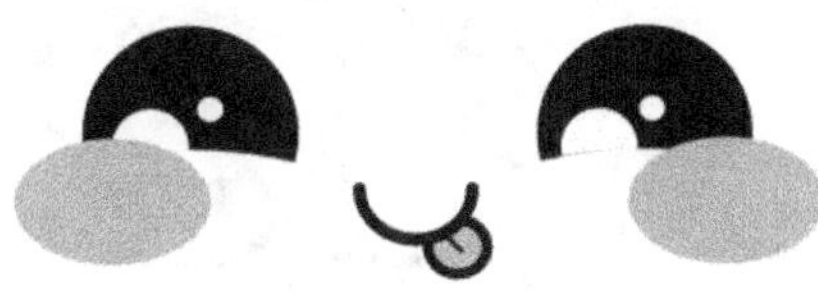
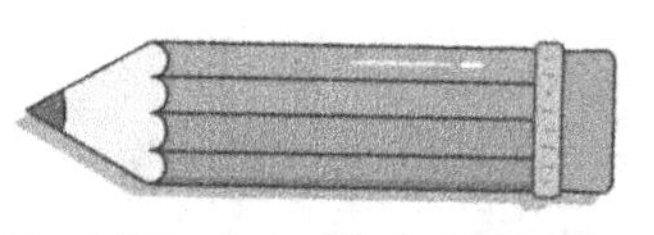
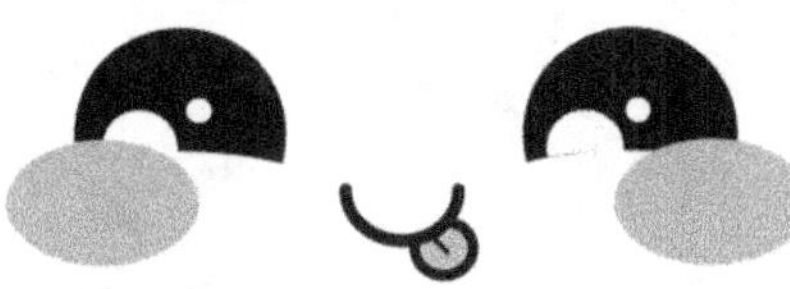

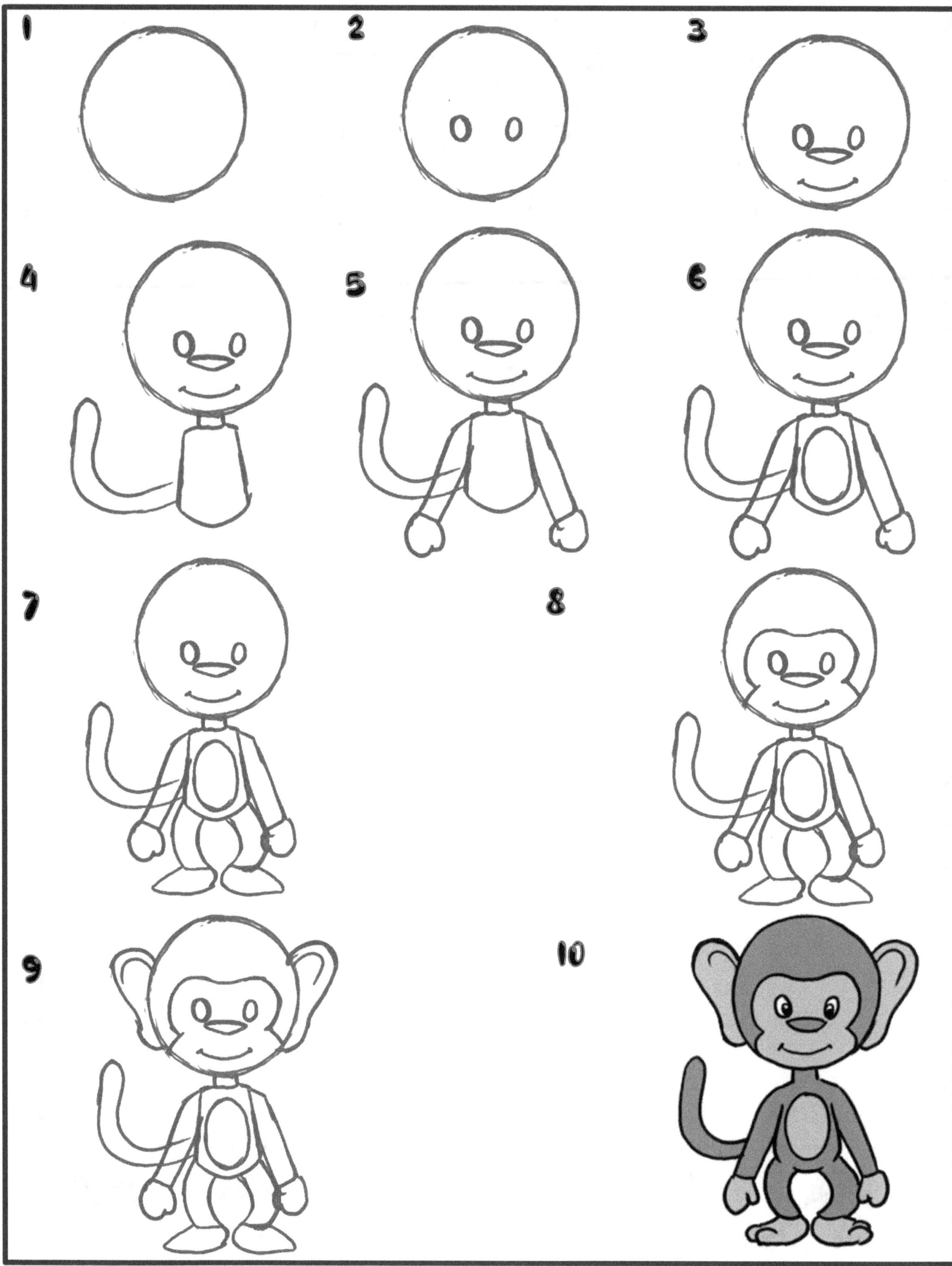

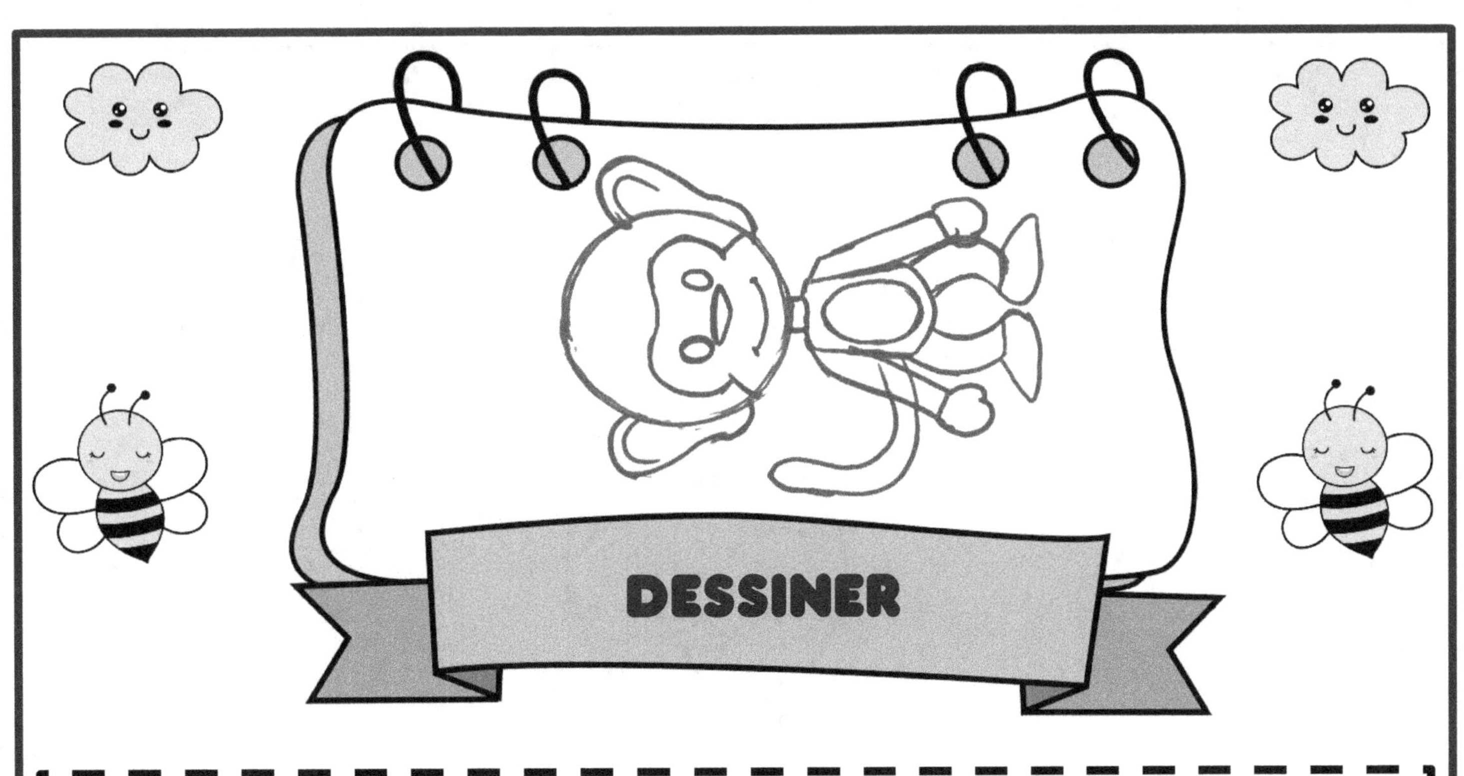

DESSINER

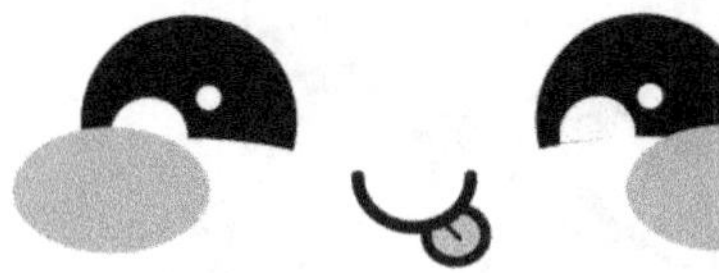
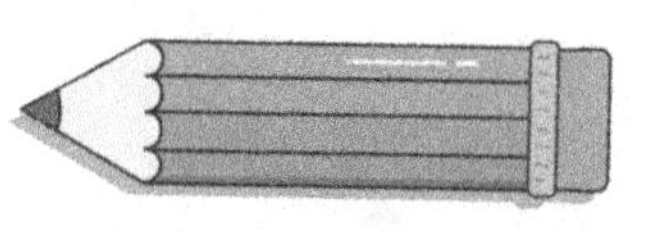
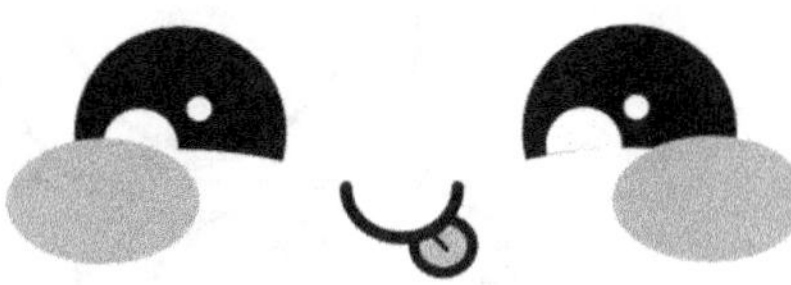

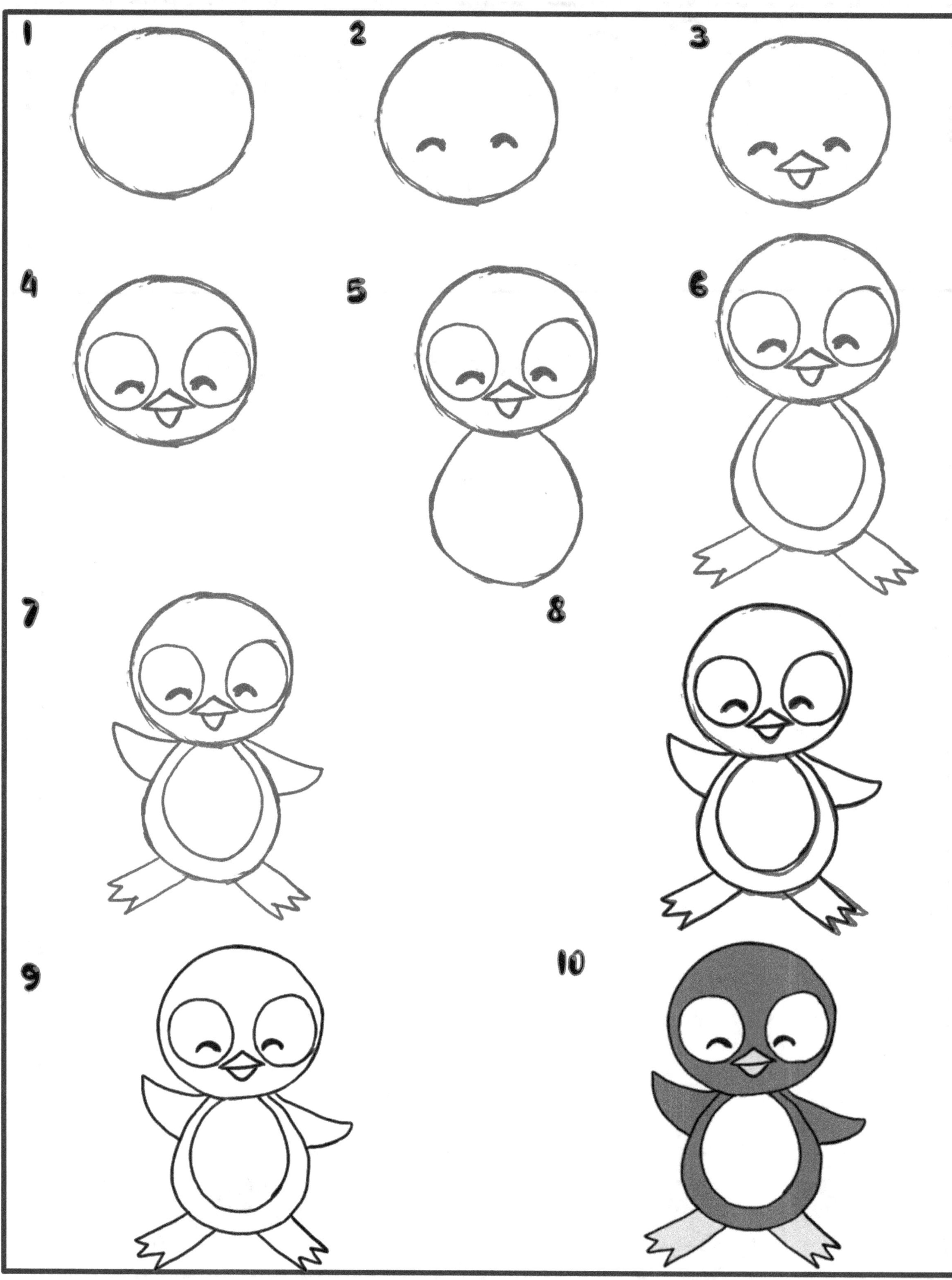

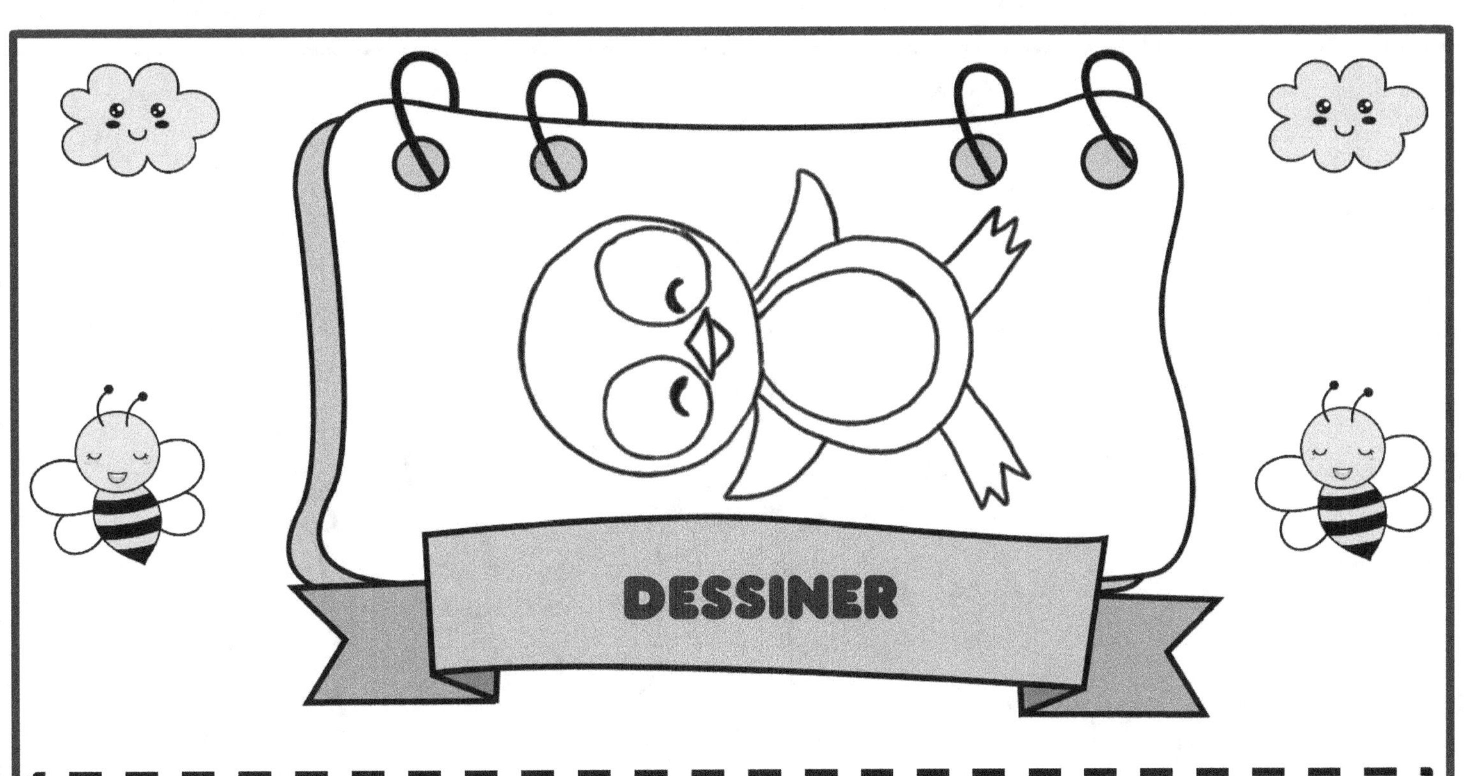

DESSINER

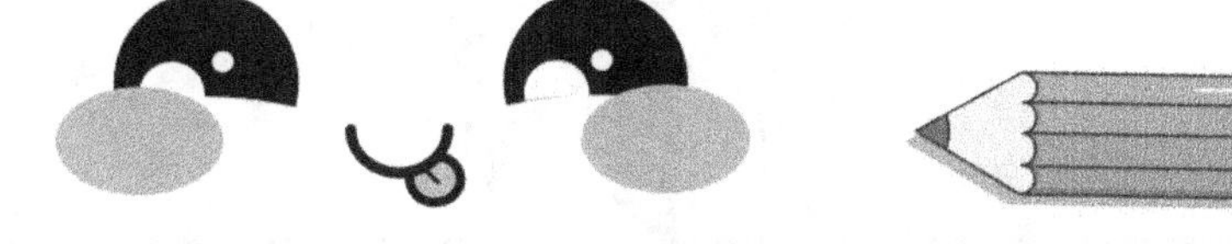

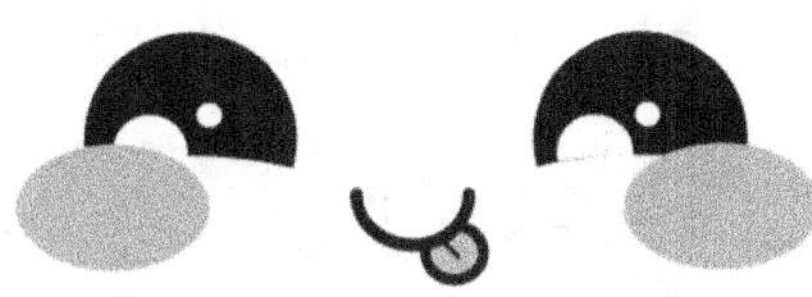

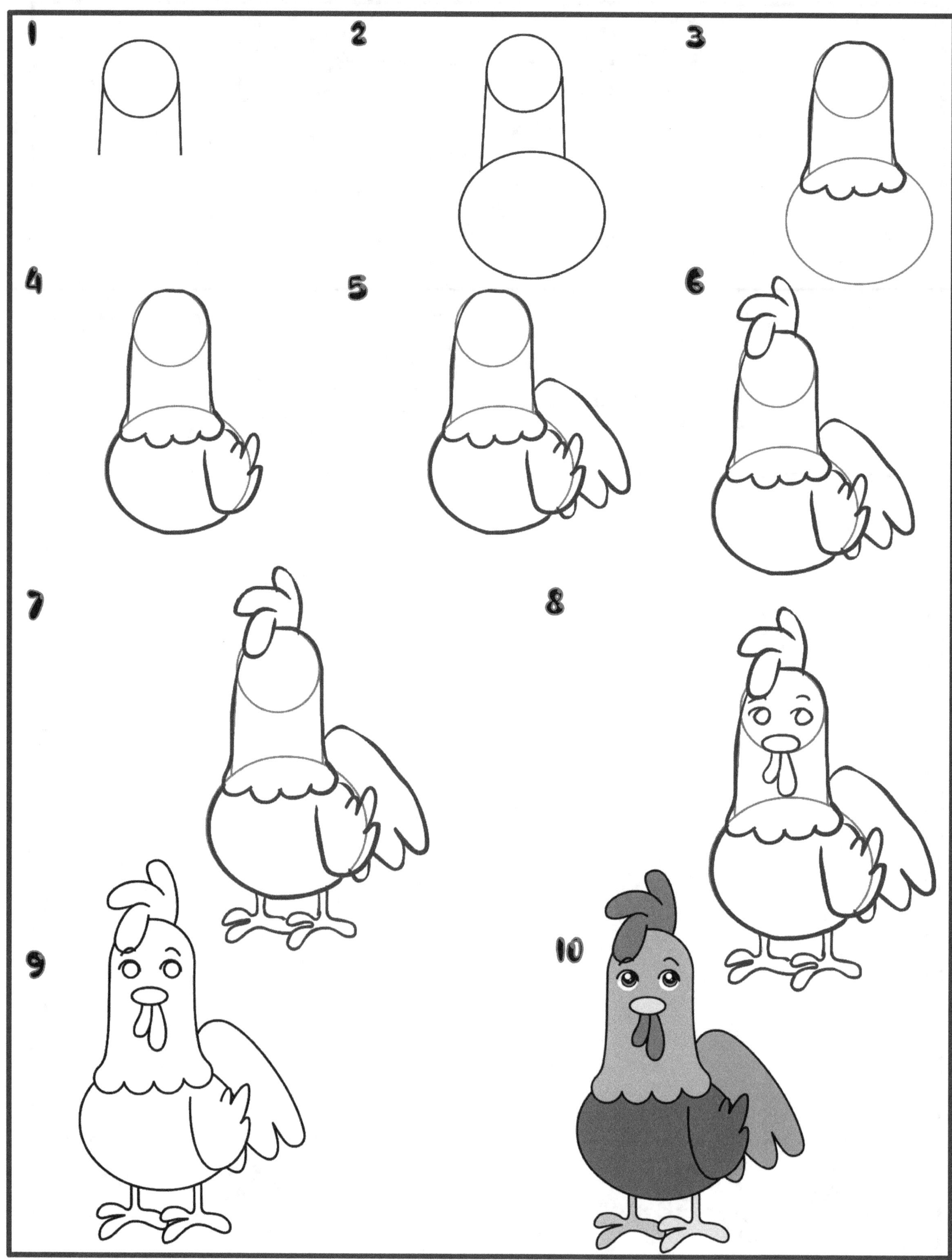

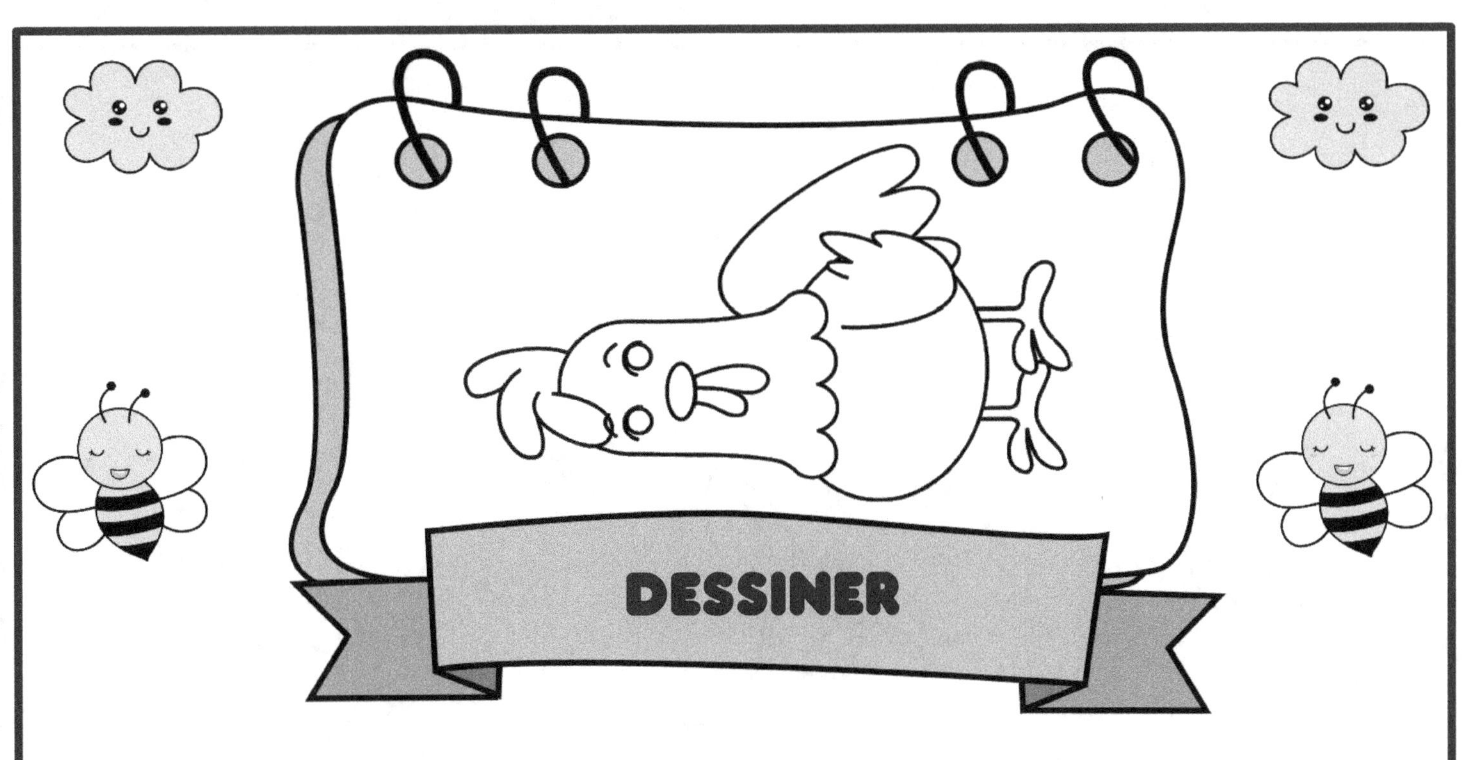

DESSINER

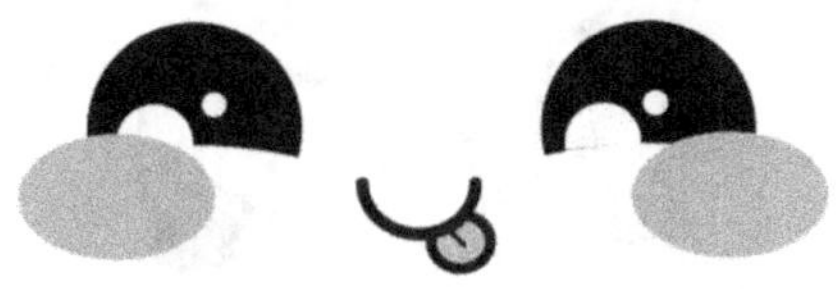
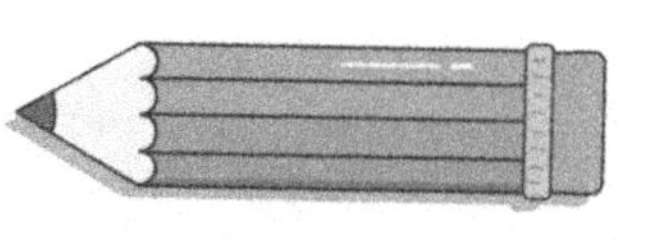
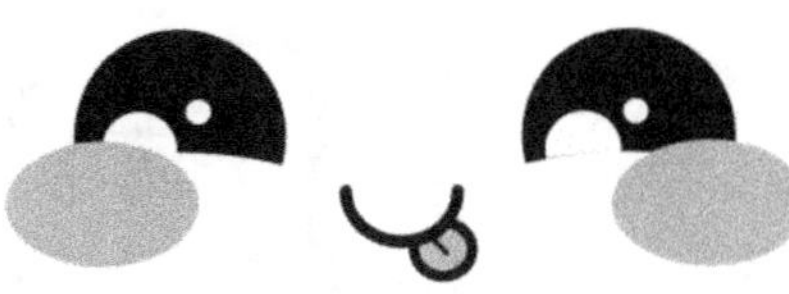

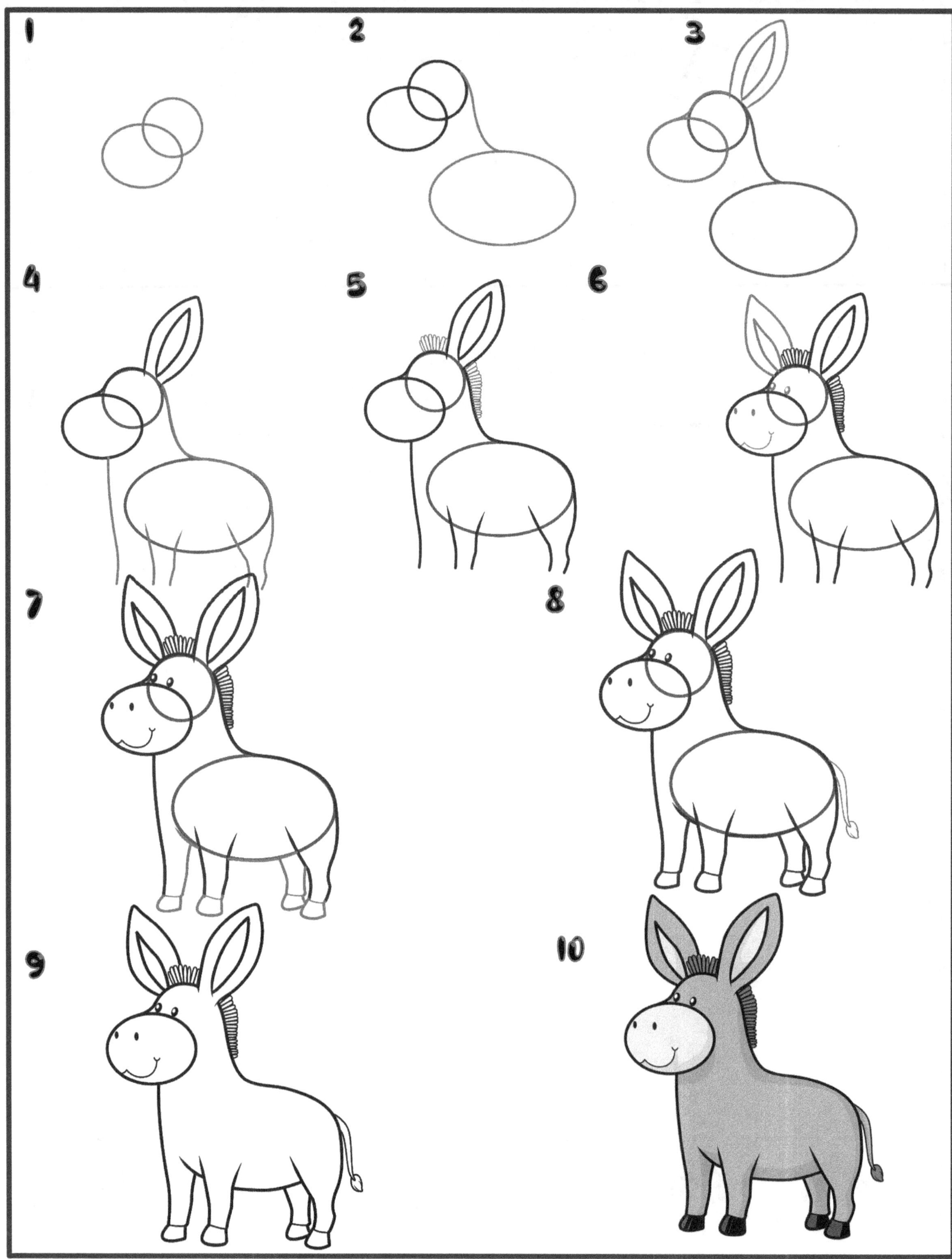

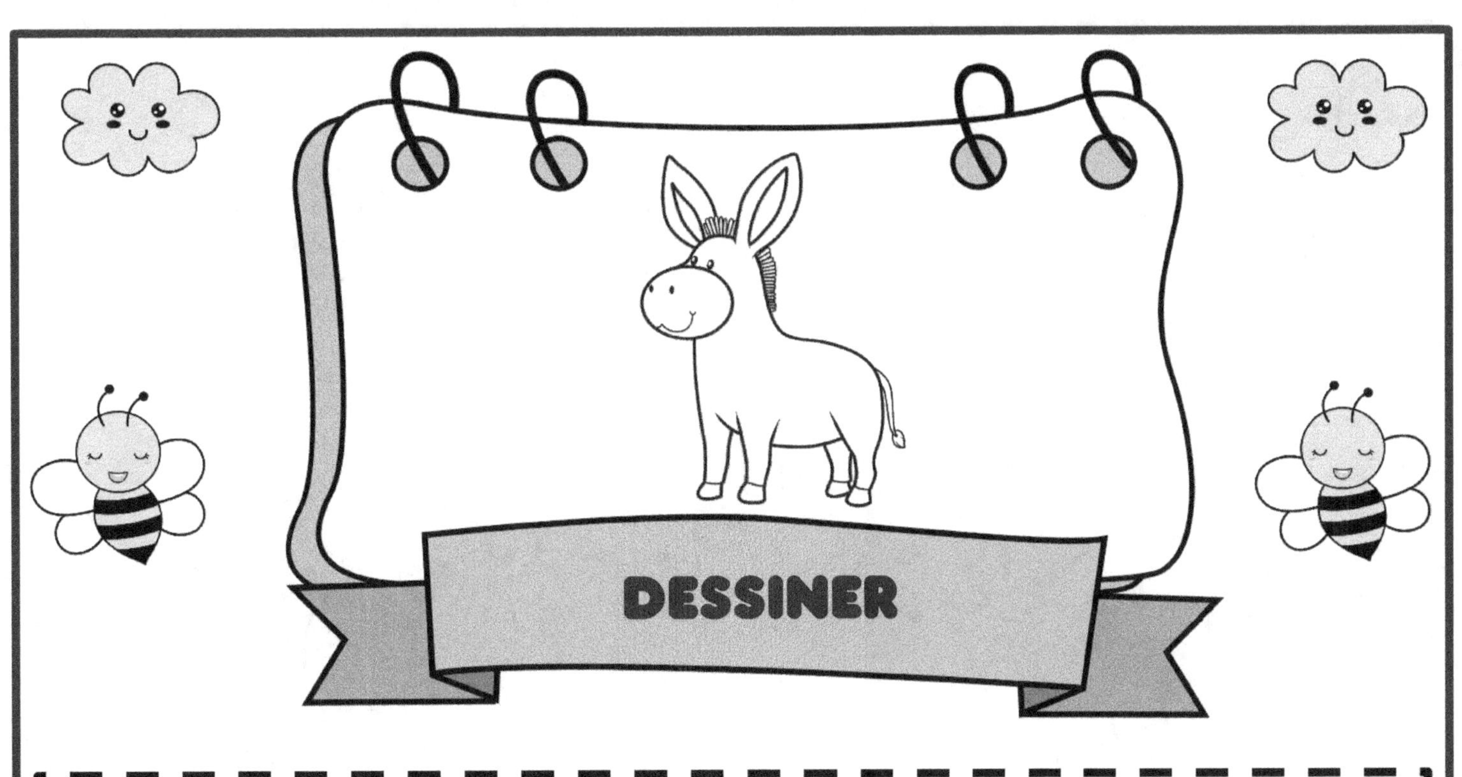

DESSINER

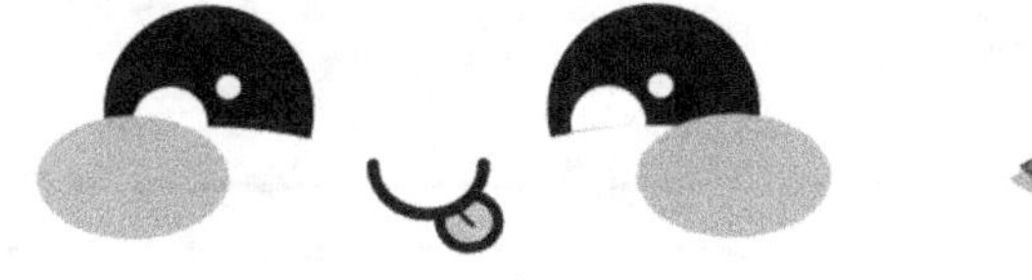

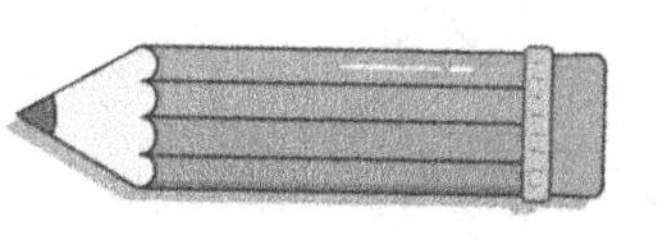

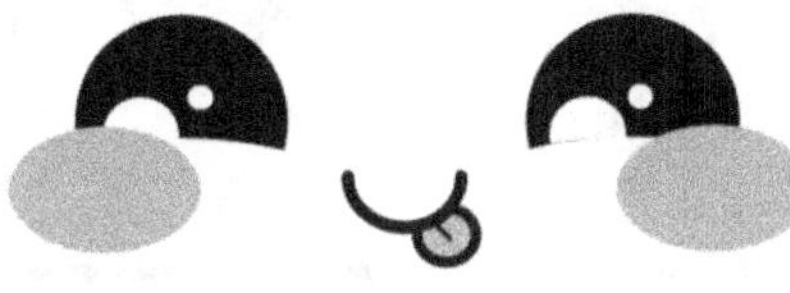

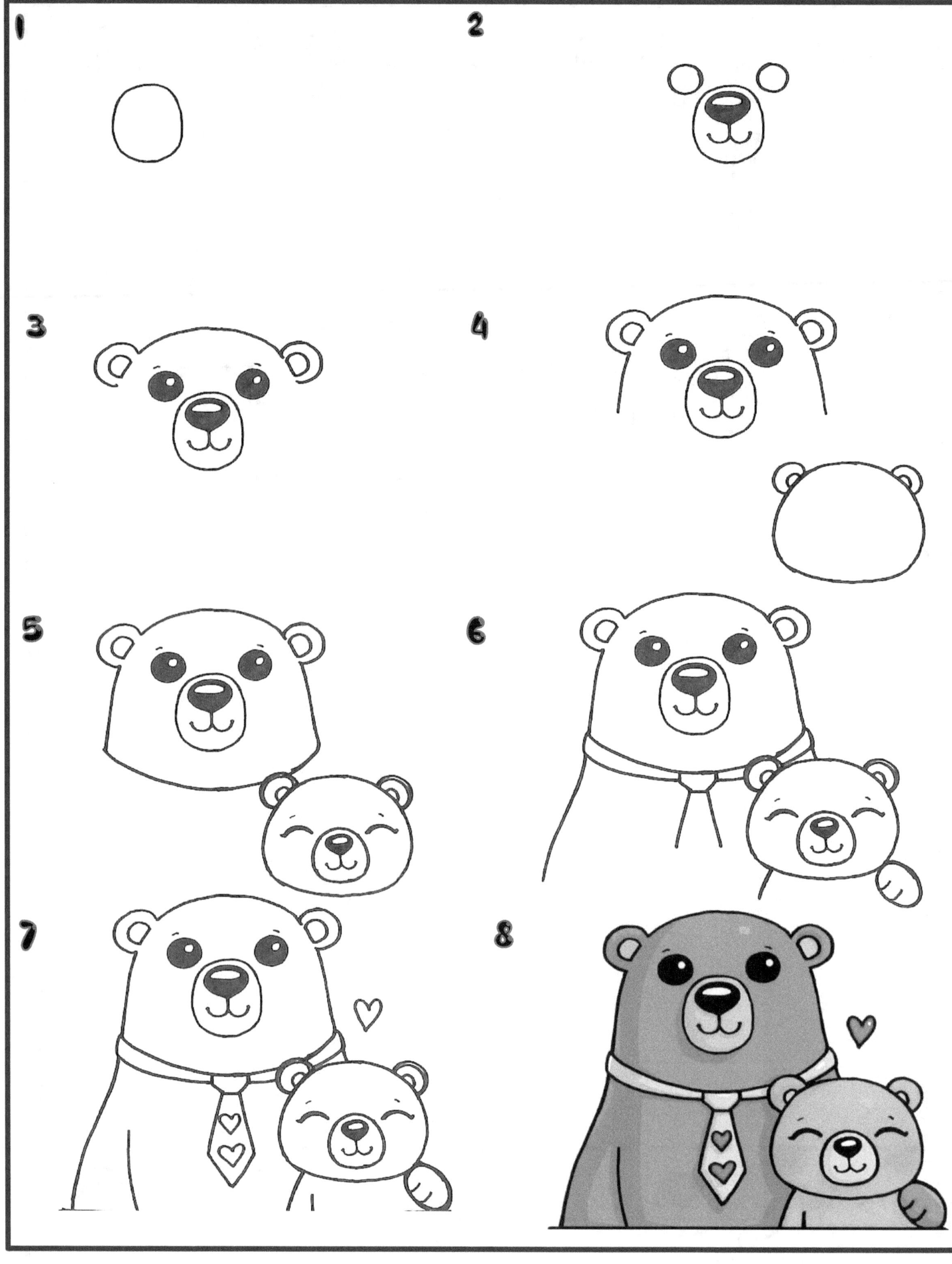

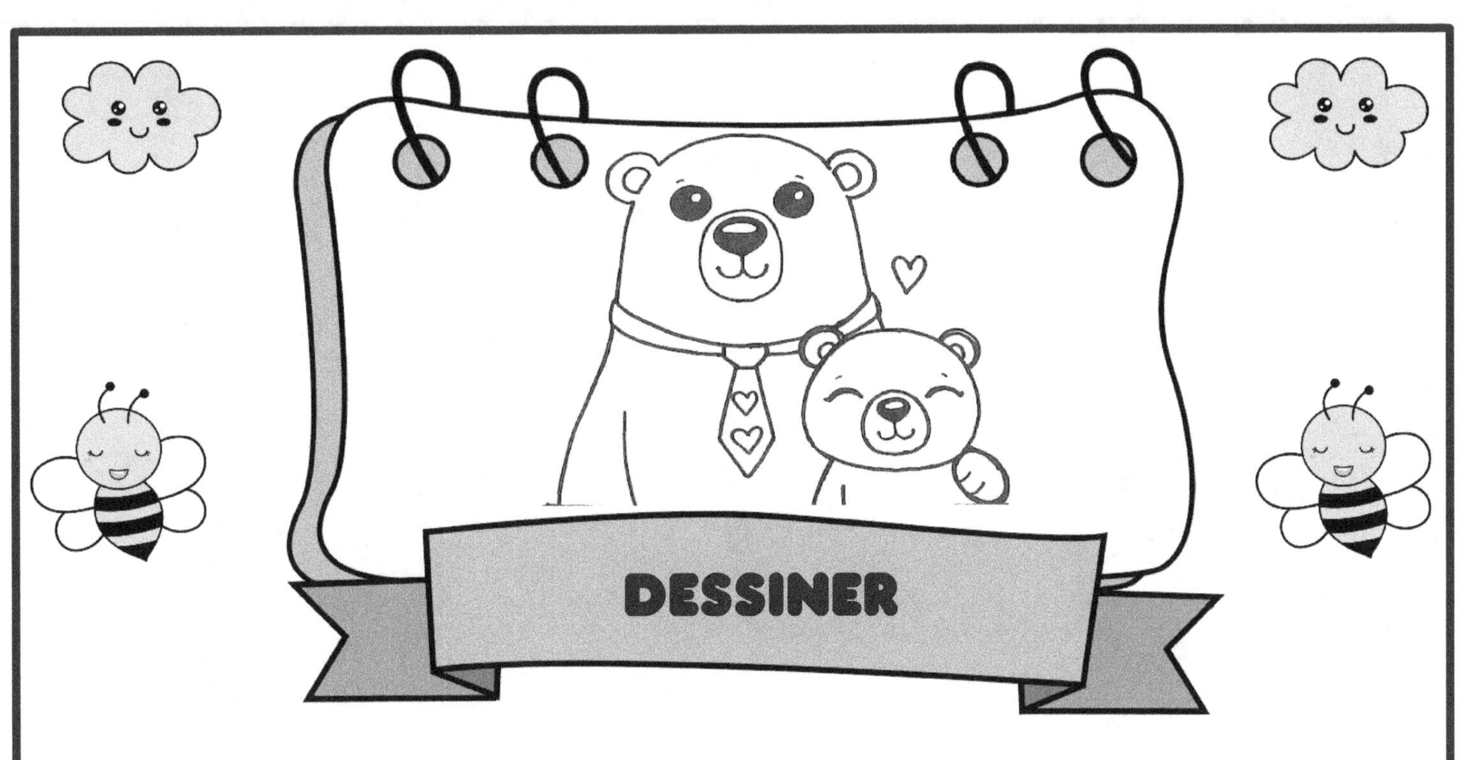

DESSINER

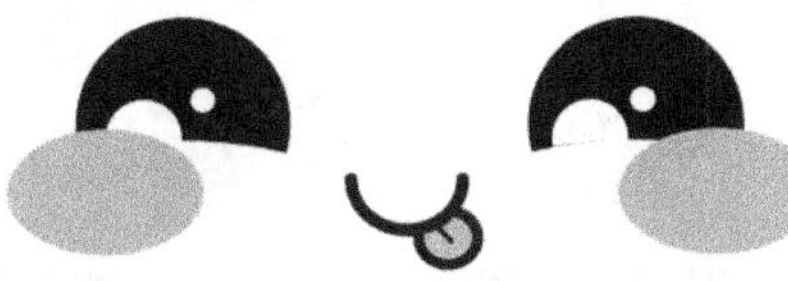
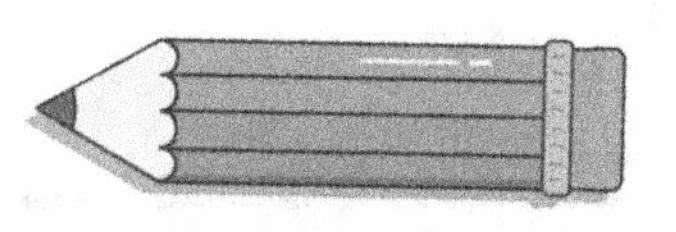
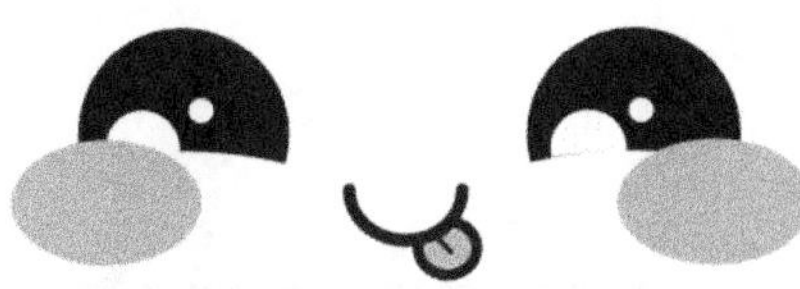

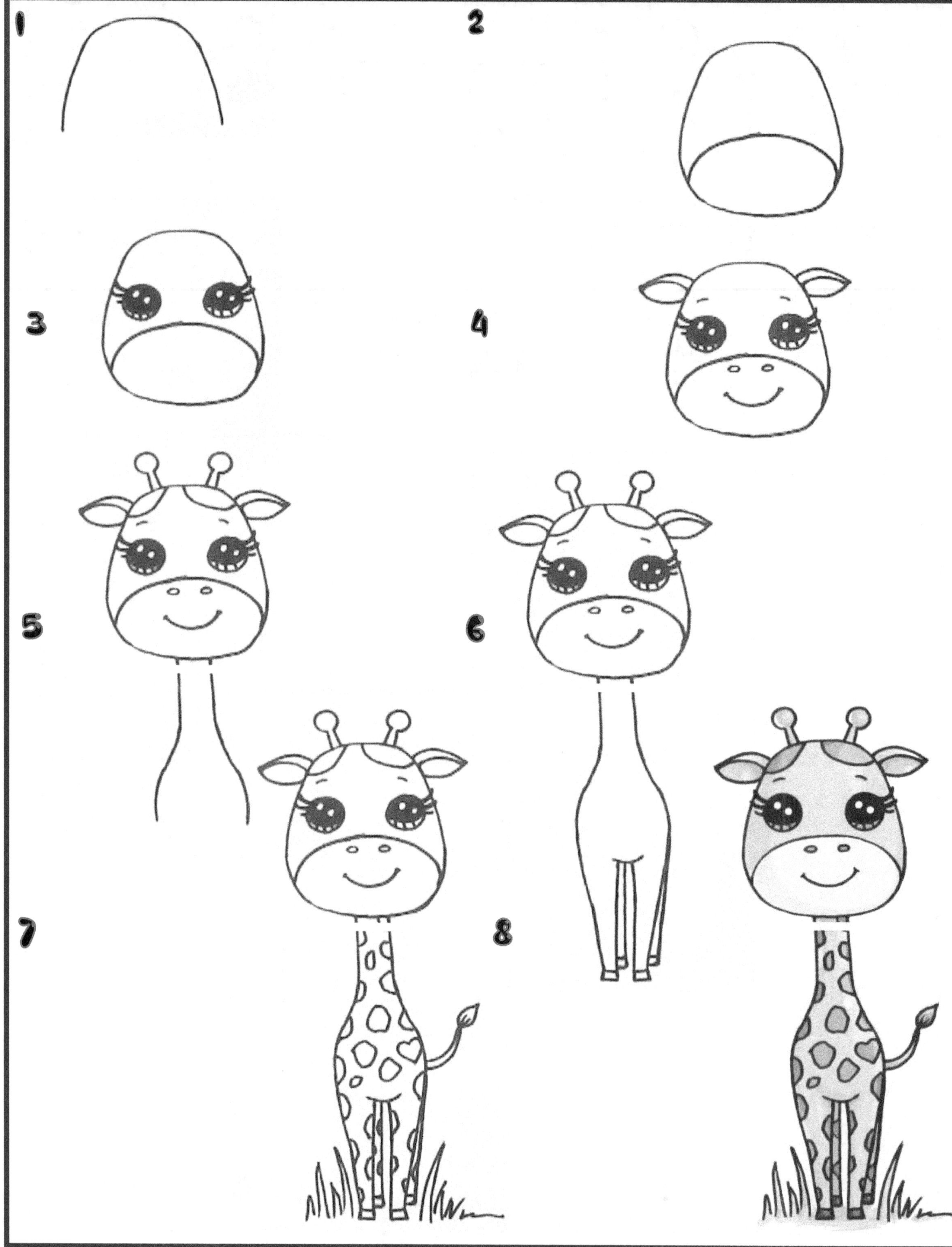

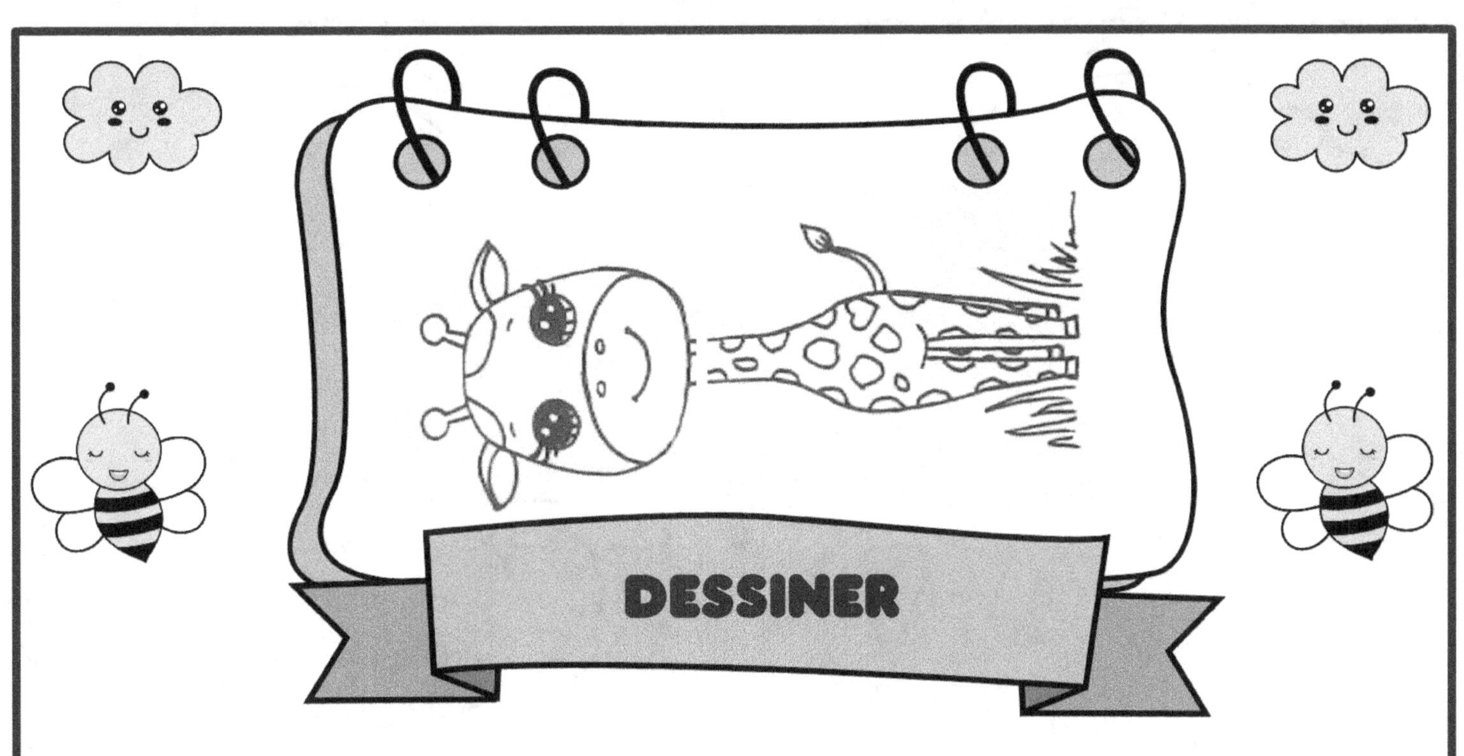

DESSINER

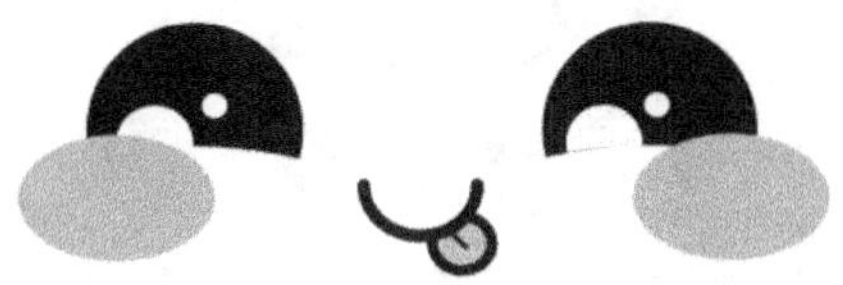
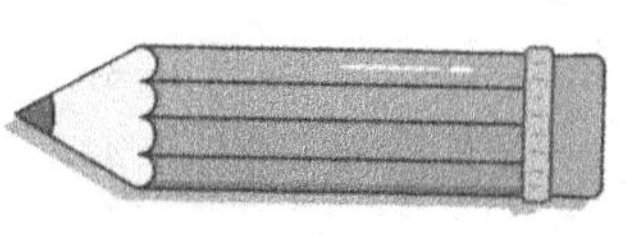
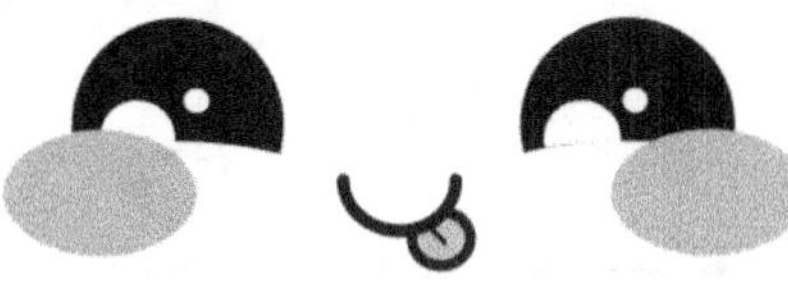

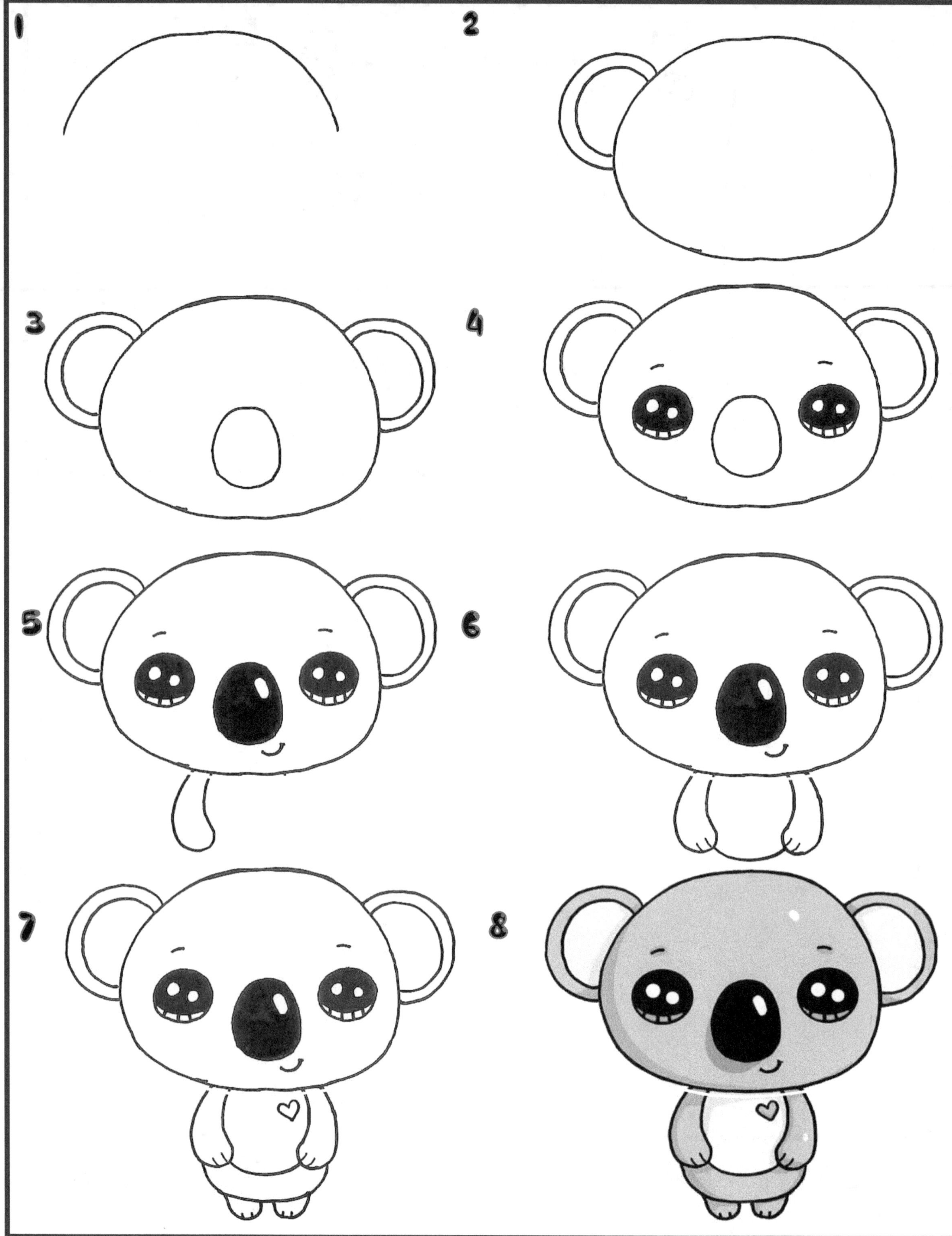

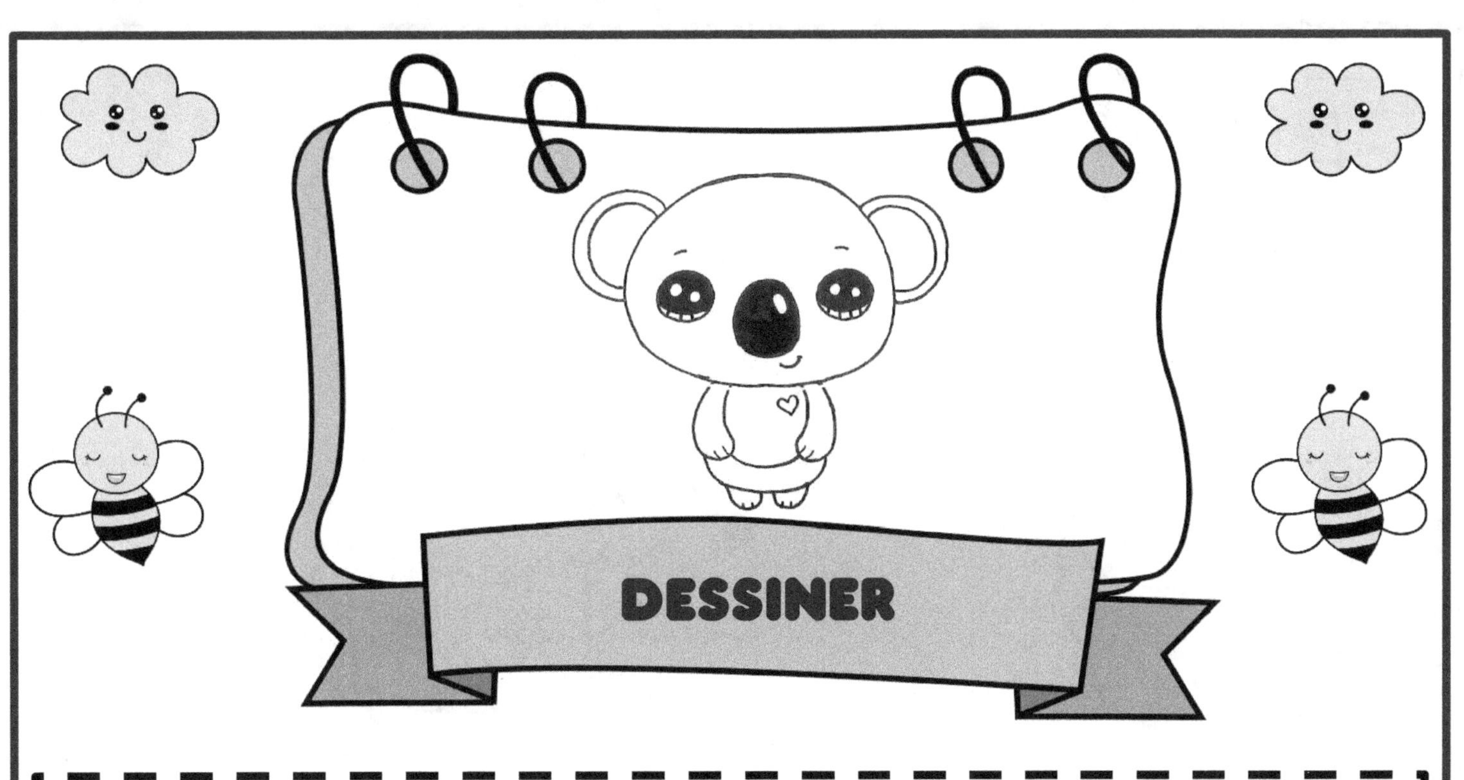

DESSINER

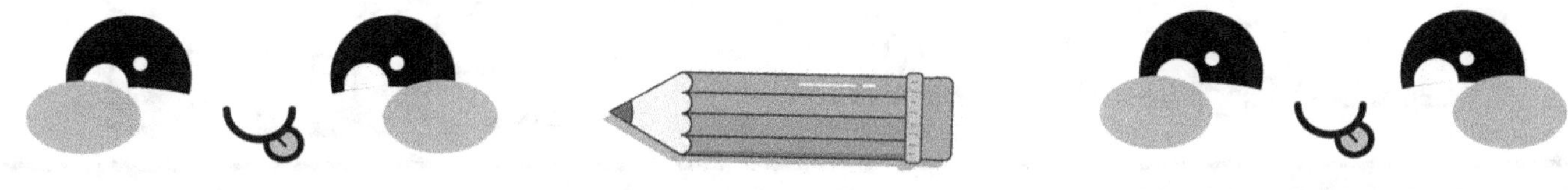

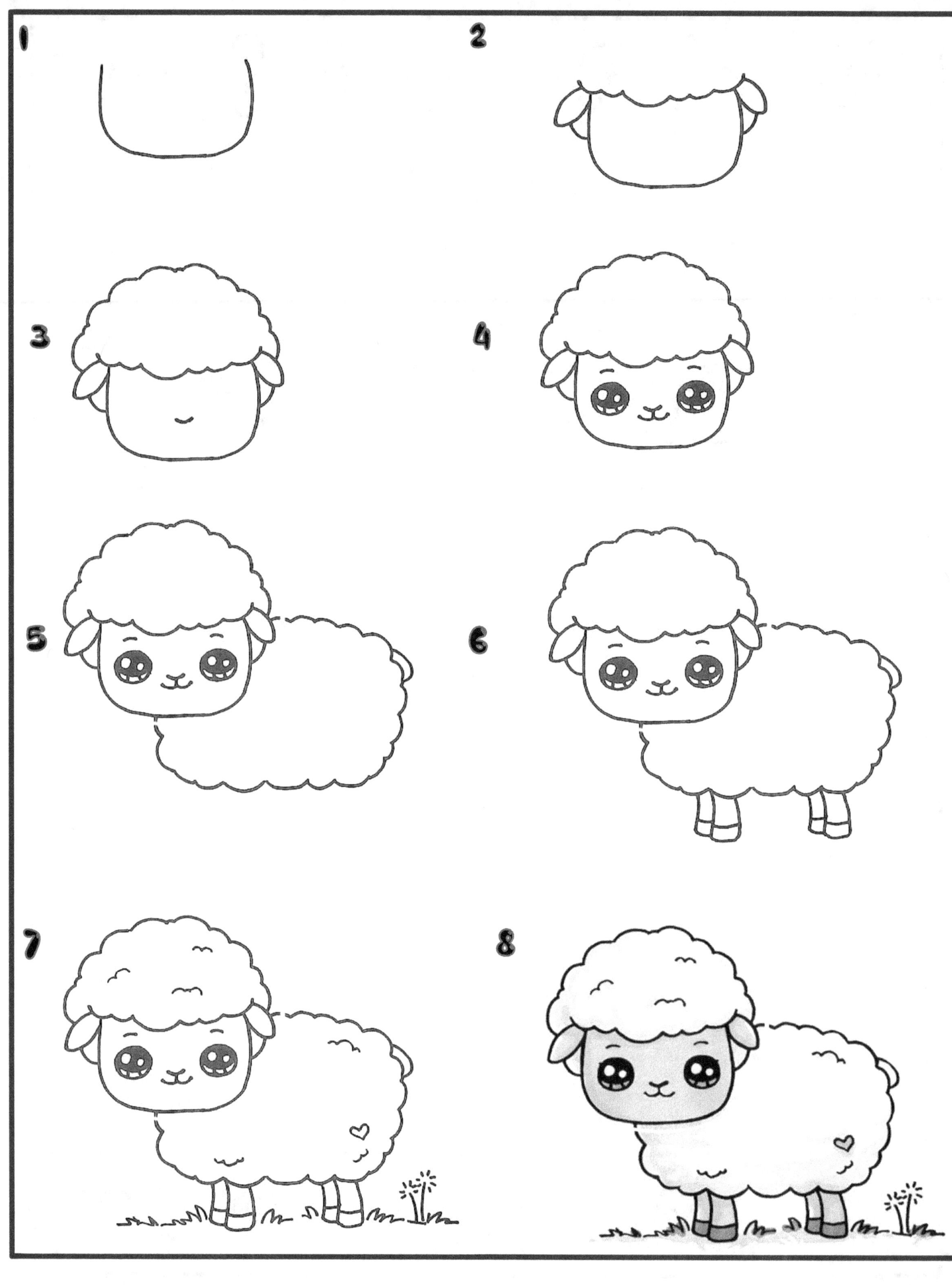

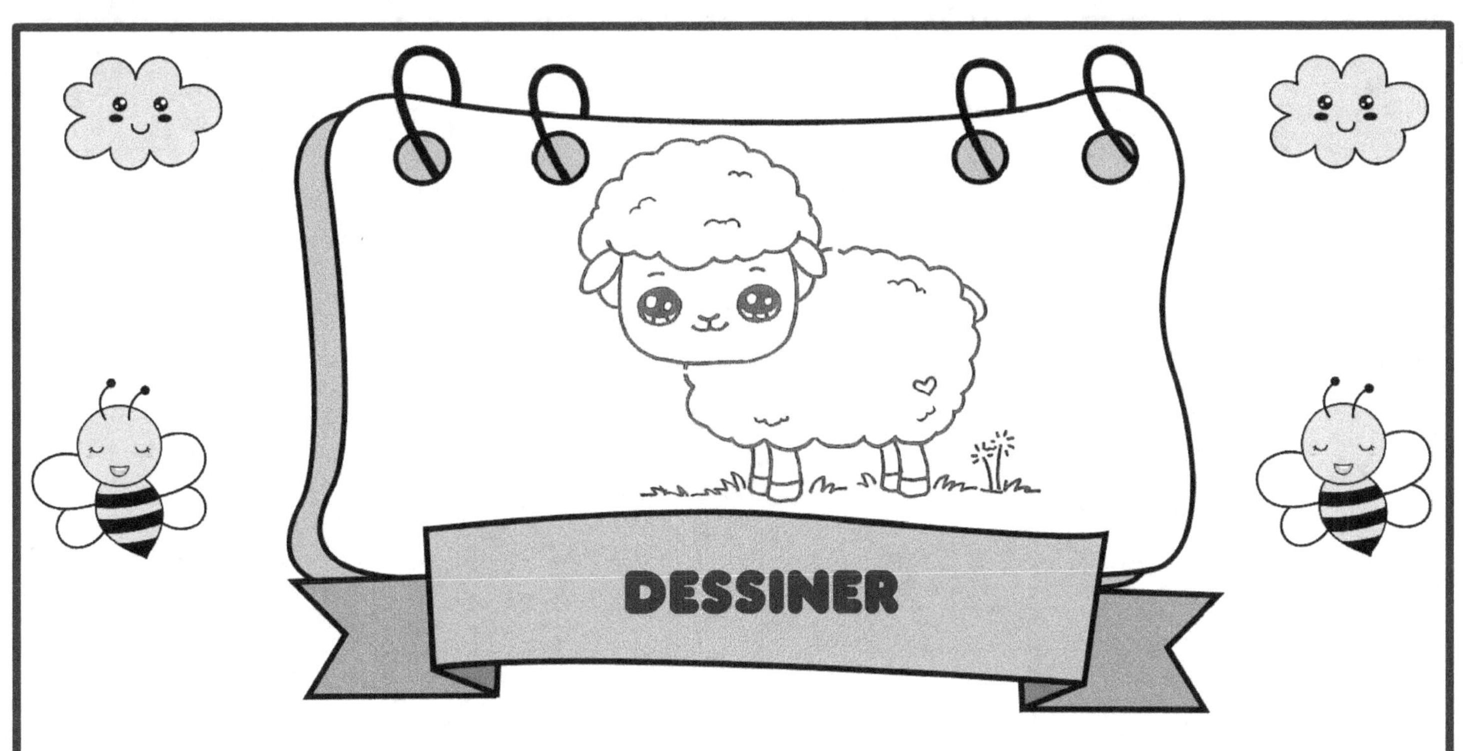

DESSINER

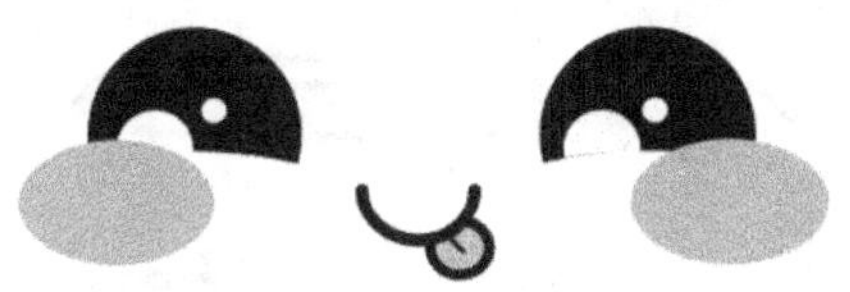
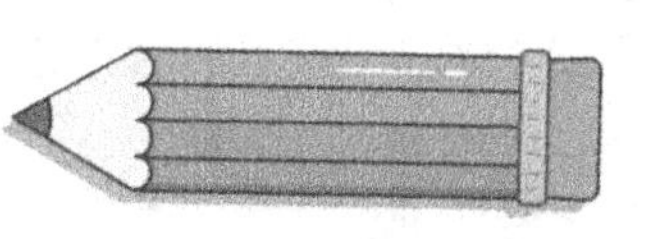
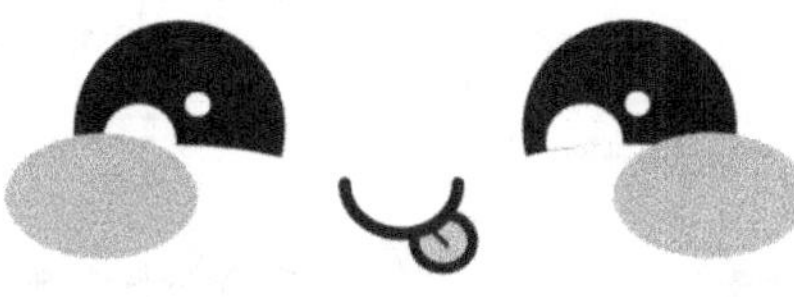

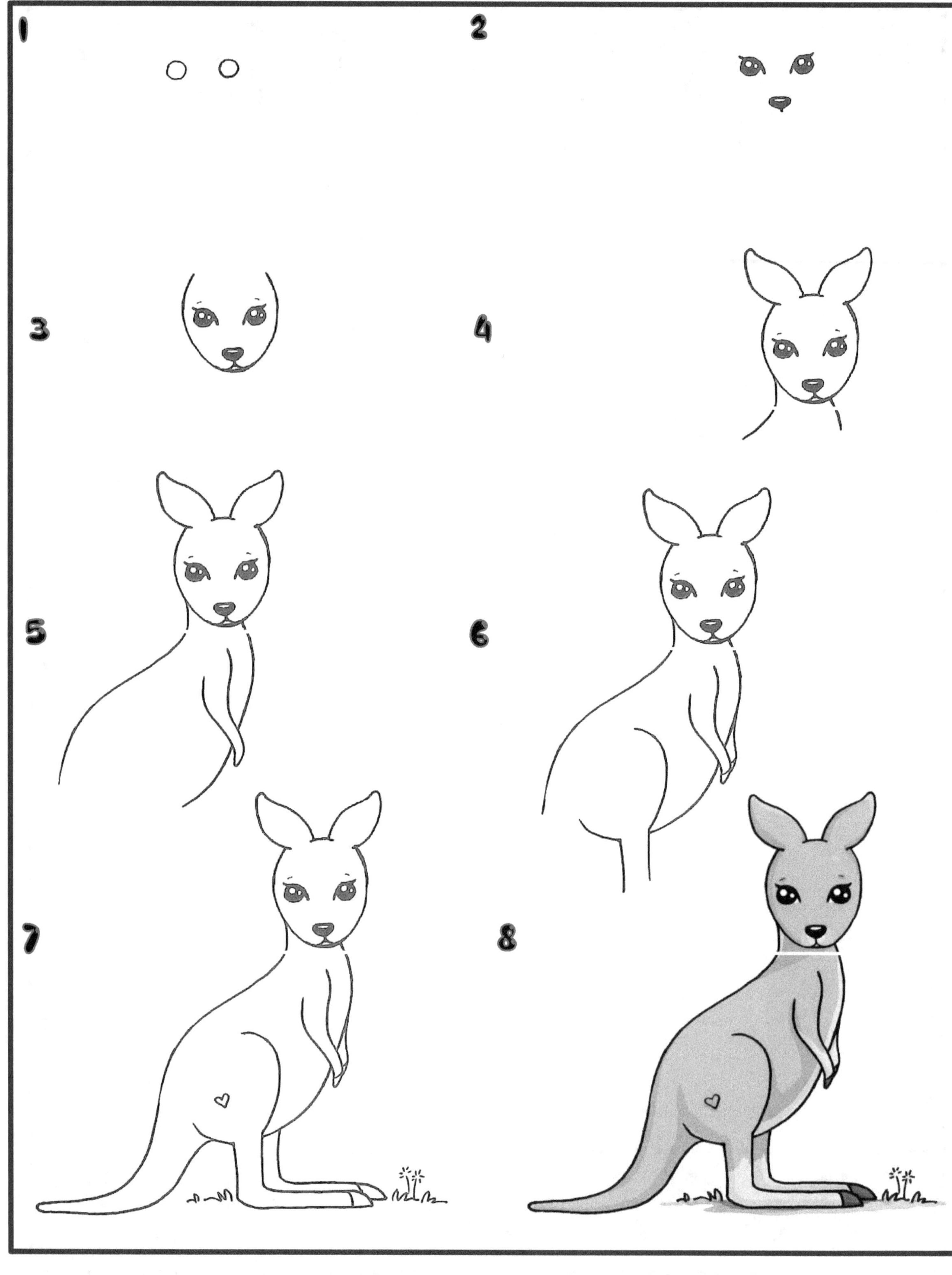

1
2
3
4
5
6
7
8

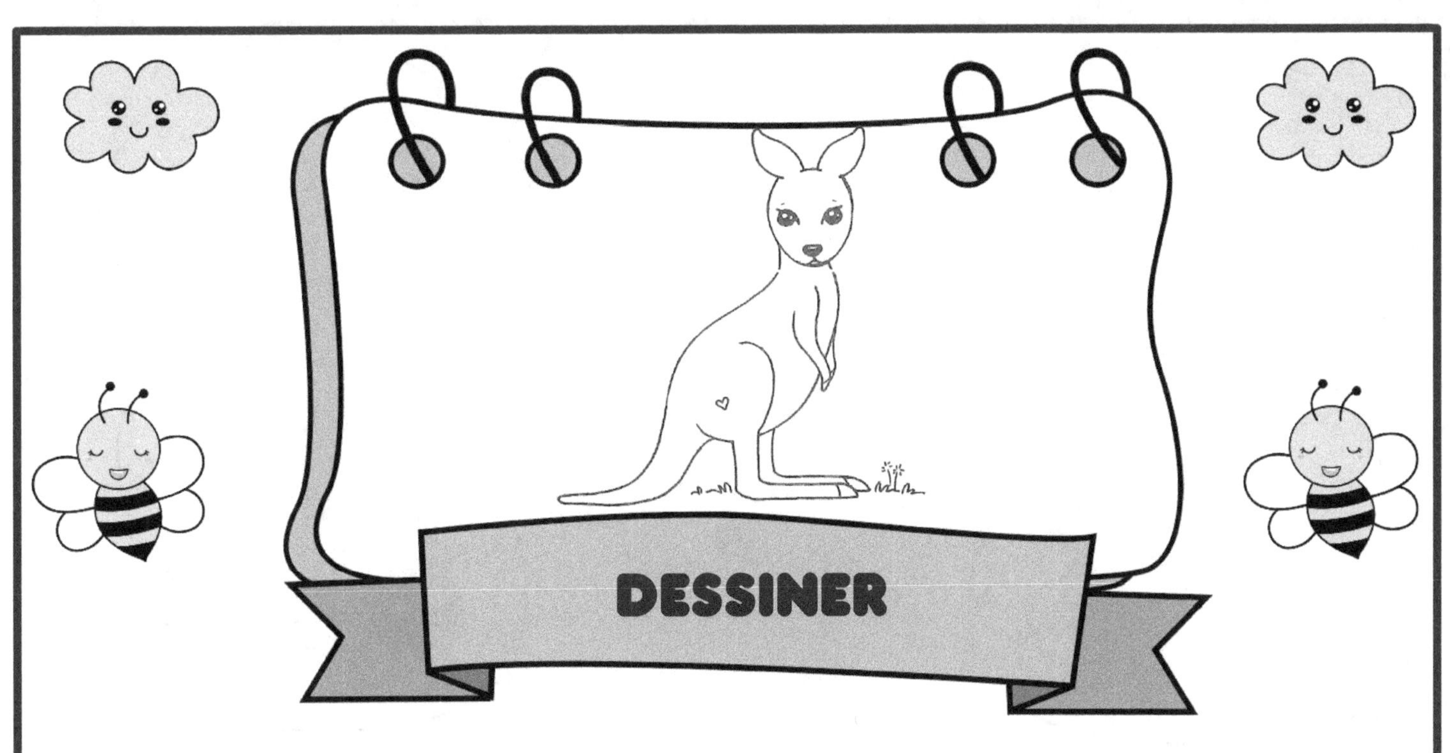

DESSINER

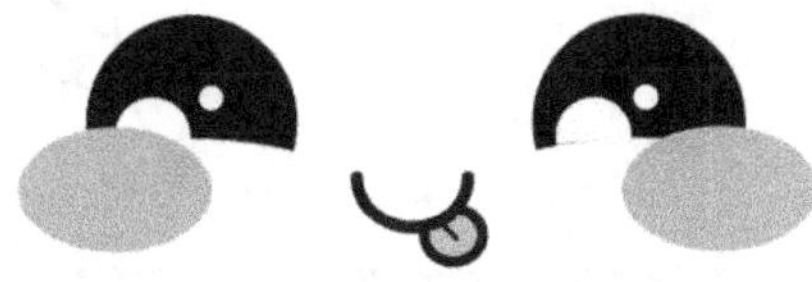

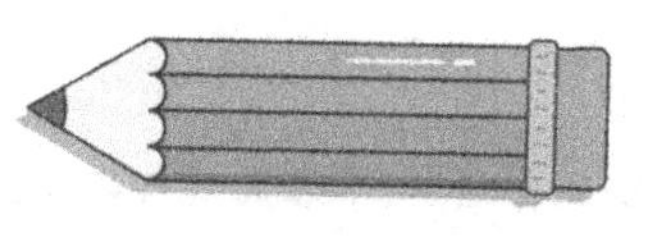

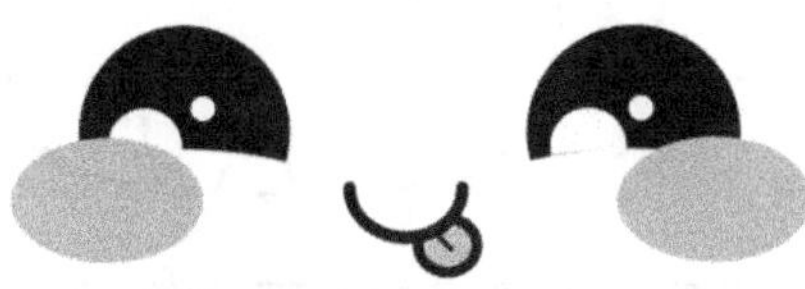

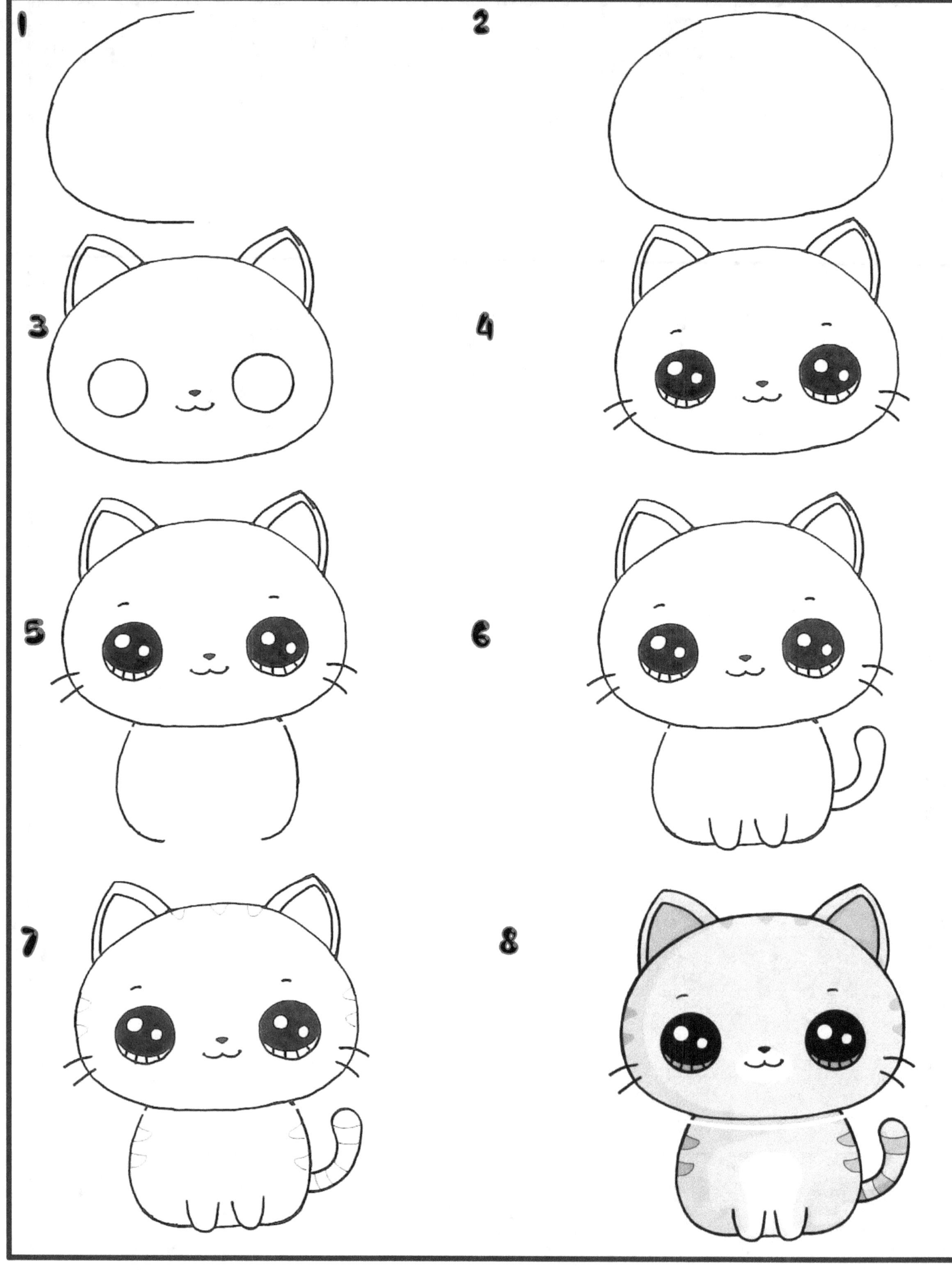

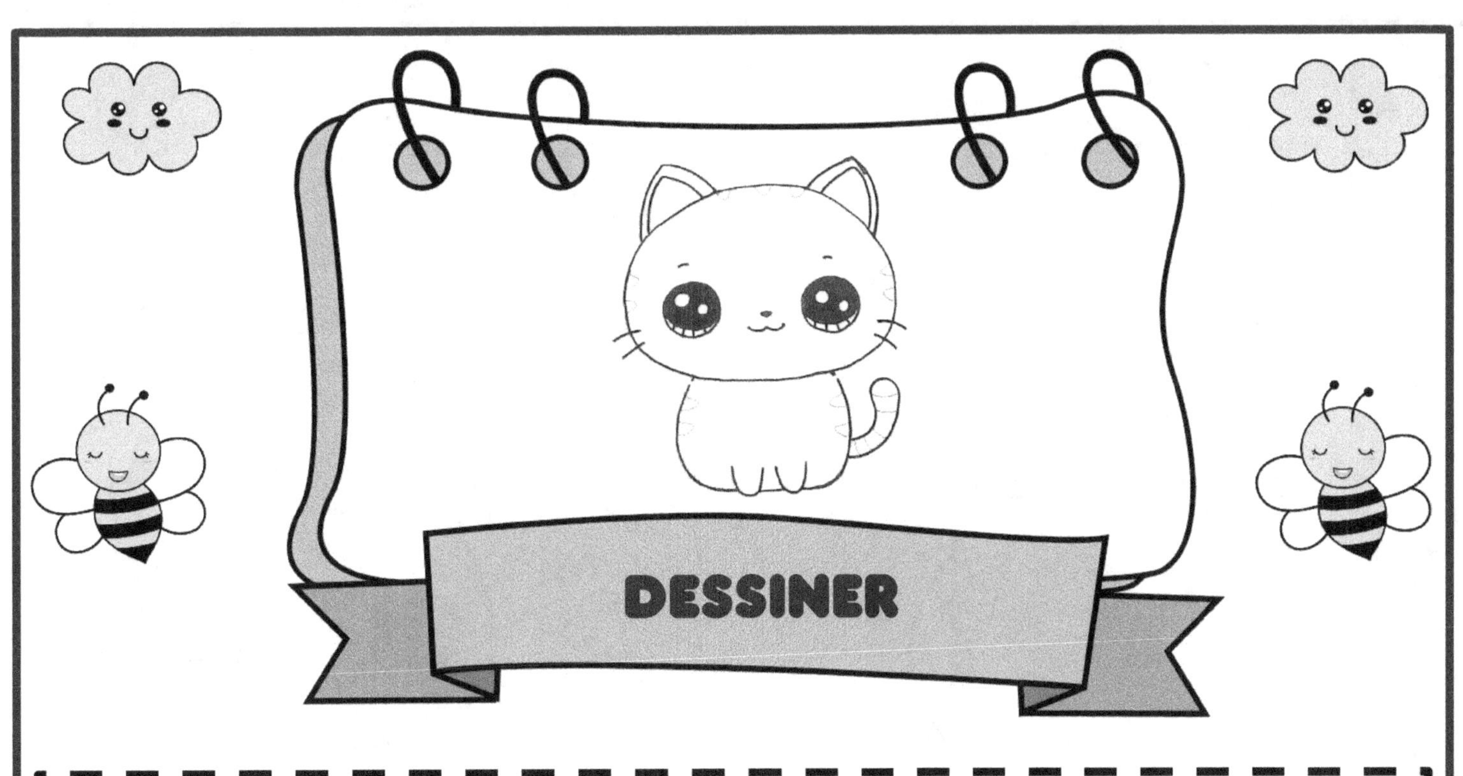

DESSINER

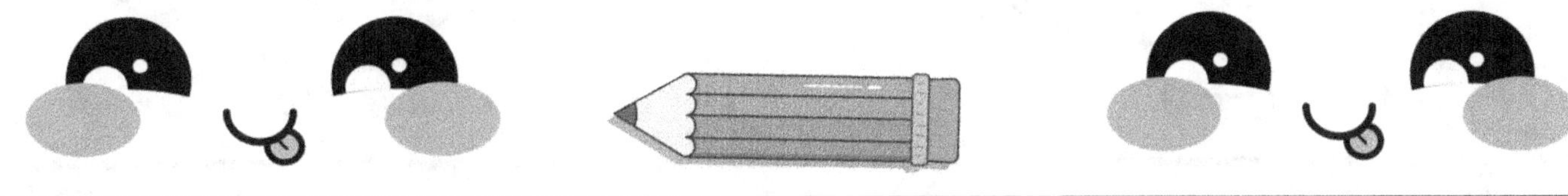

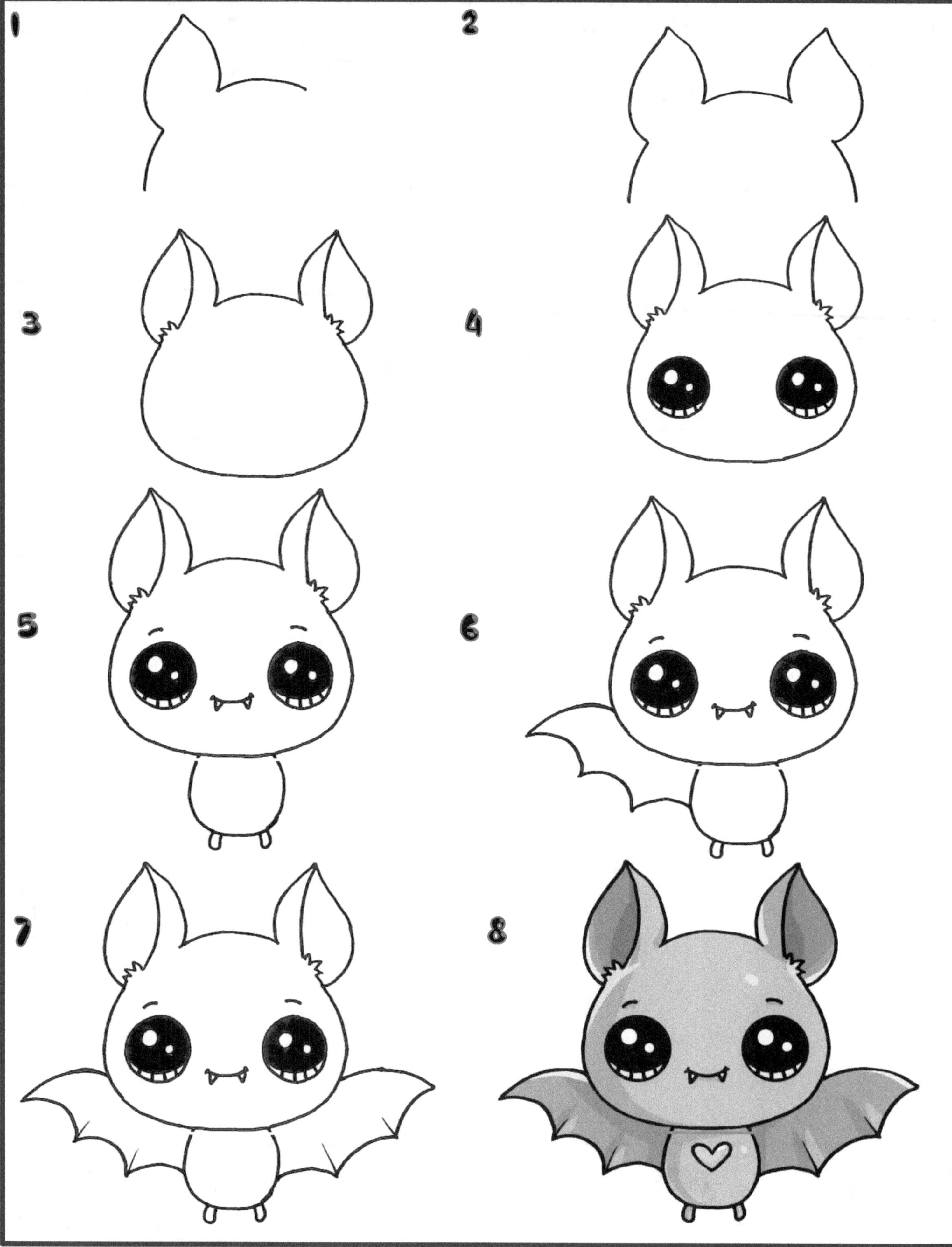

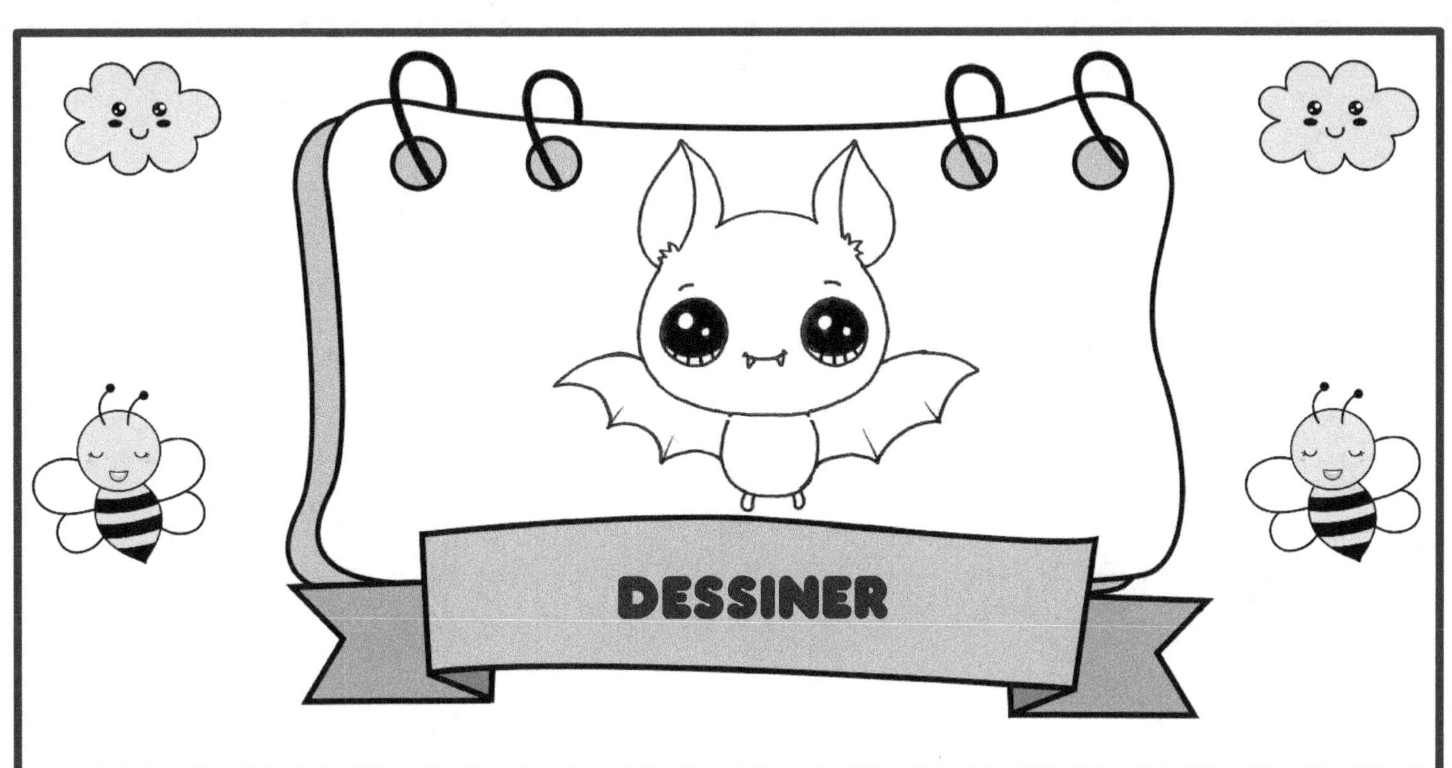

DESSINER

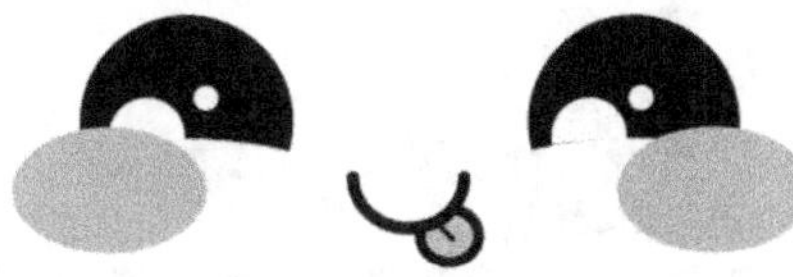
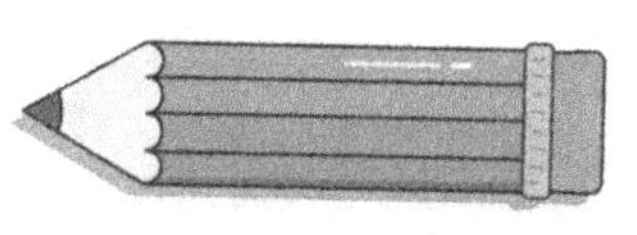
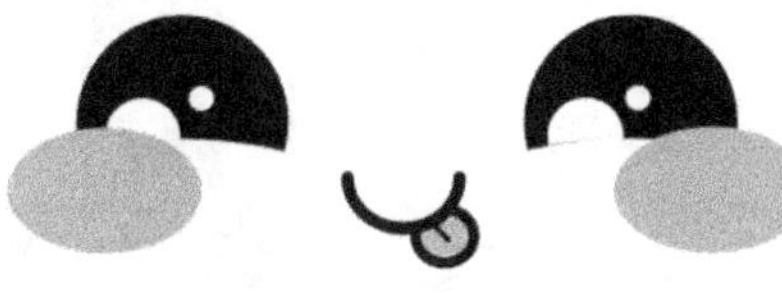

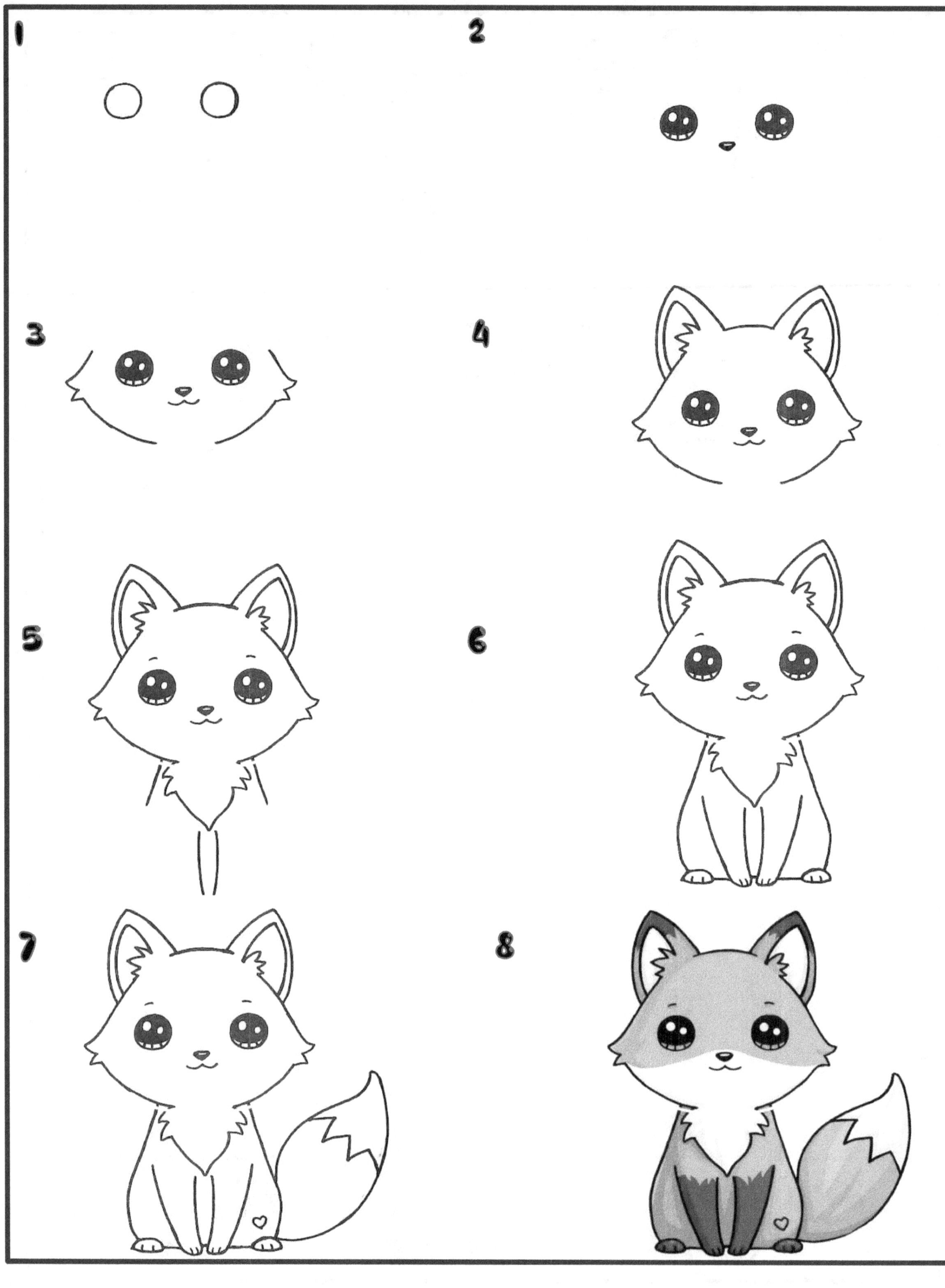

1
2
3
4
5
6
7
8

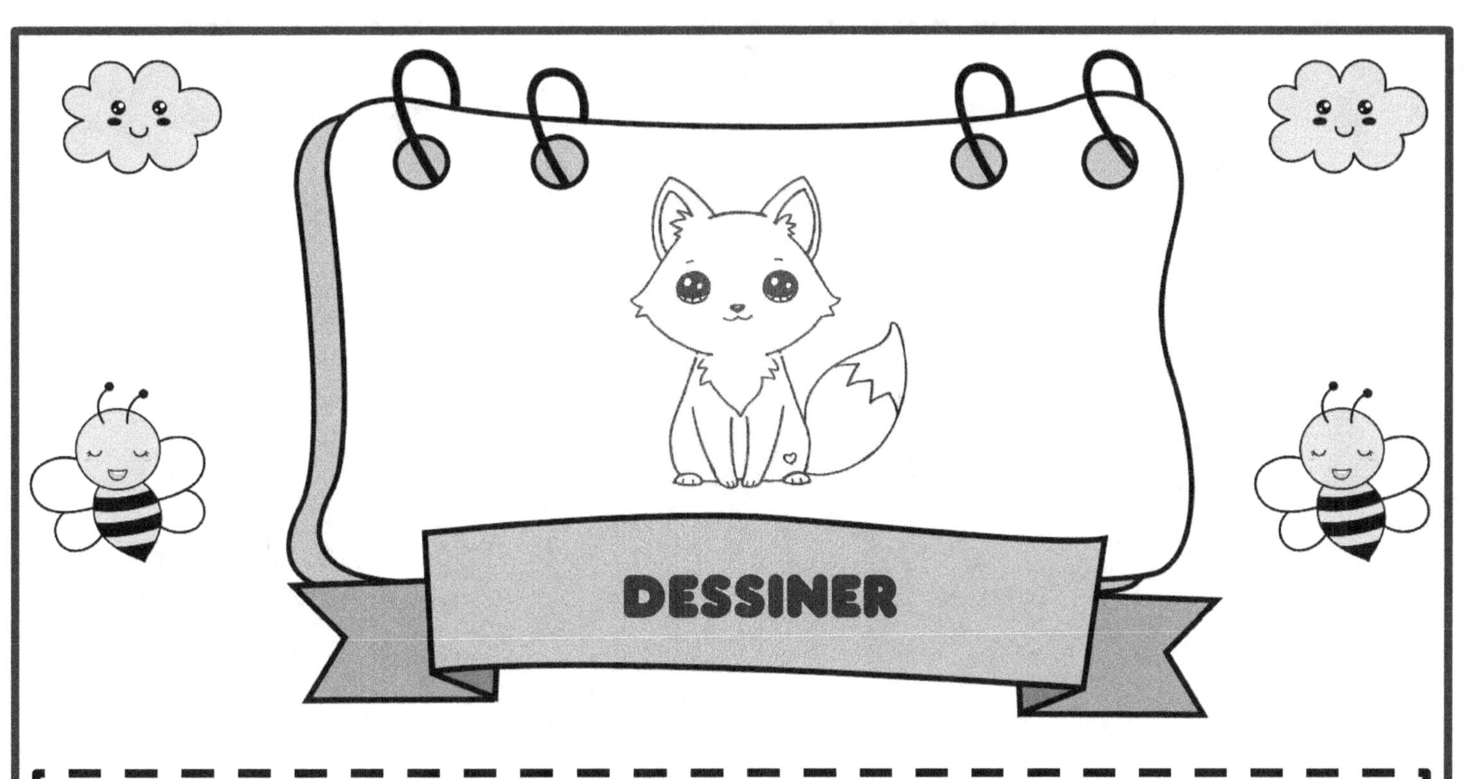

DESSINER

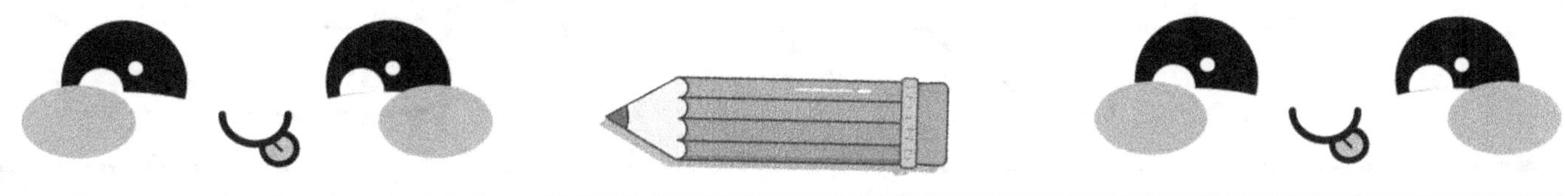

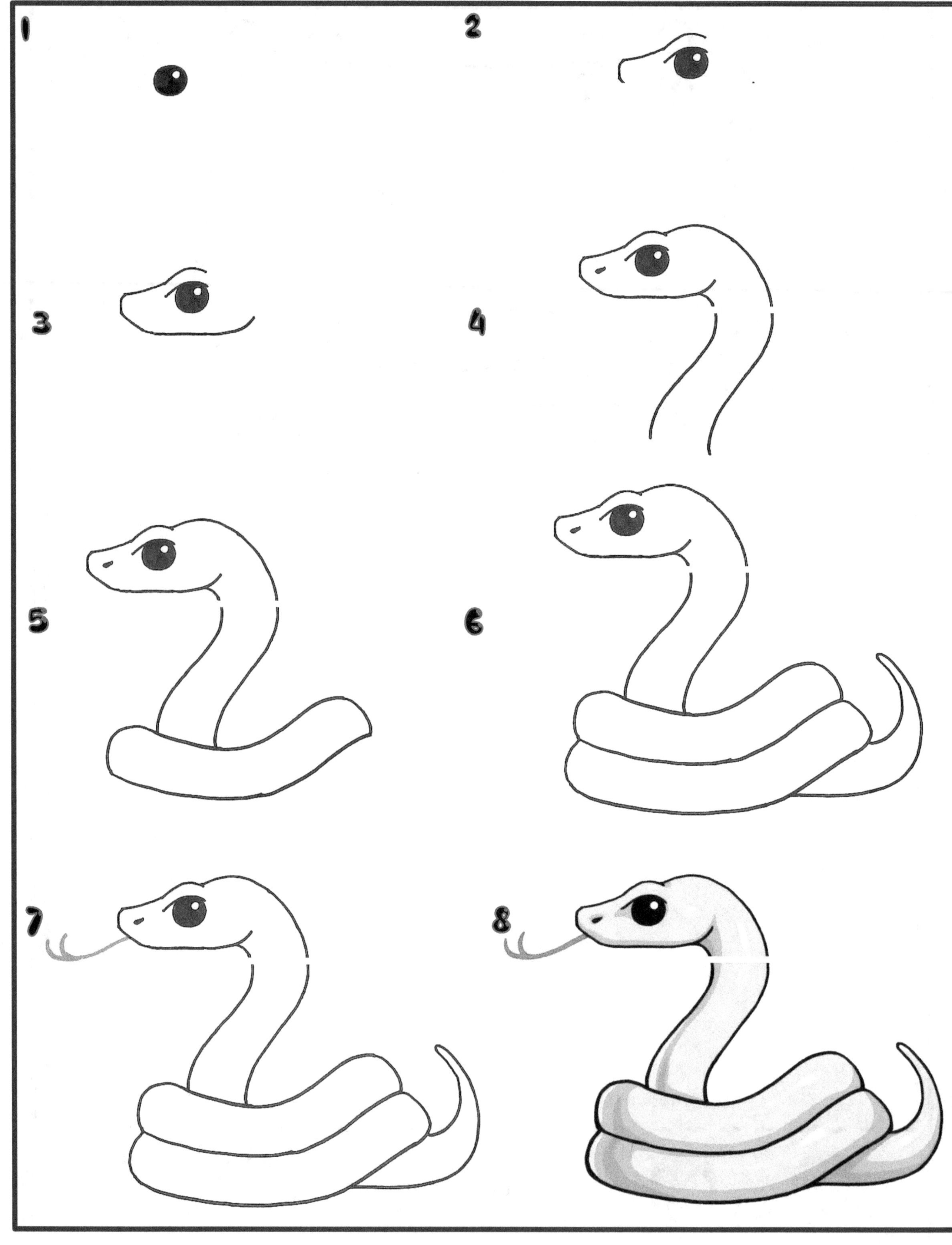

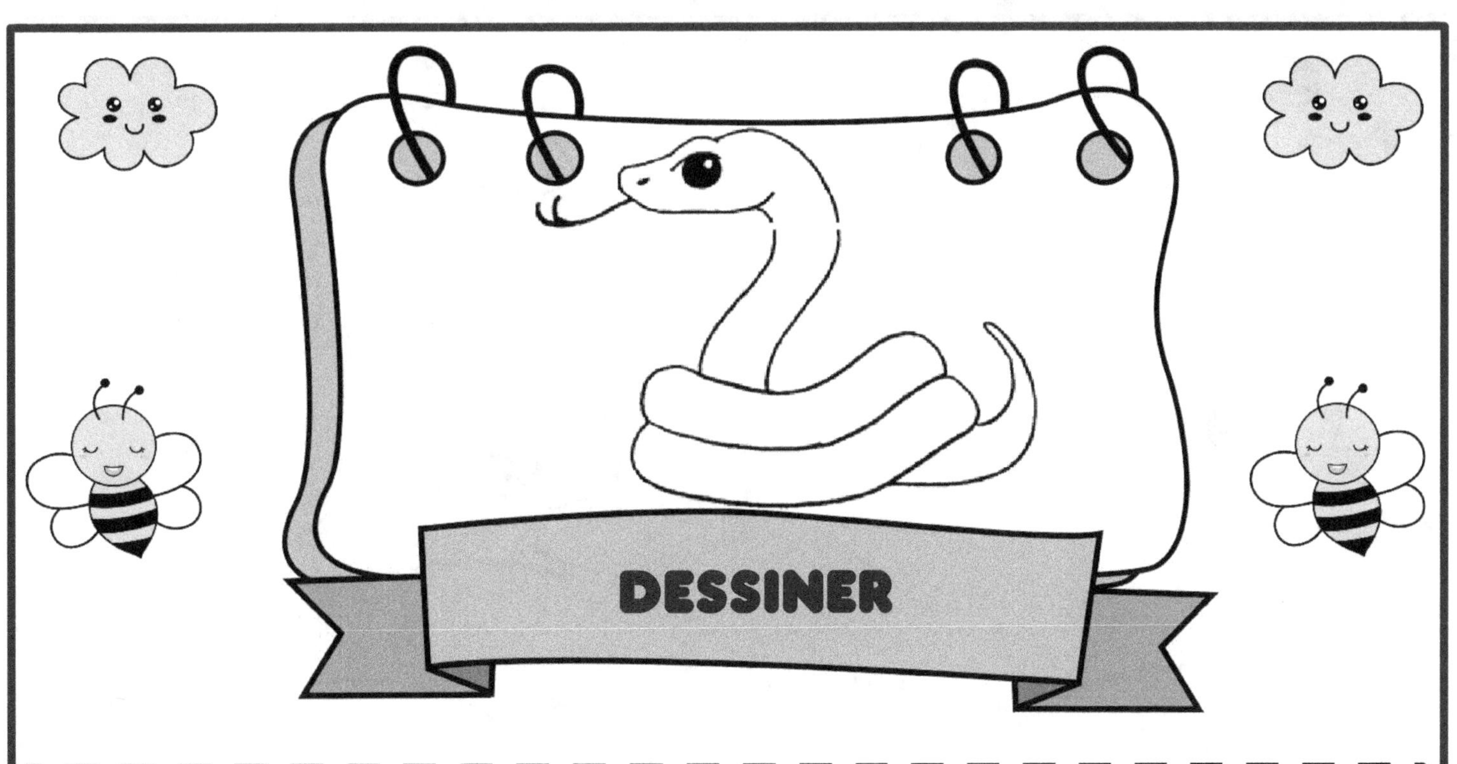

DESSINER

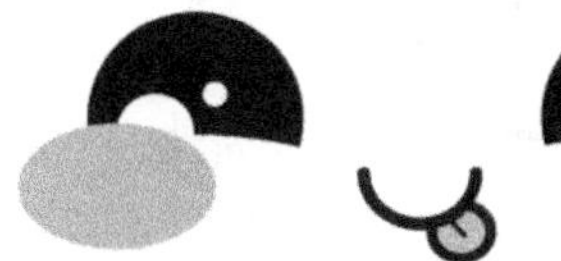

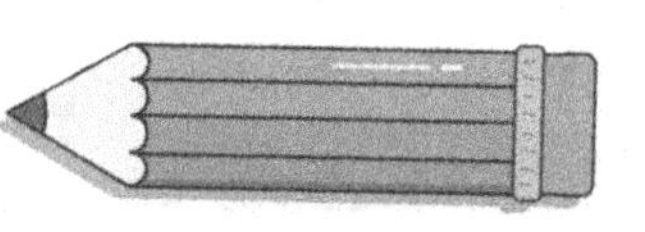
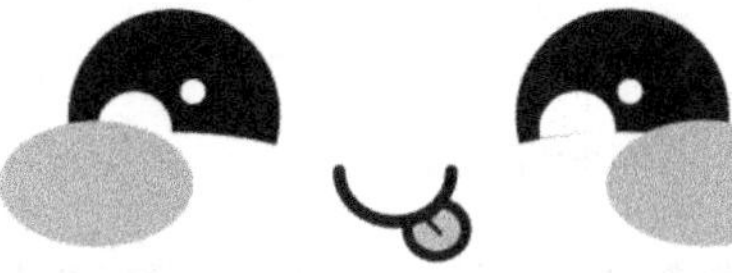

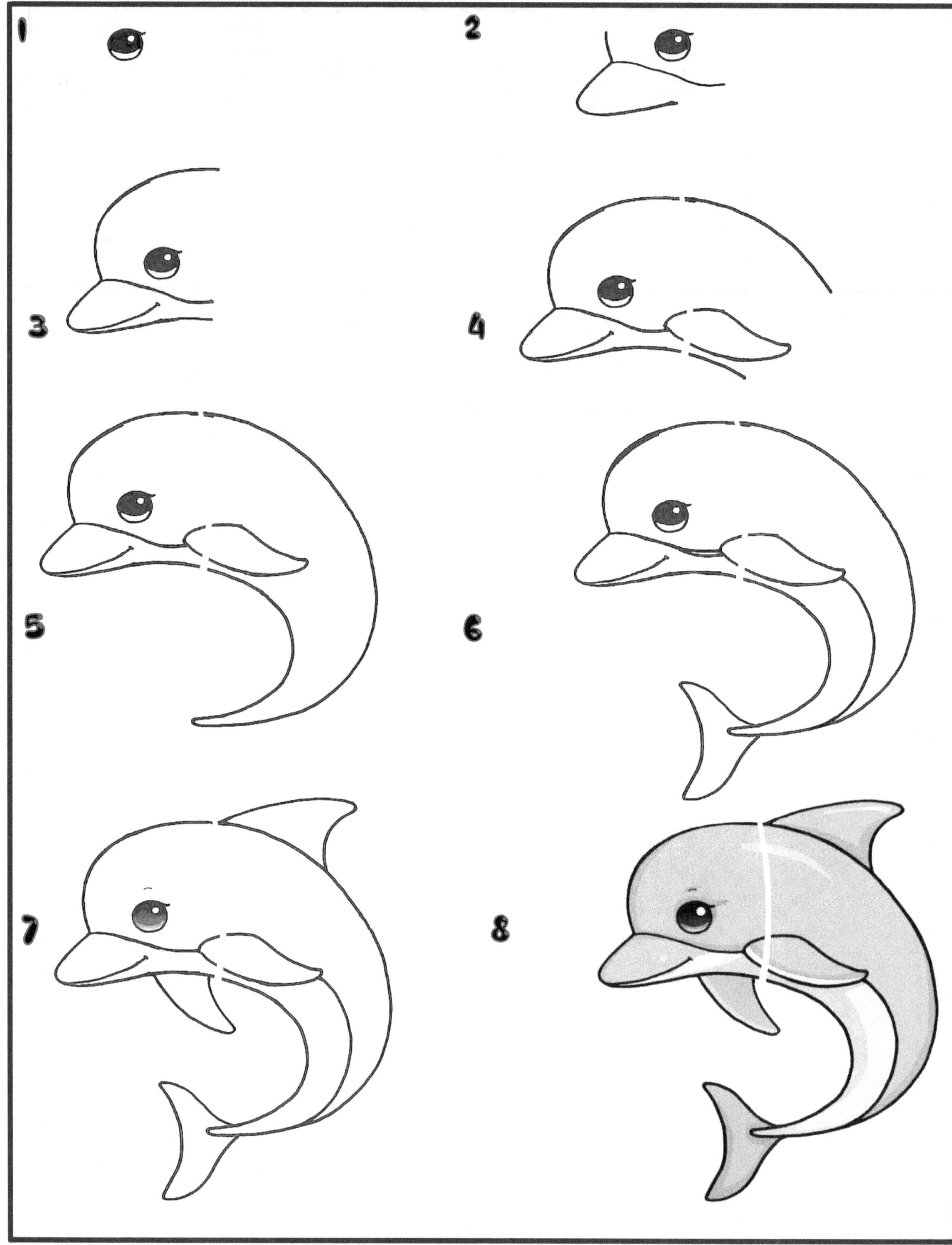

1
2
3
4
5
6
7
8

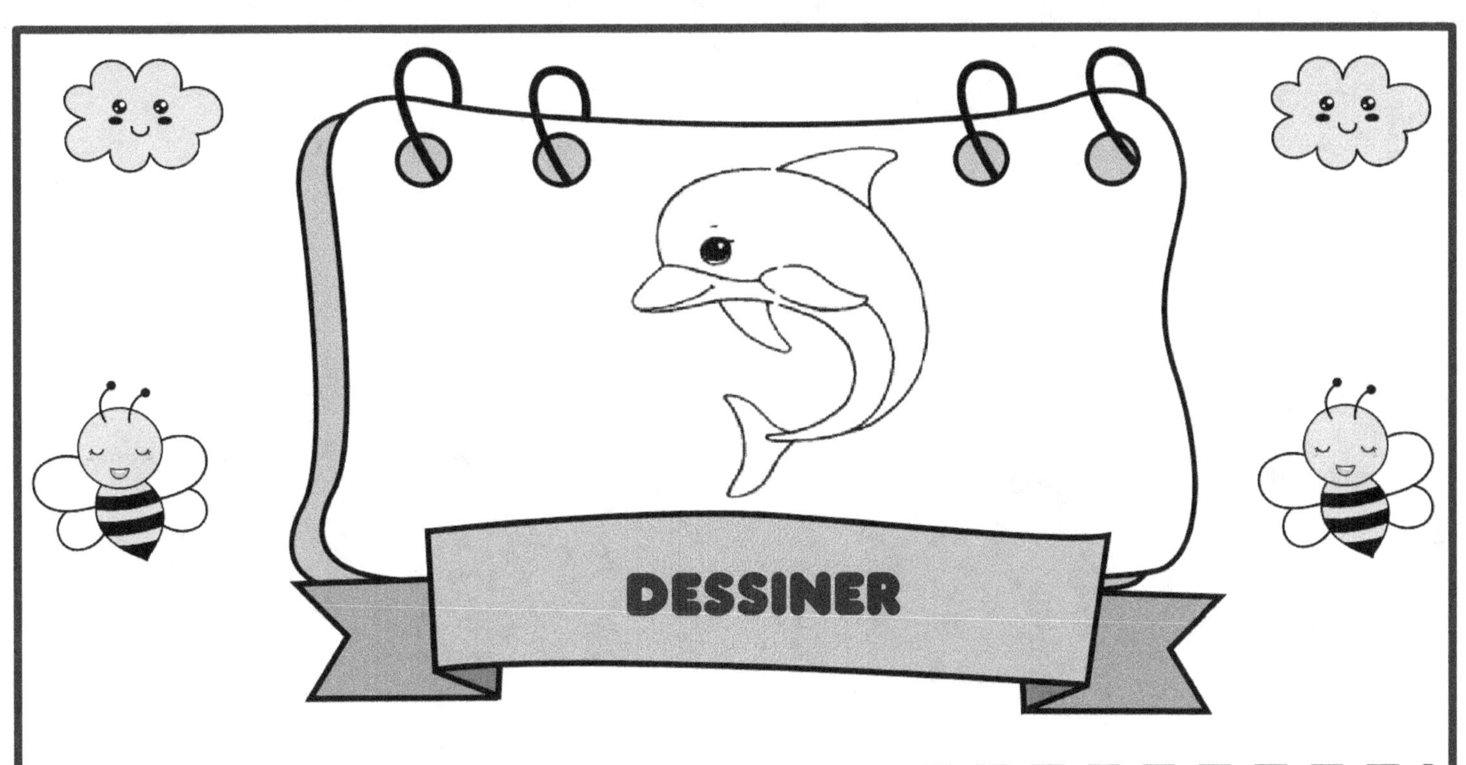

DESSINER

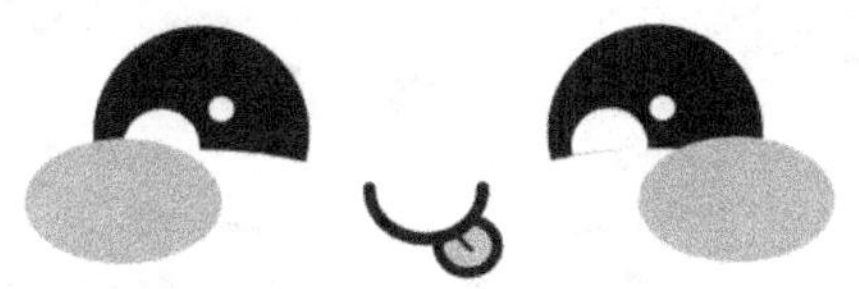
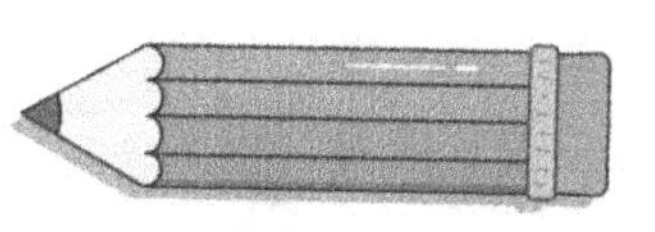
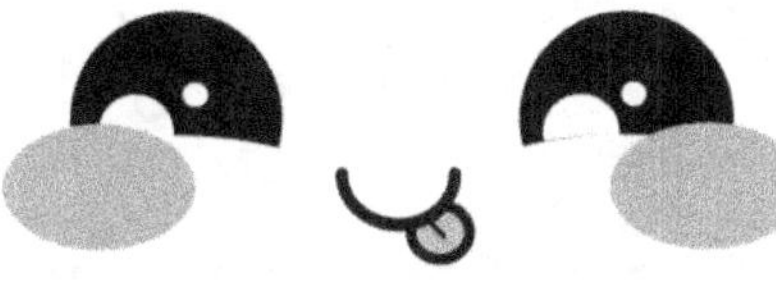

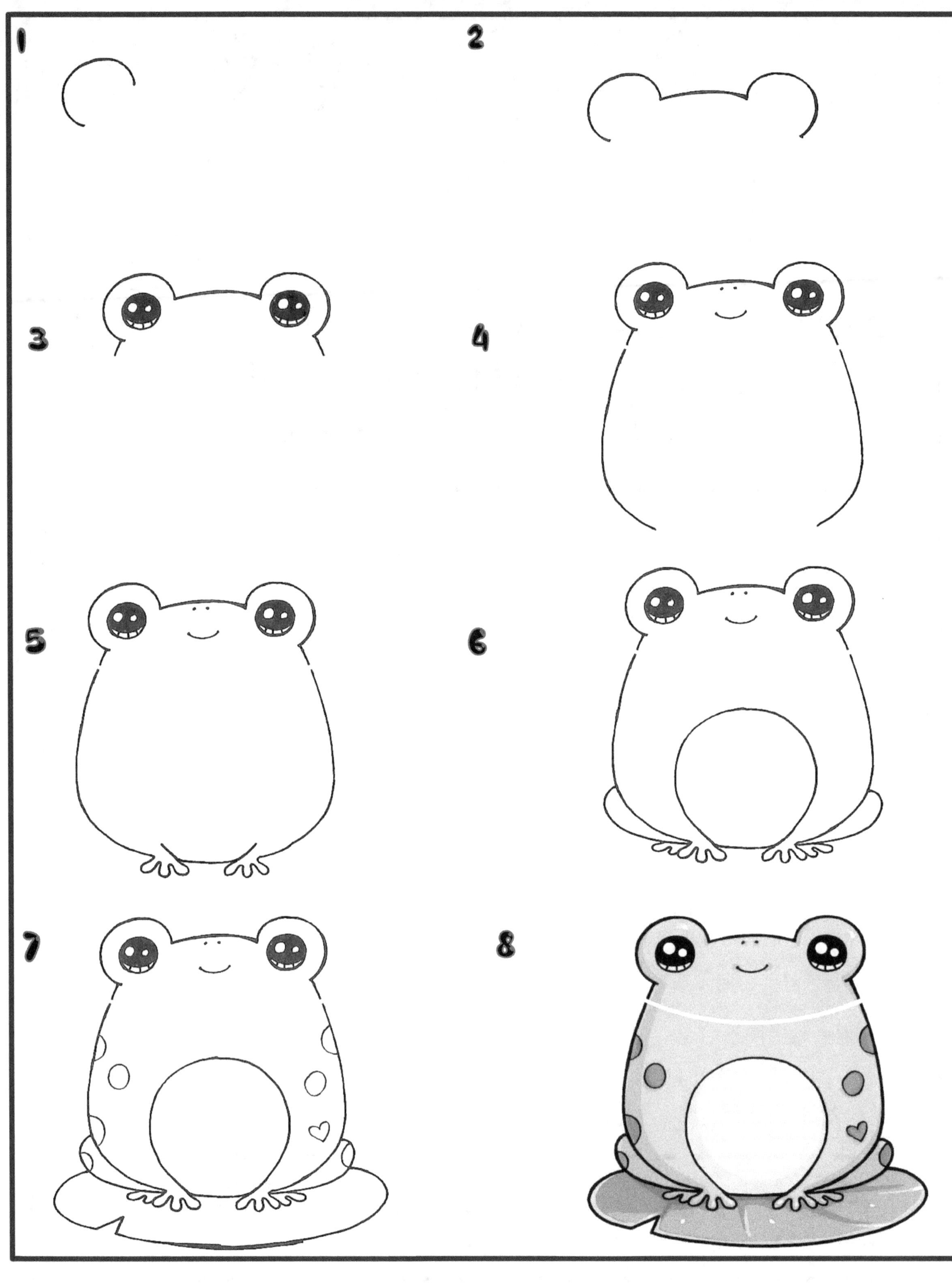

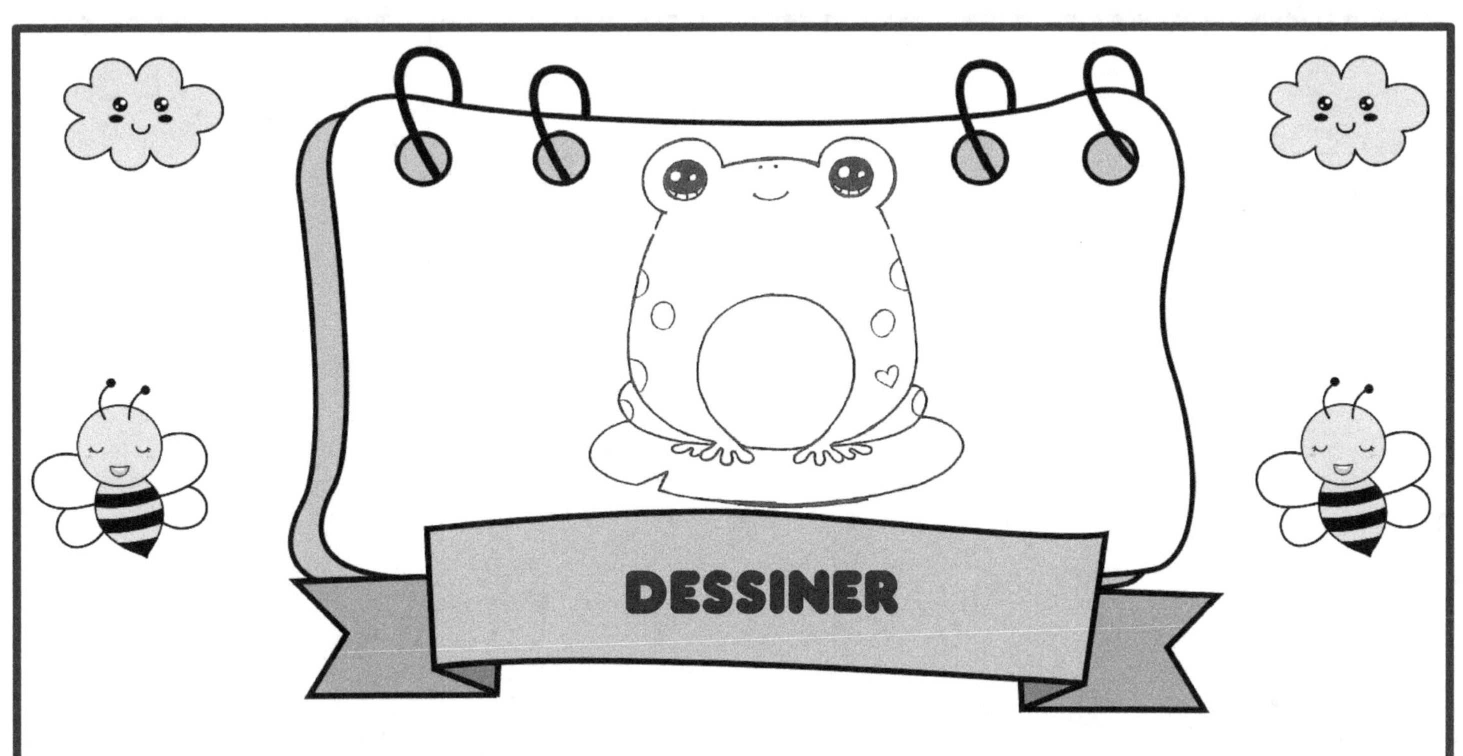

DESSINER

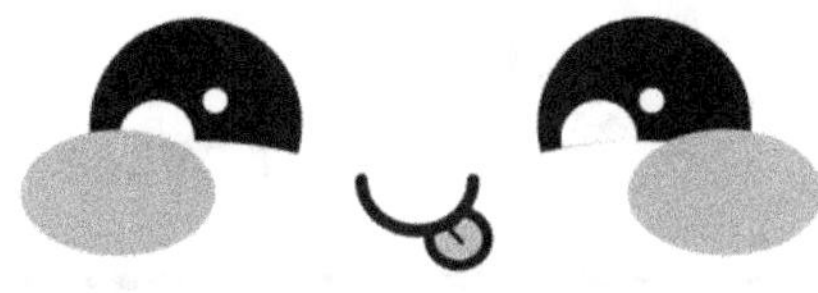

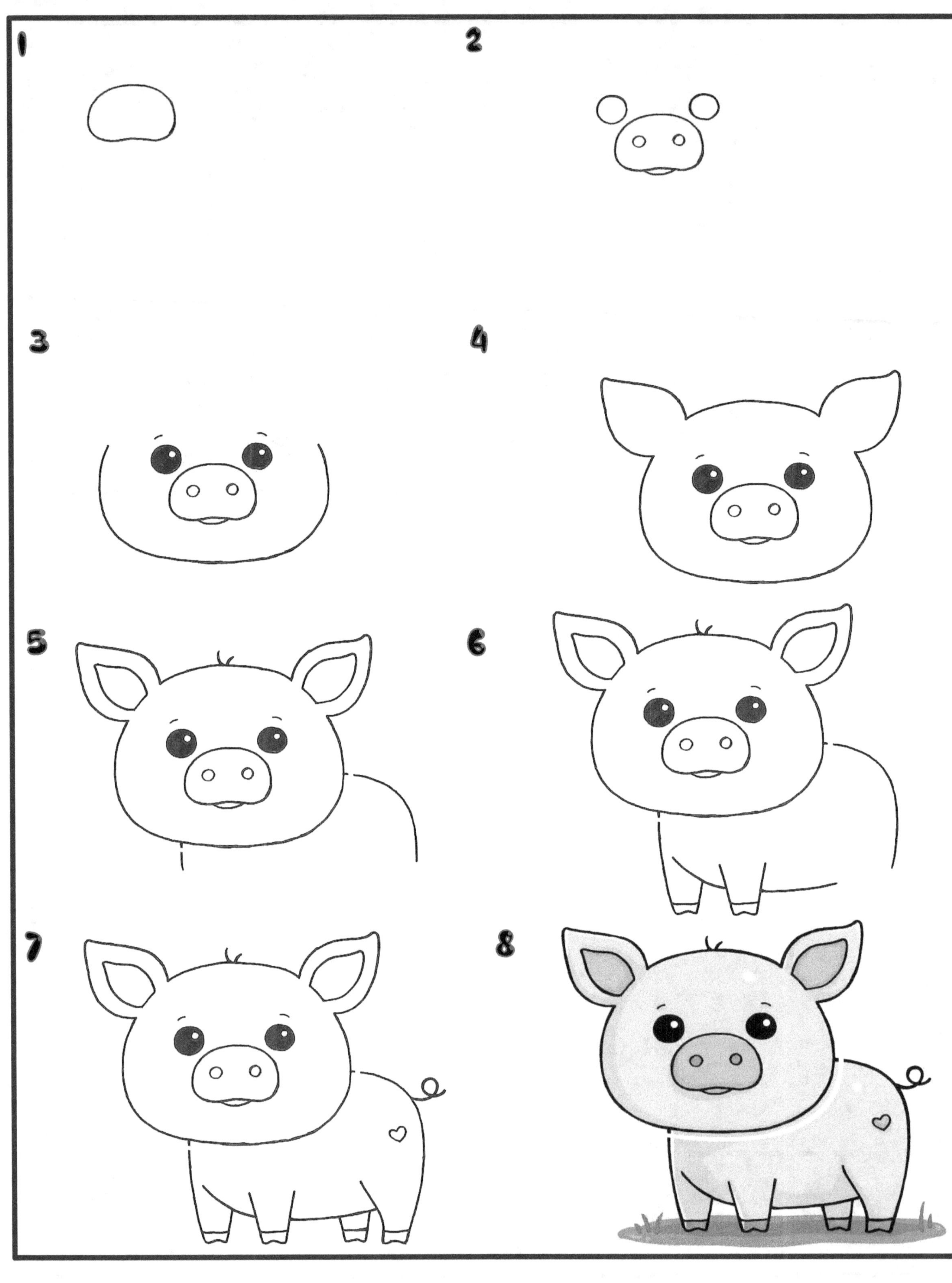

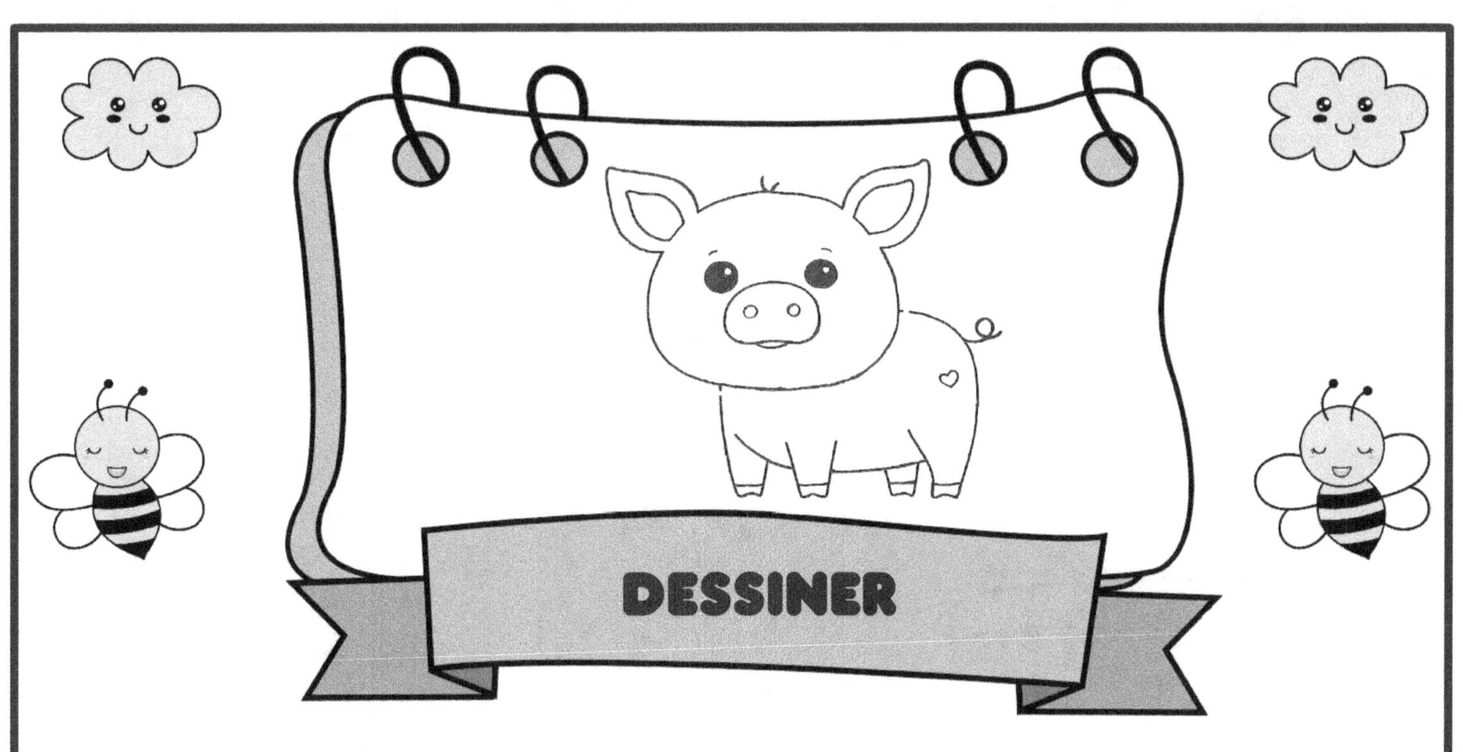

DESSINER

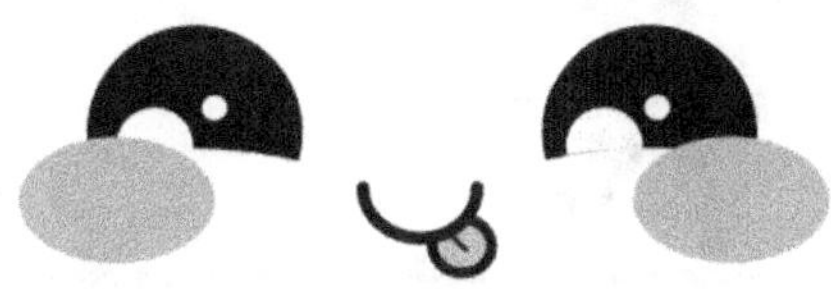
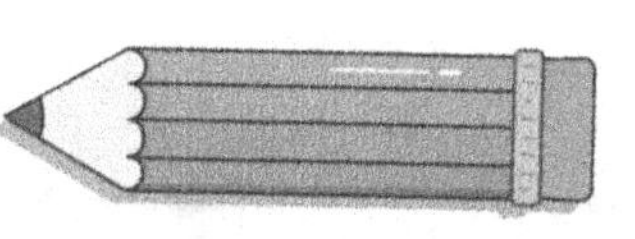
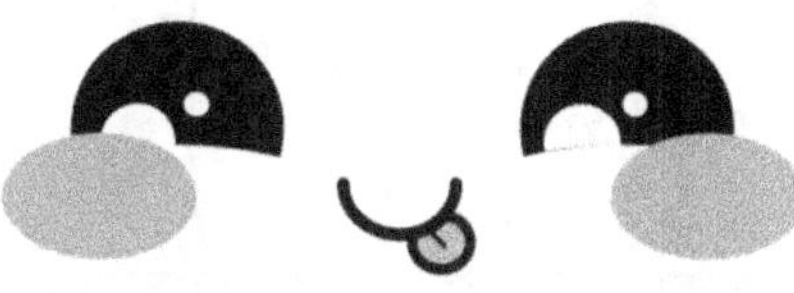

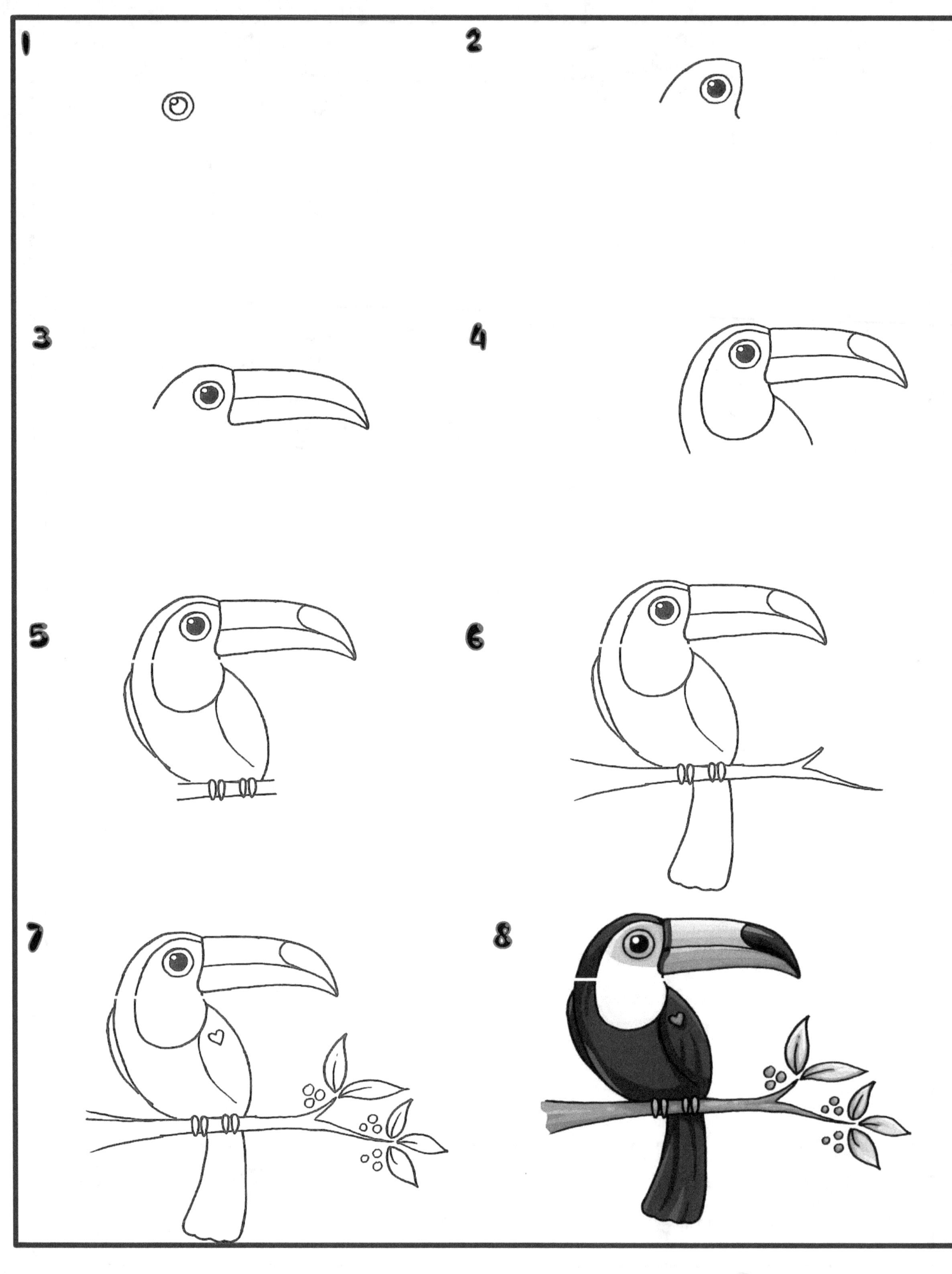

1
2
3
4
5
6
7
8

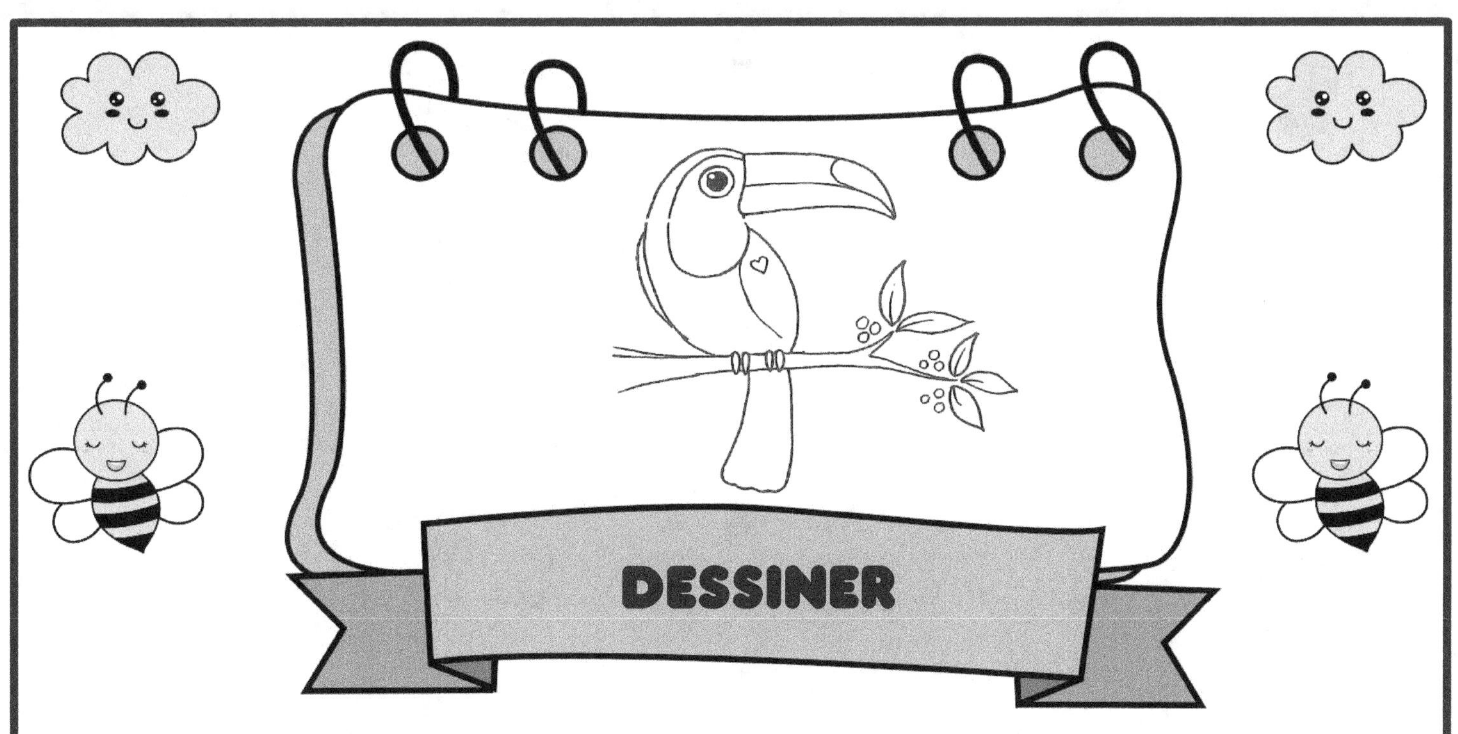

DESSINER

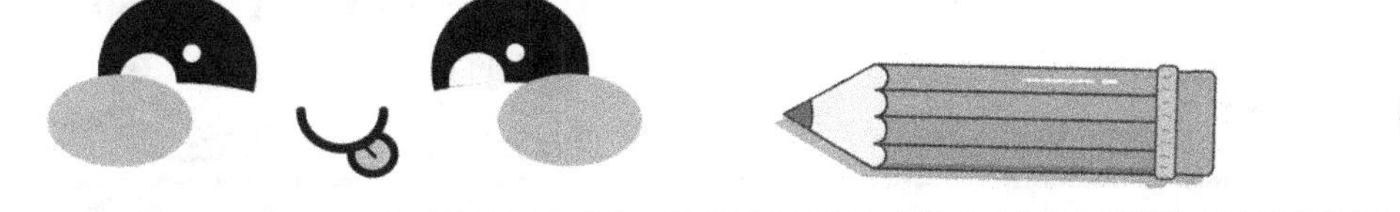

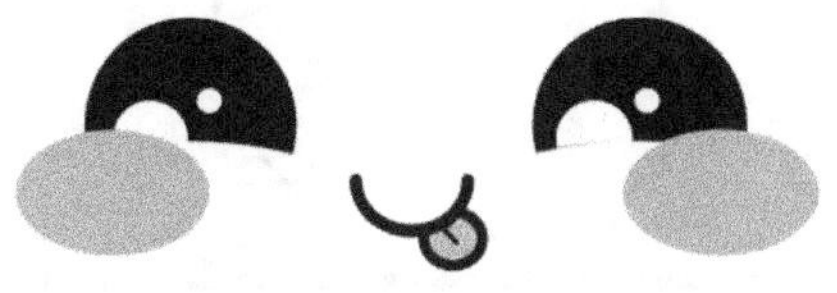

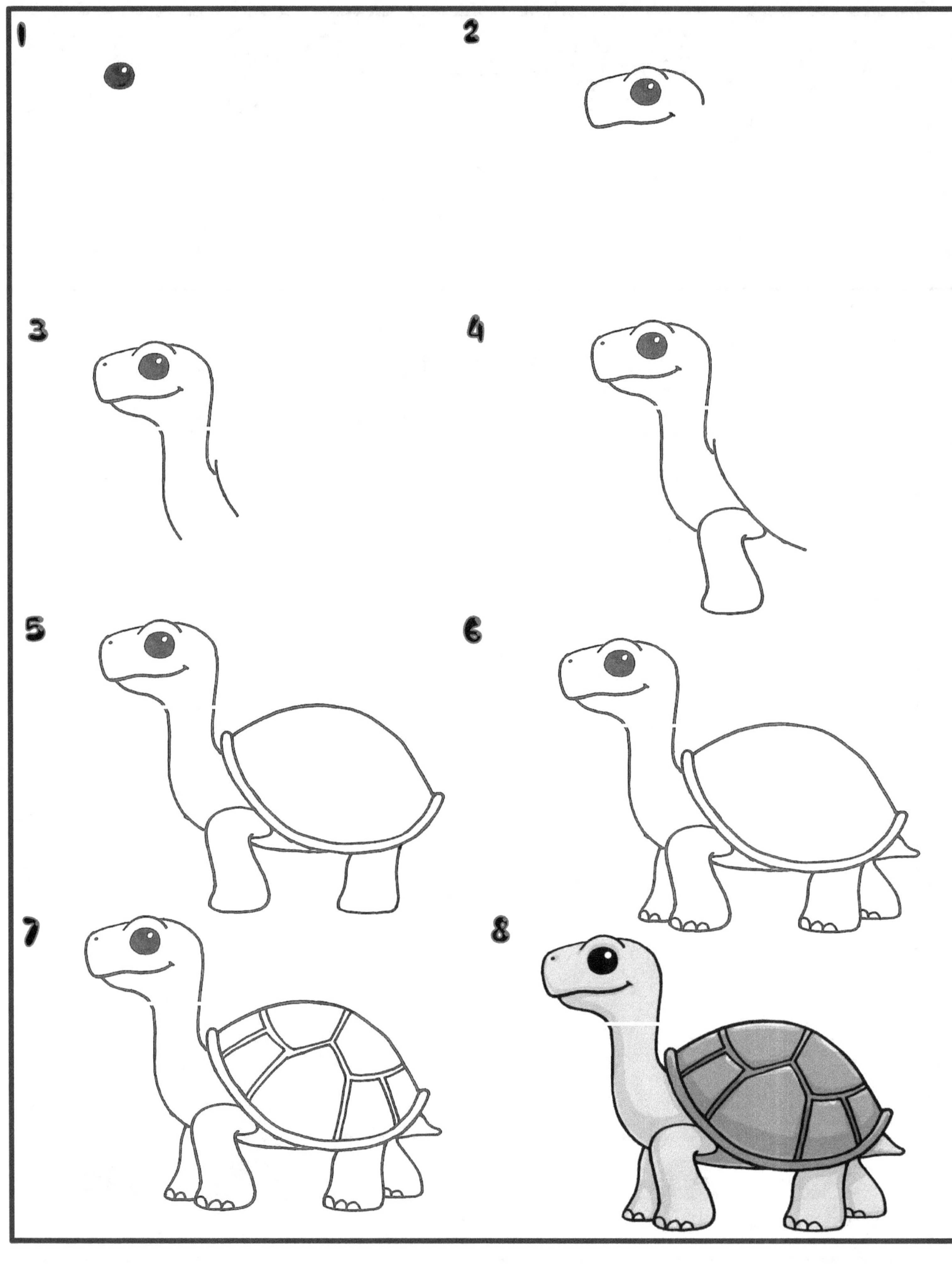

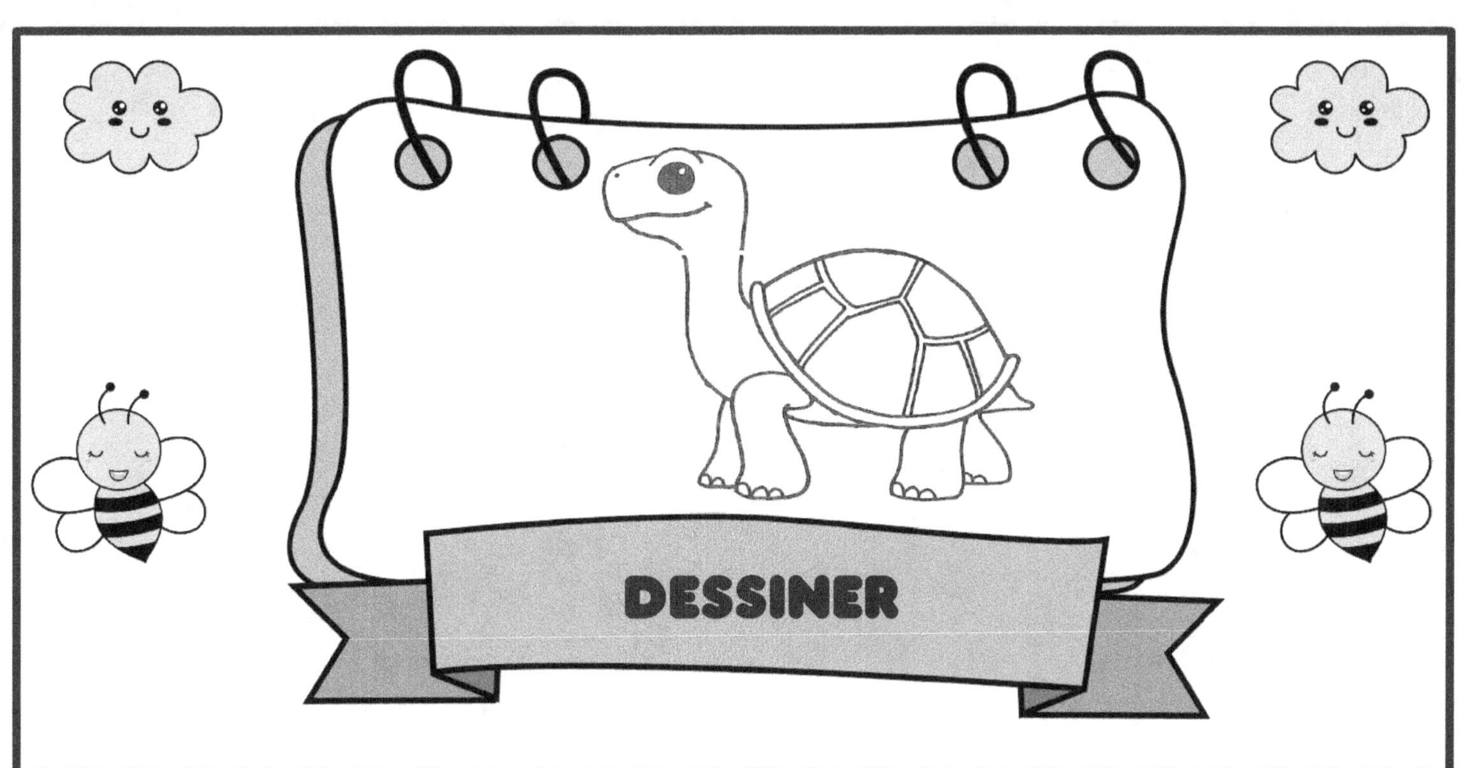

DESSINER

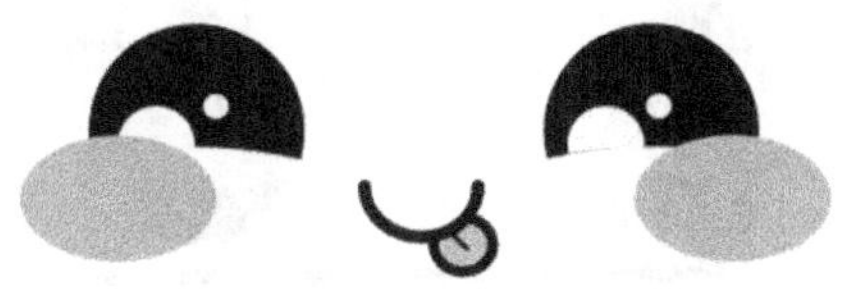
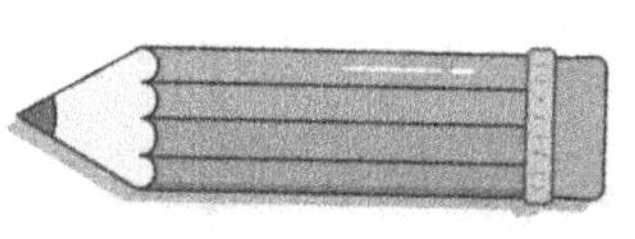
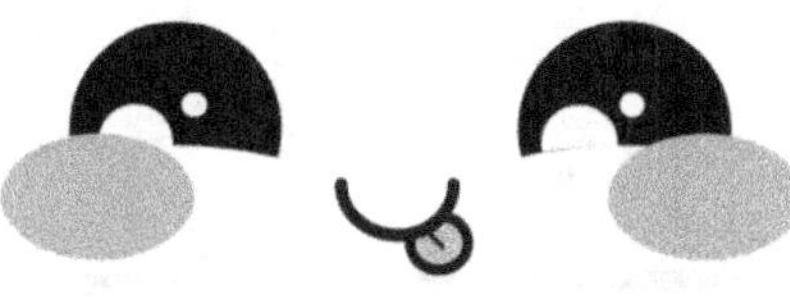

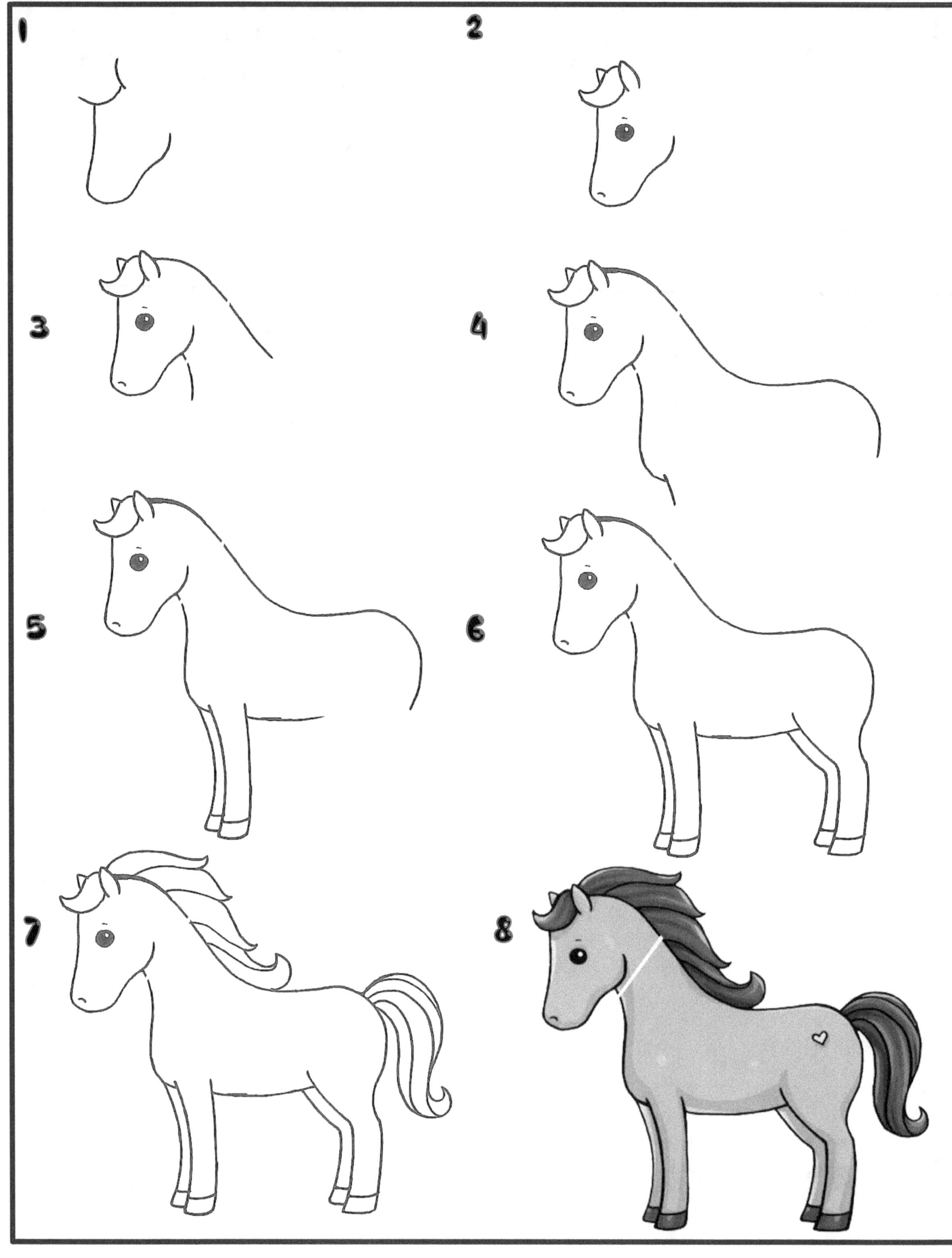

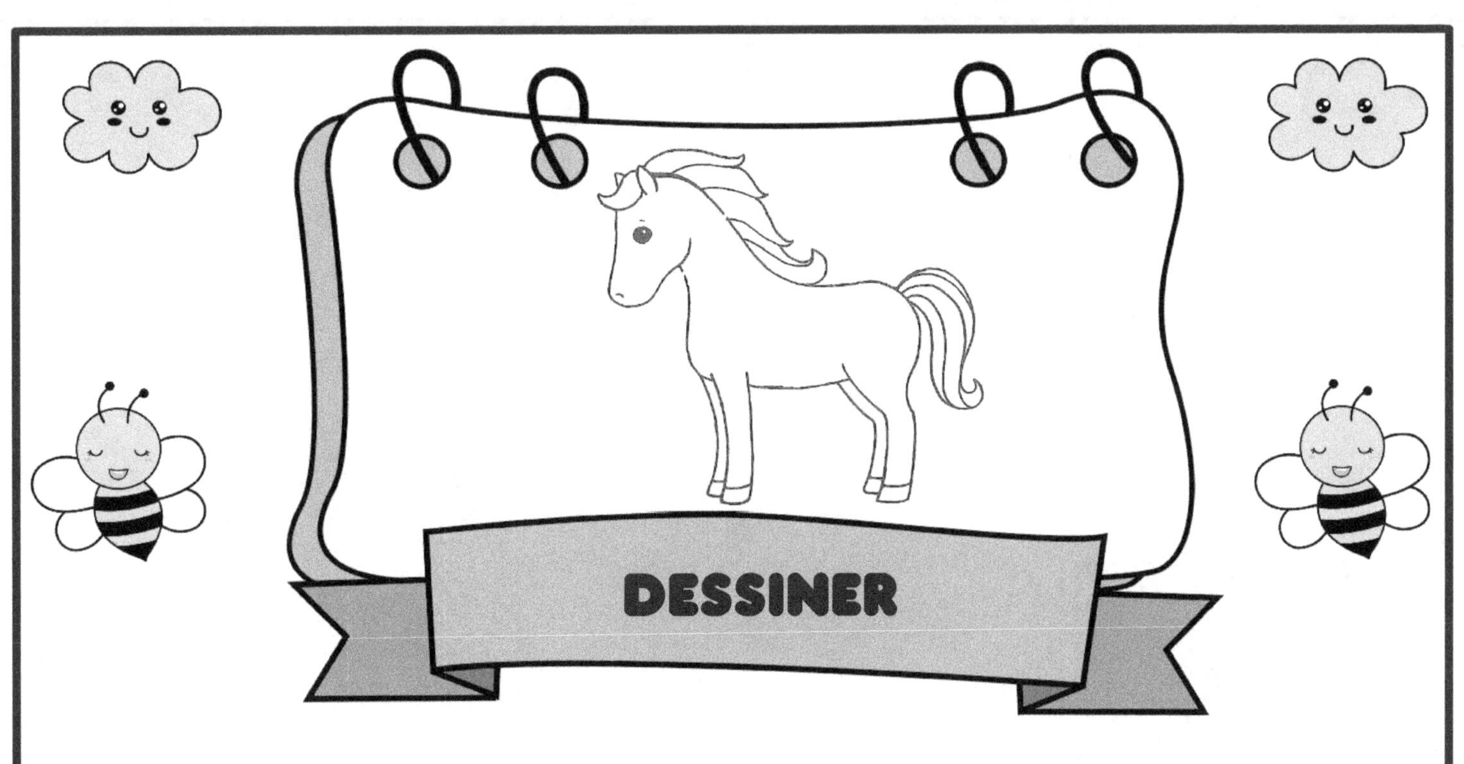

DESSINER

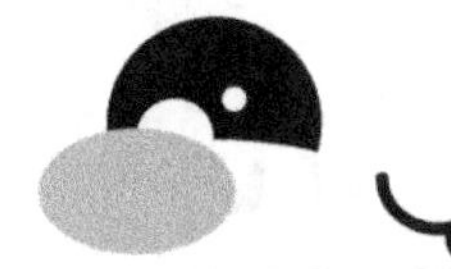
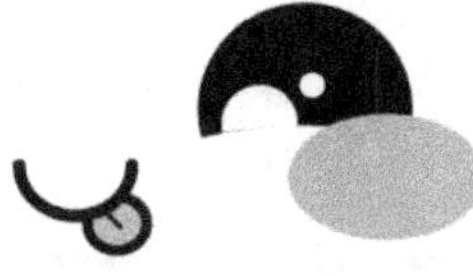
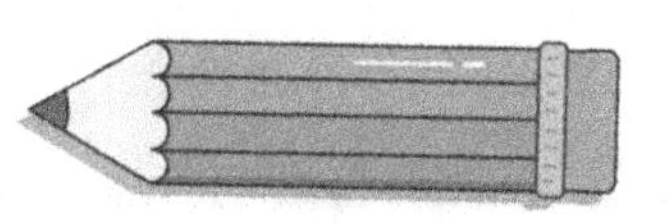
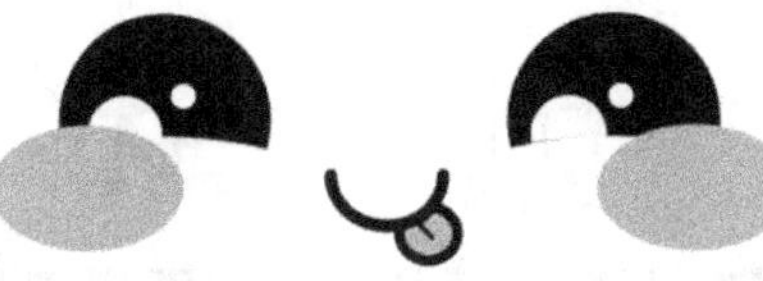

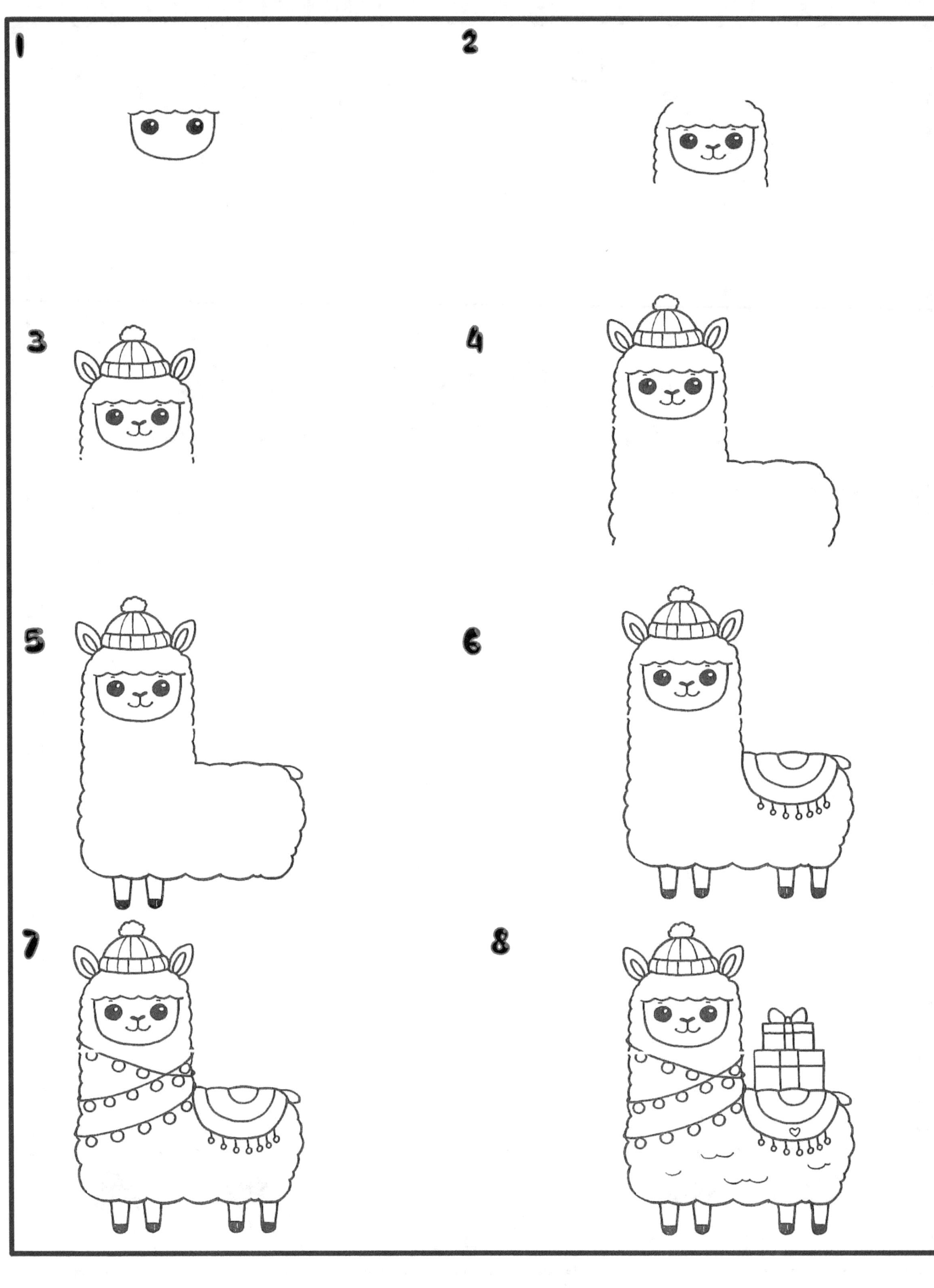

1
2
3
4
5
6
7
8

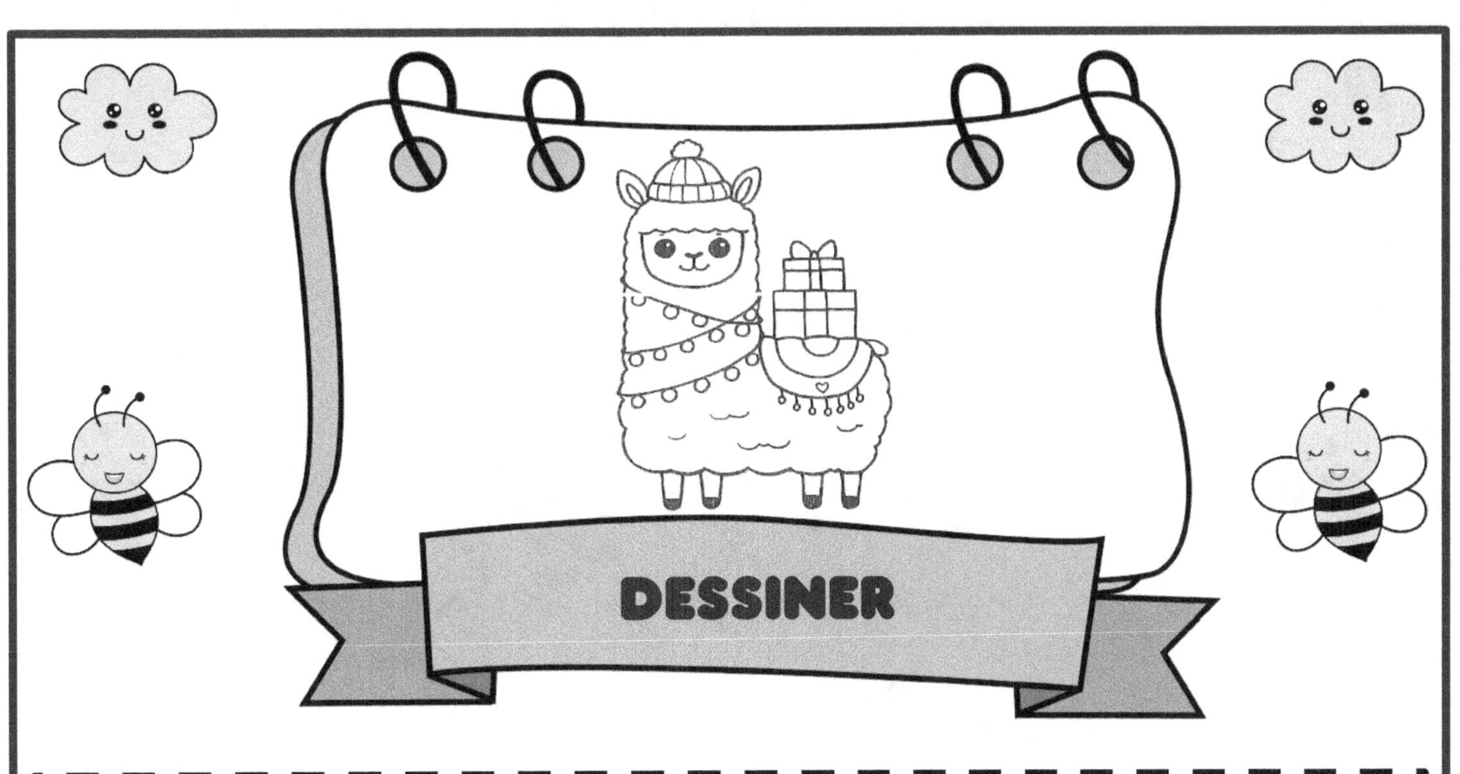

DESSINER

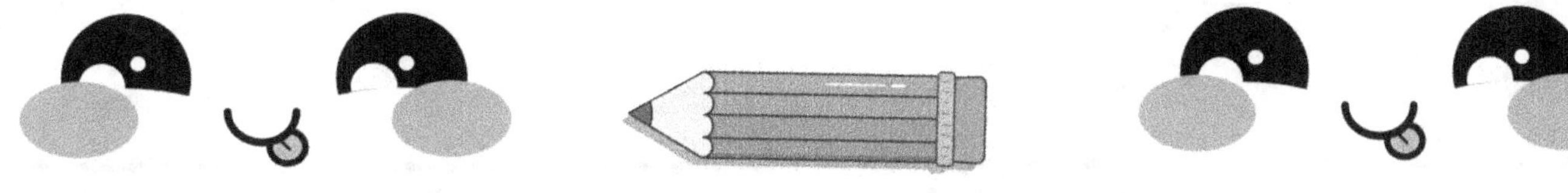

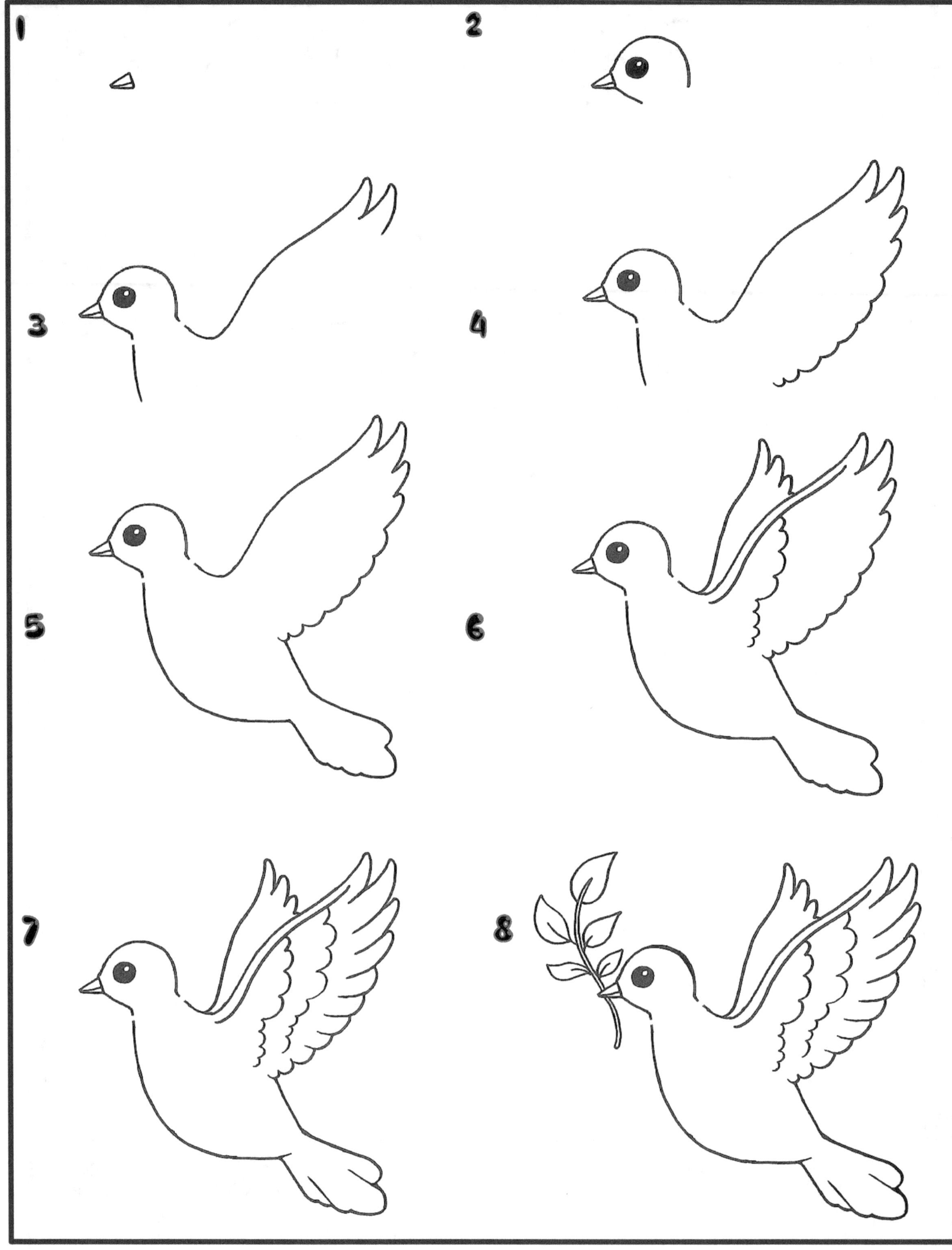
1
2
3
4
5
6
7
8

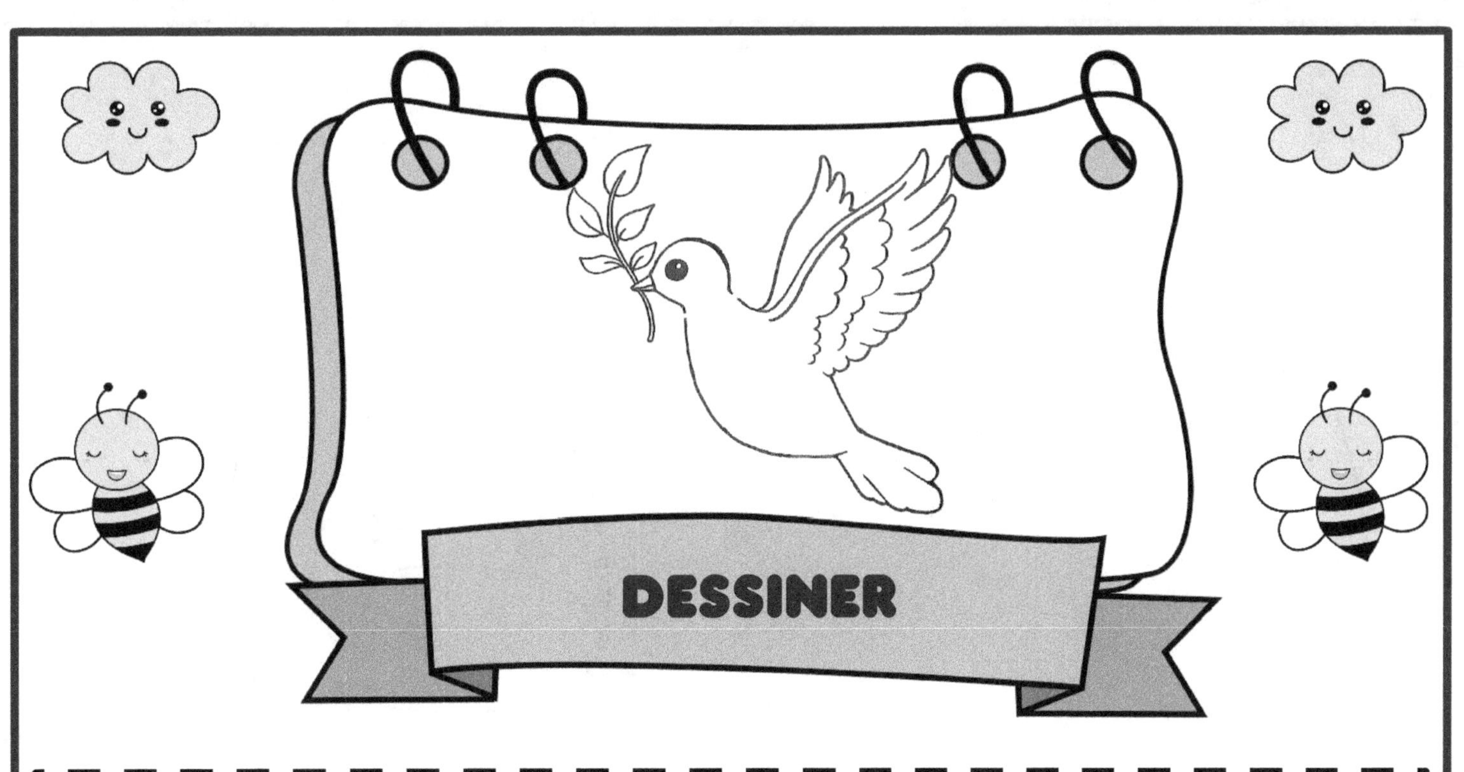
DESSINER

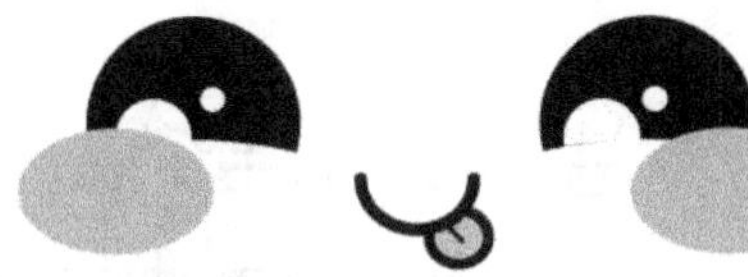
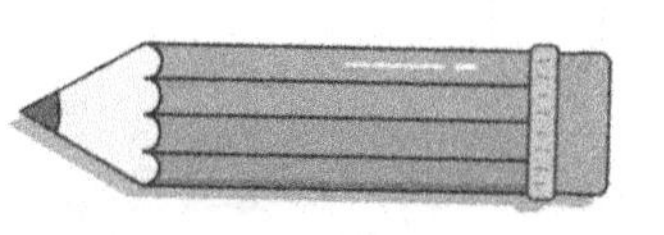
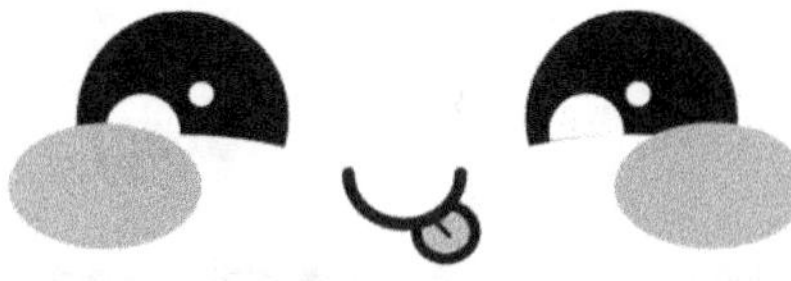

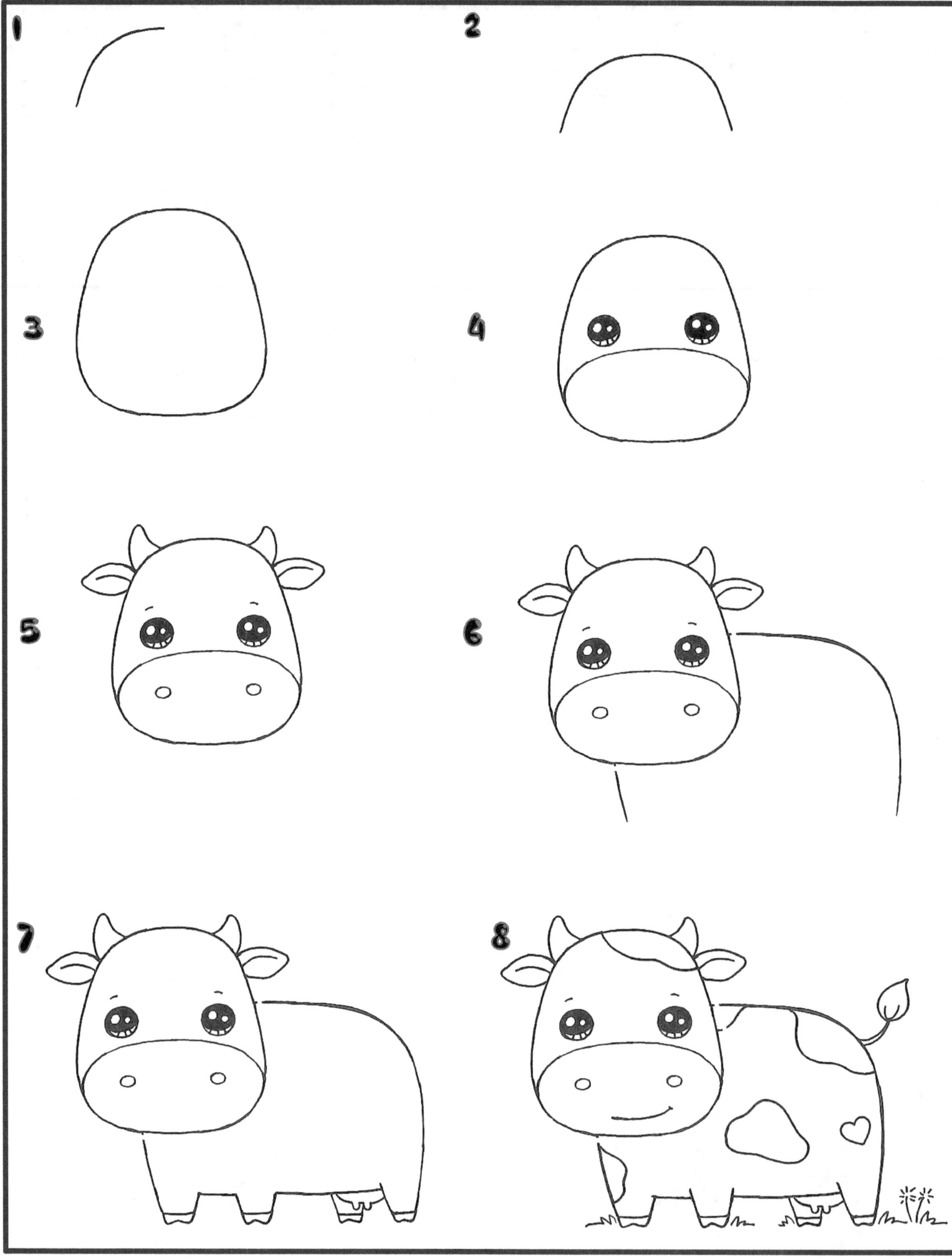

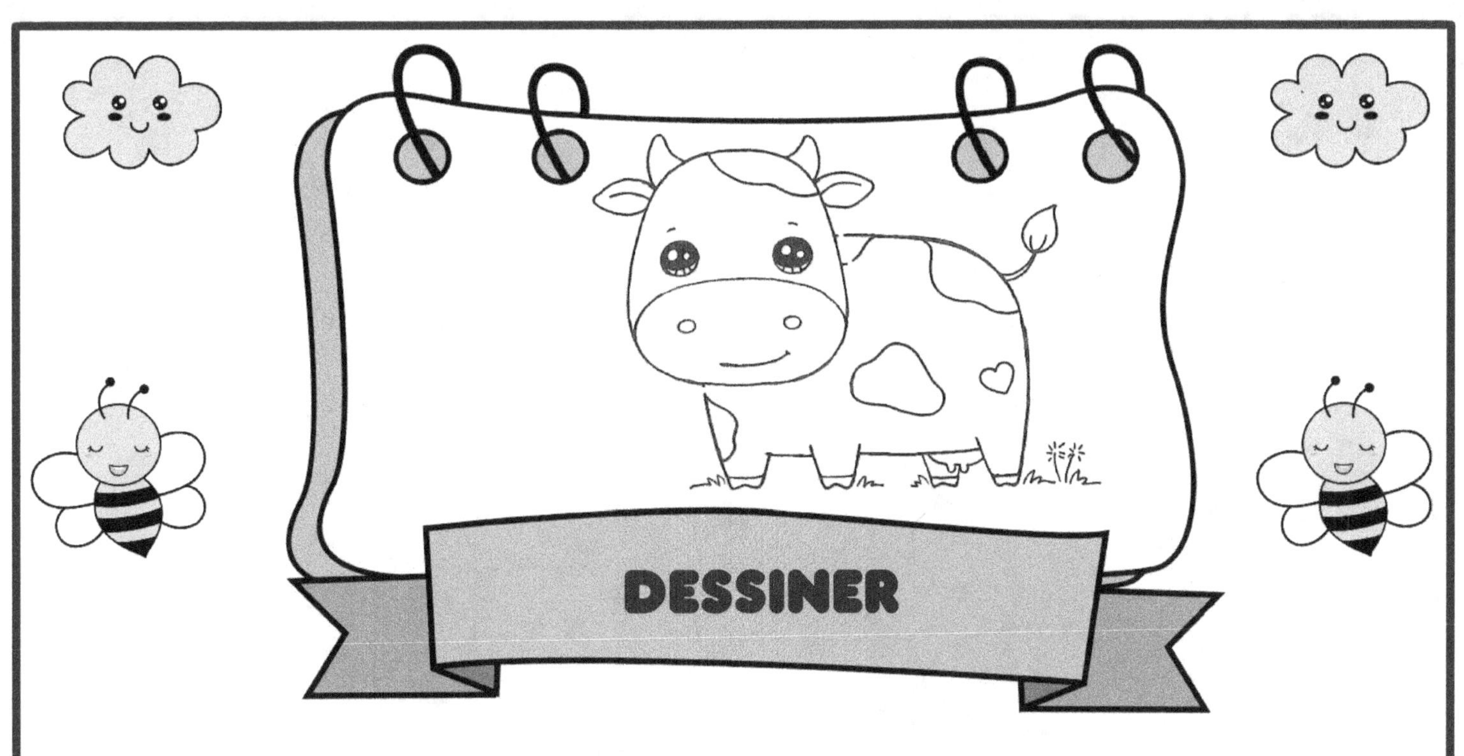

DESSINER

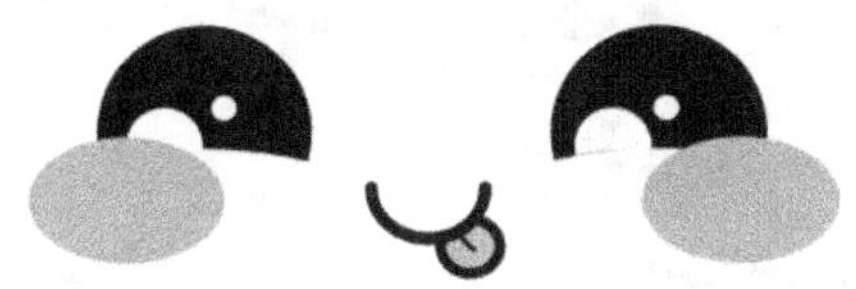
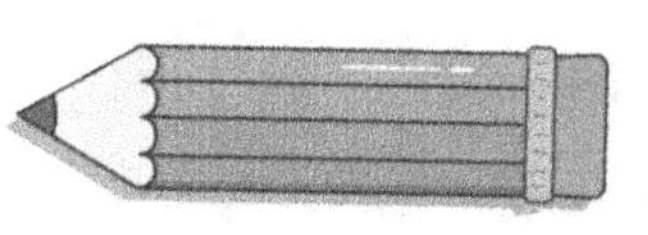
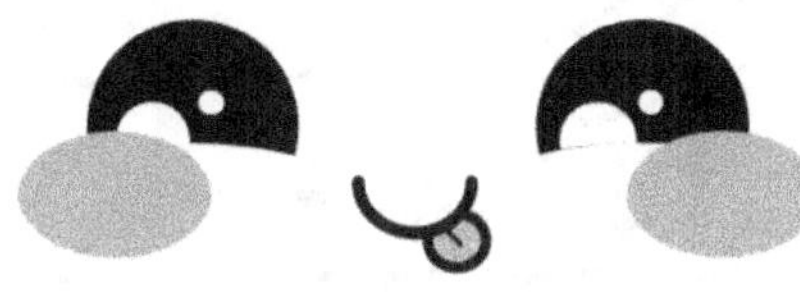

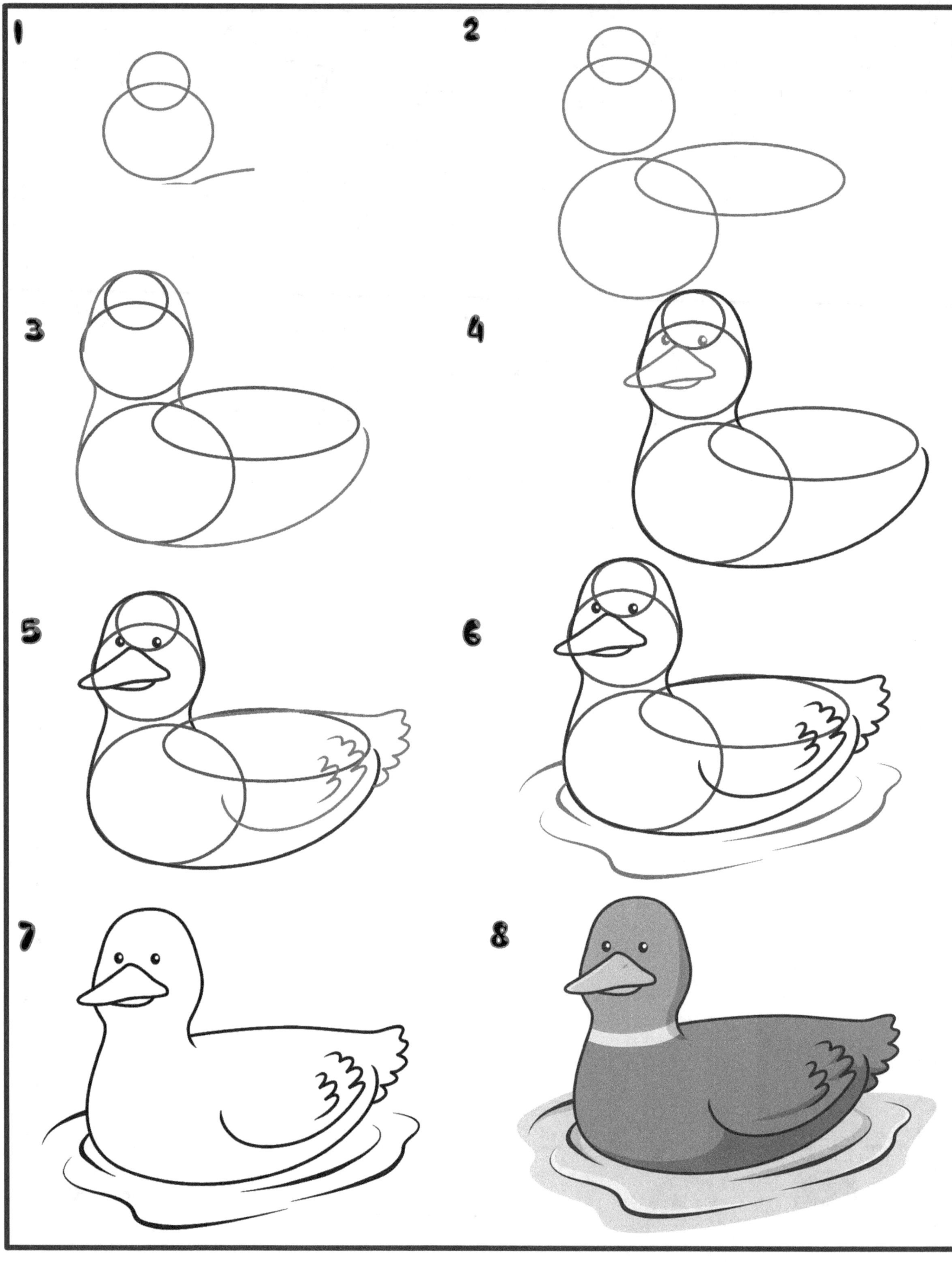

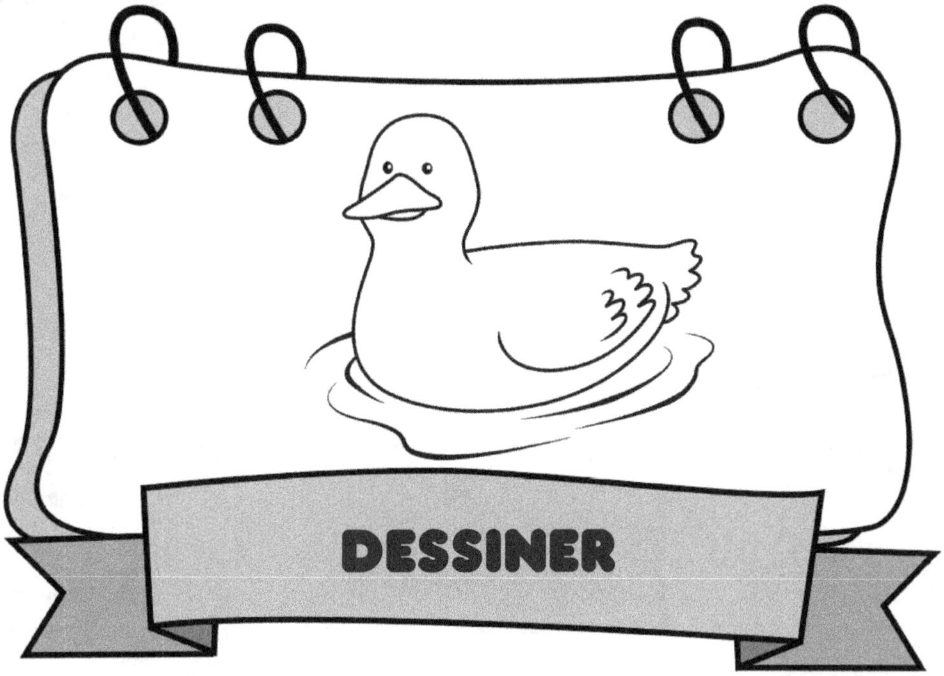

DESSINER

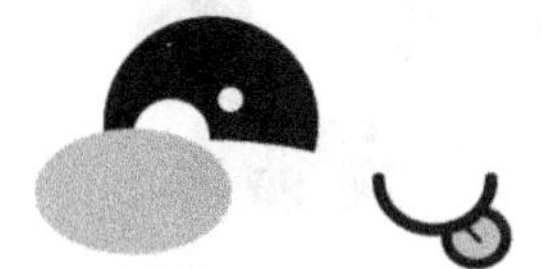
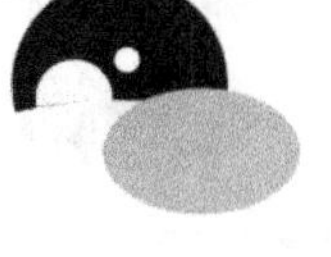
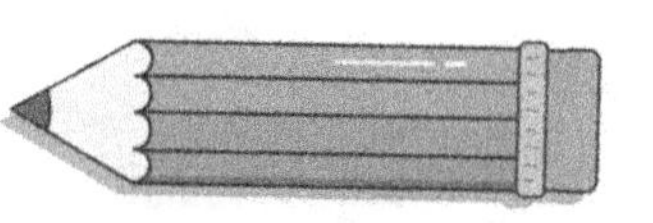
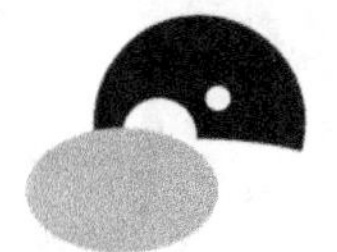
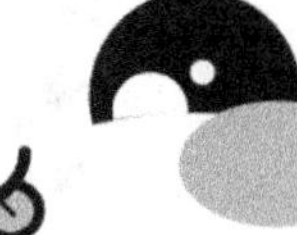

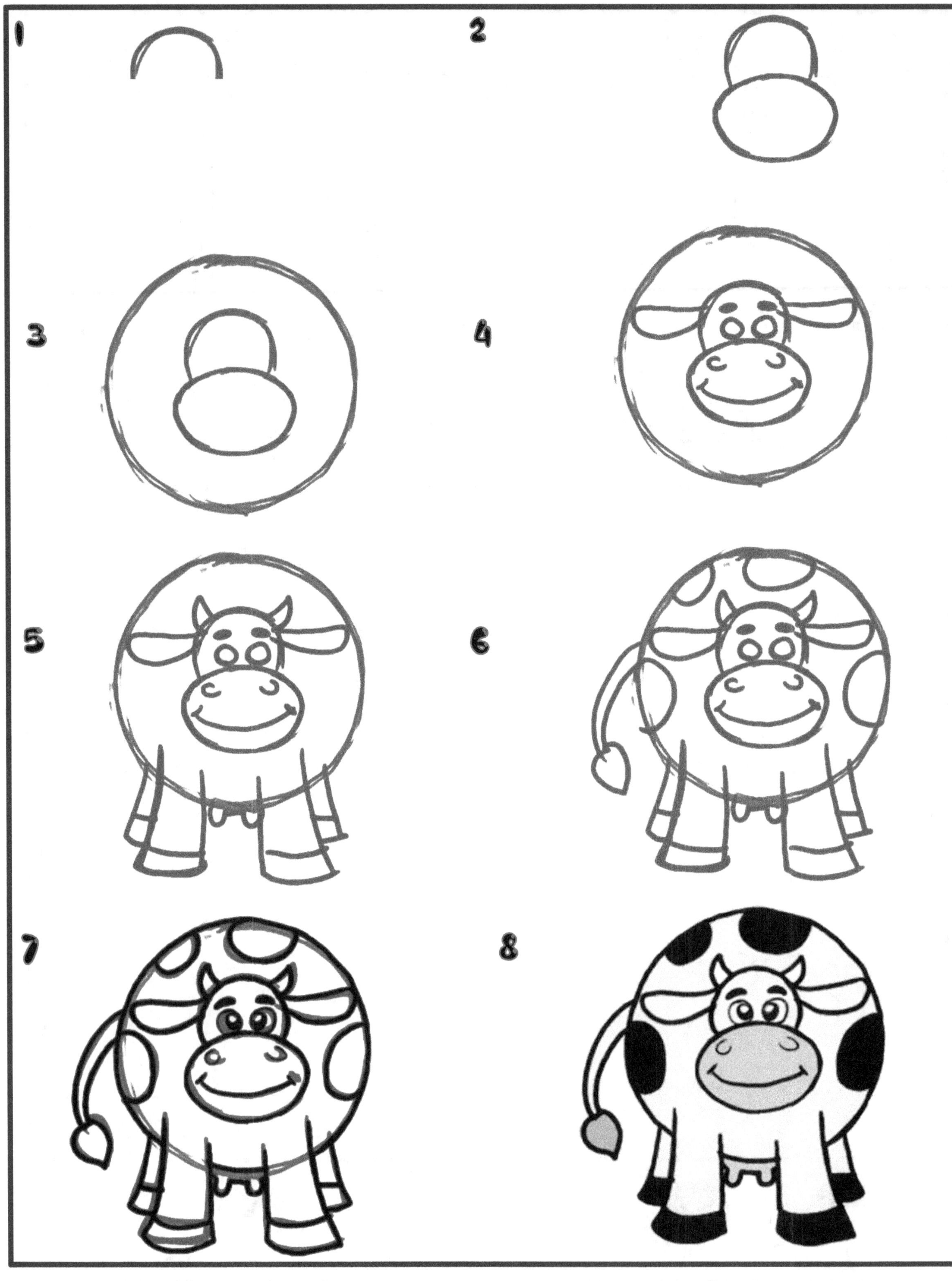

1
2
3
4
5
6
7
8

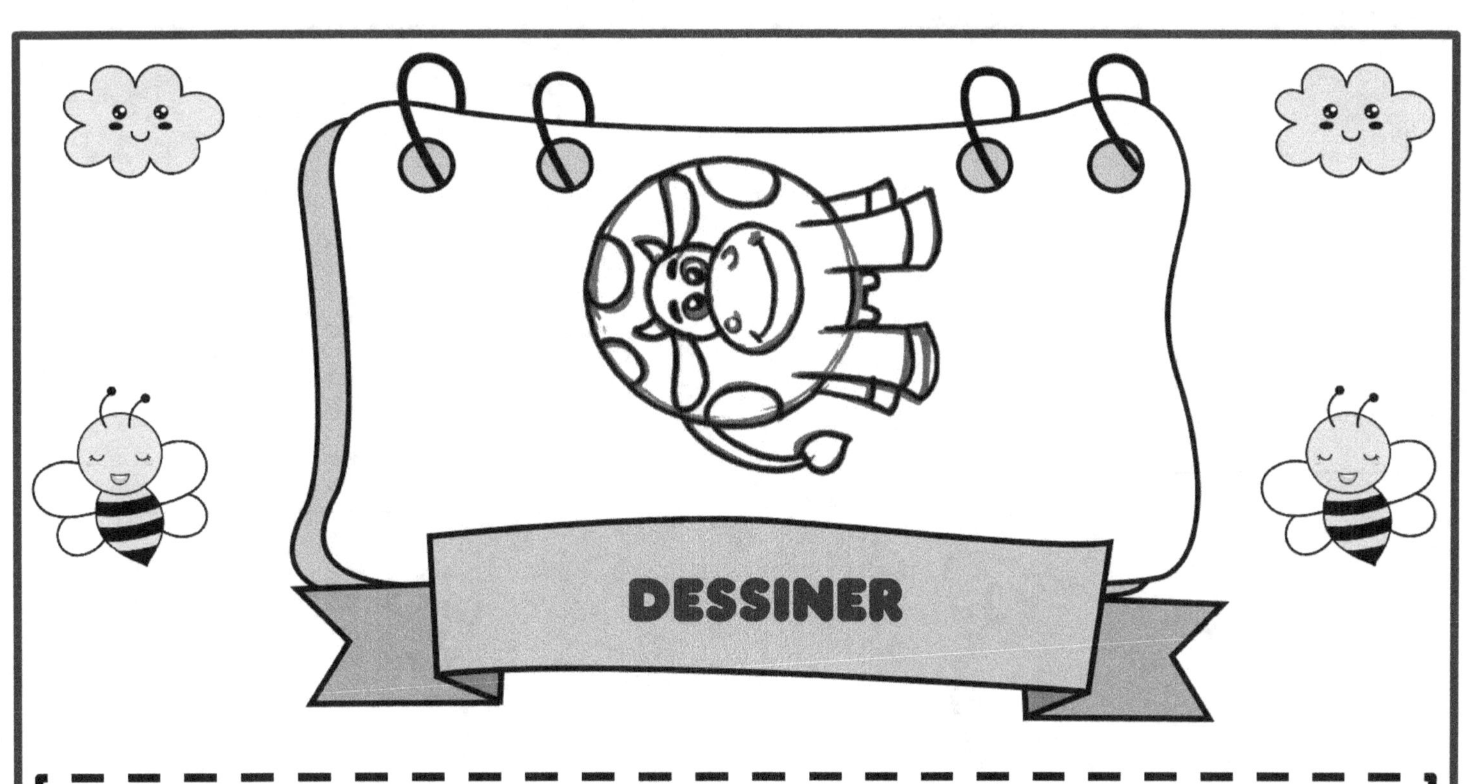

DESSINER

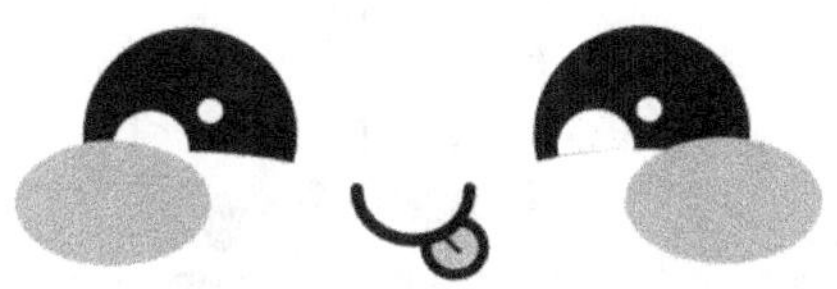
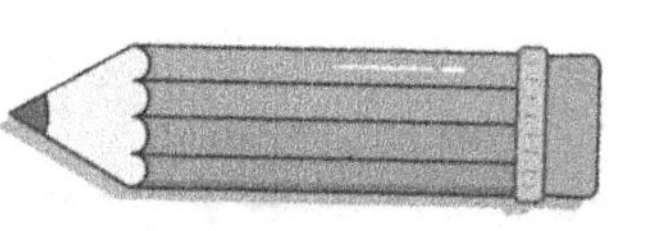
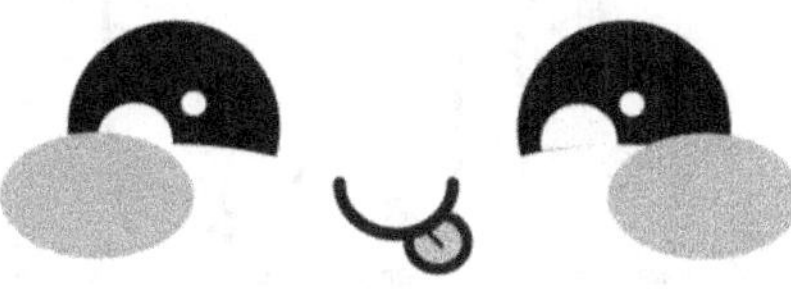

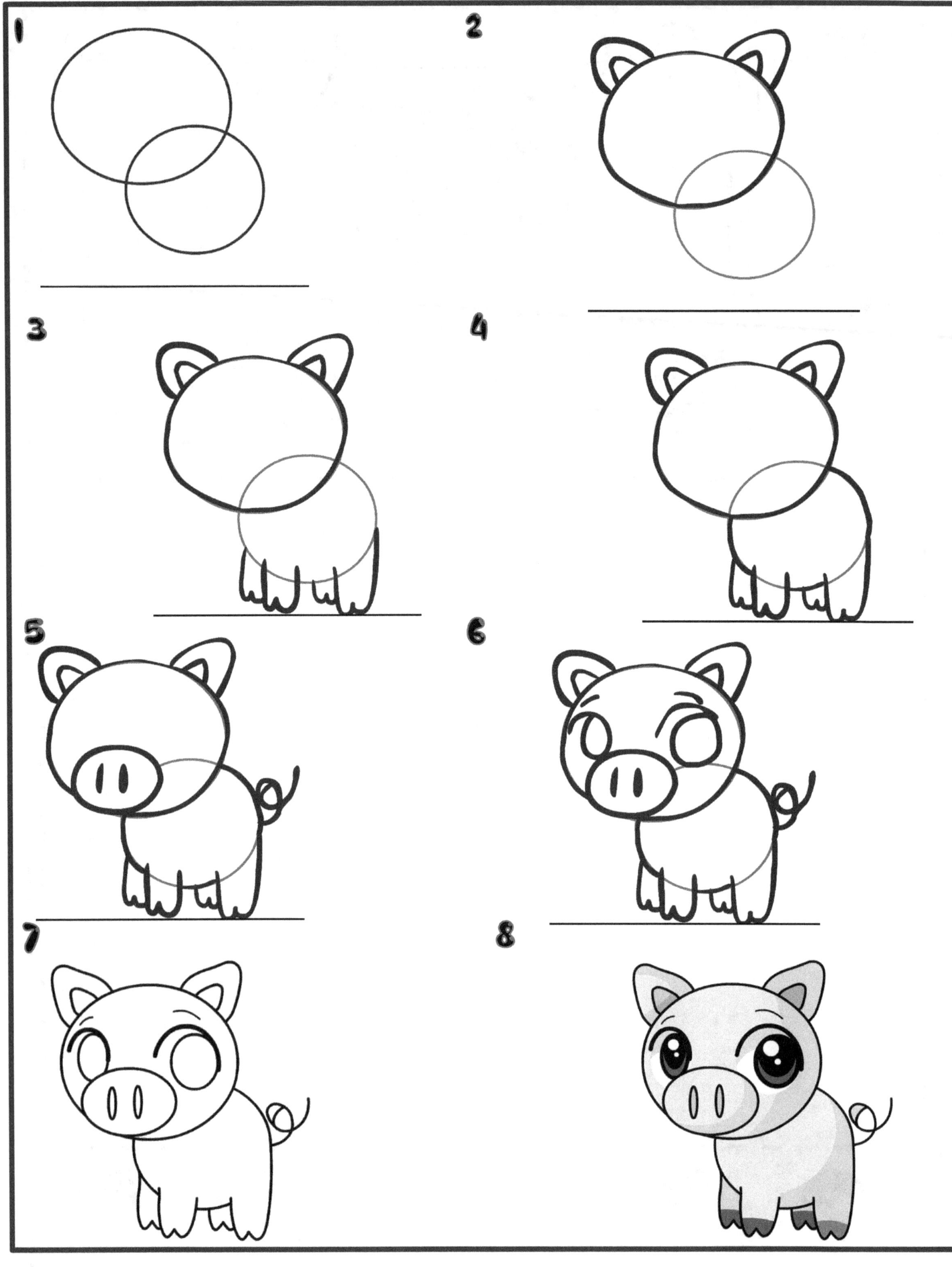

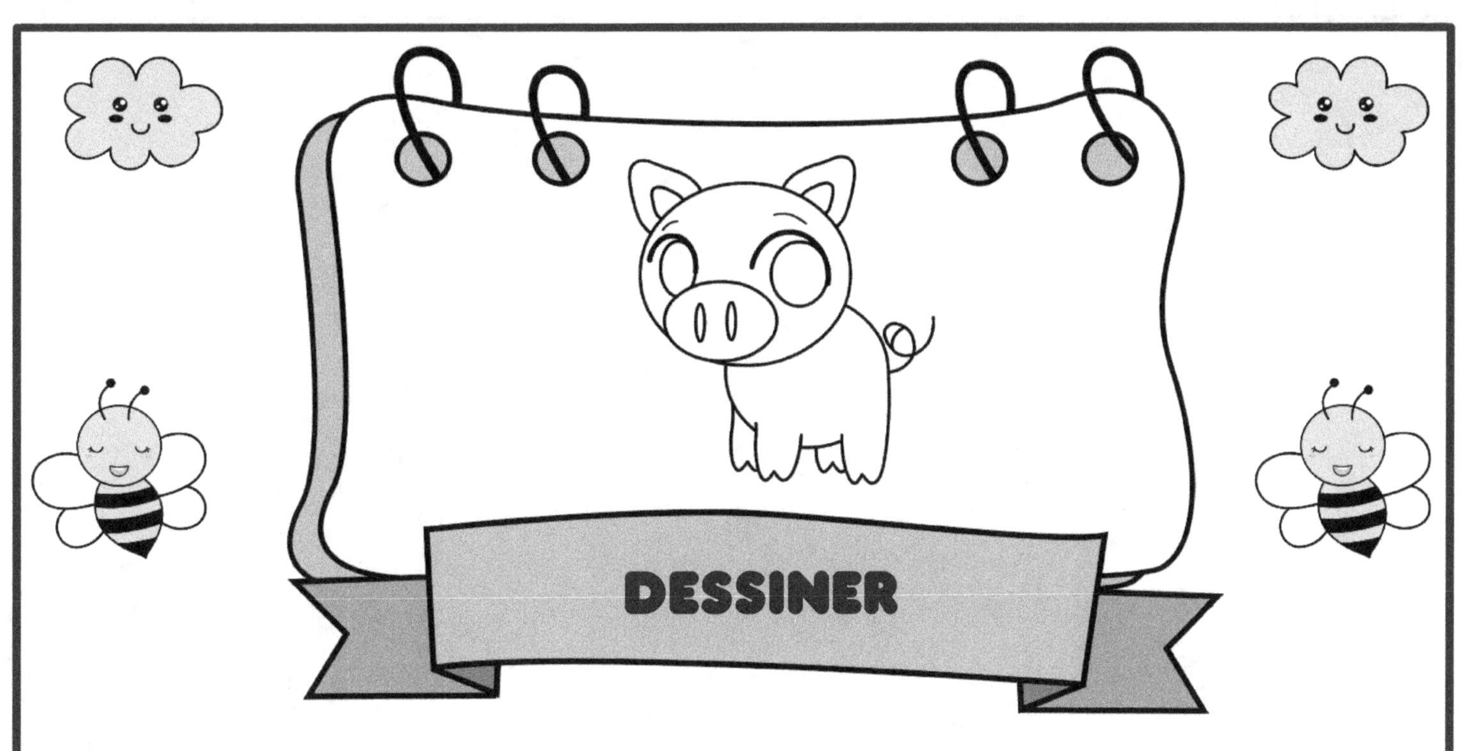

DESSINER

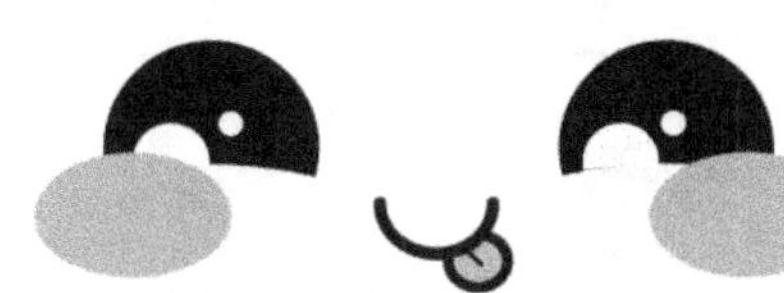
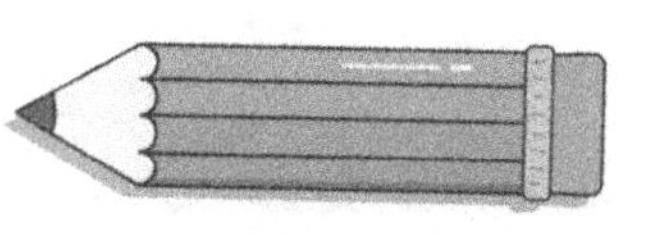
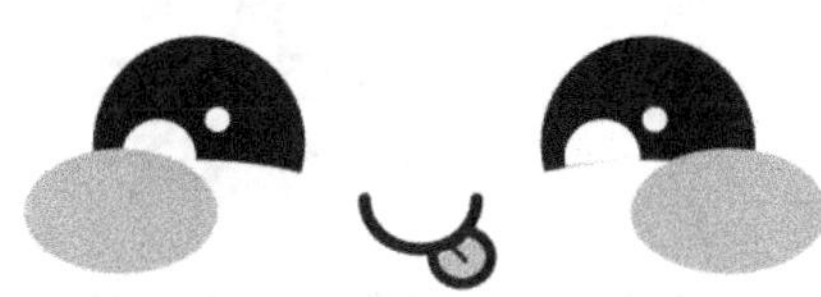

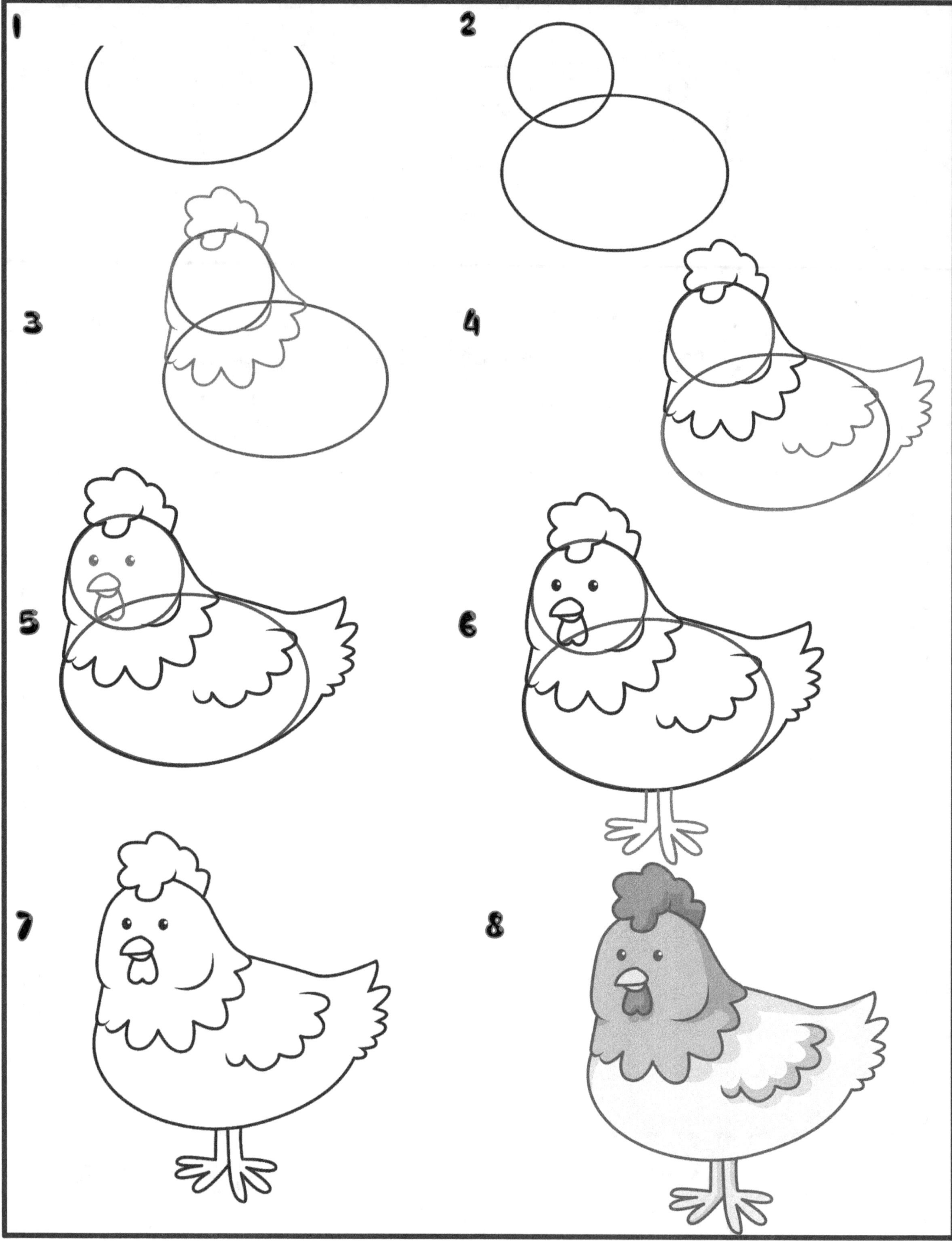

1
2
3
4
5
6
7
8

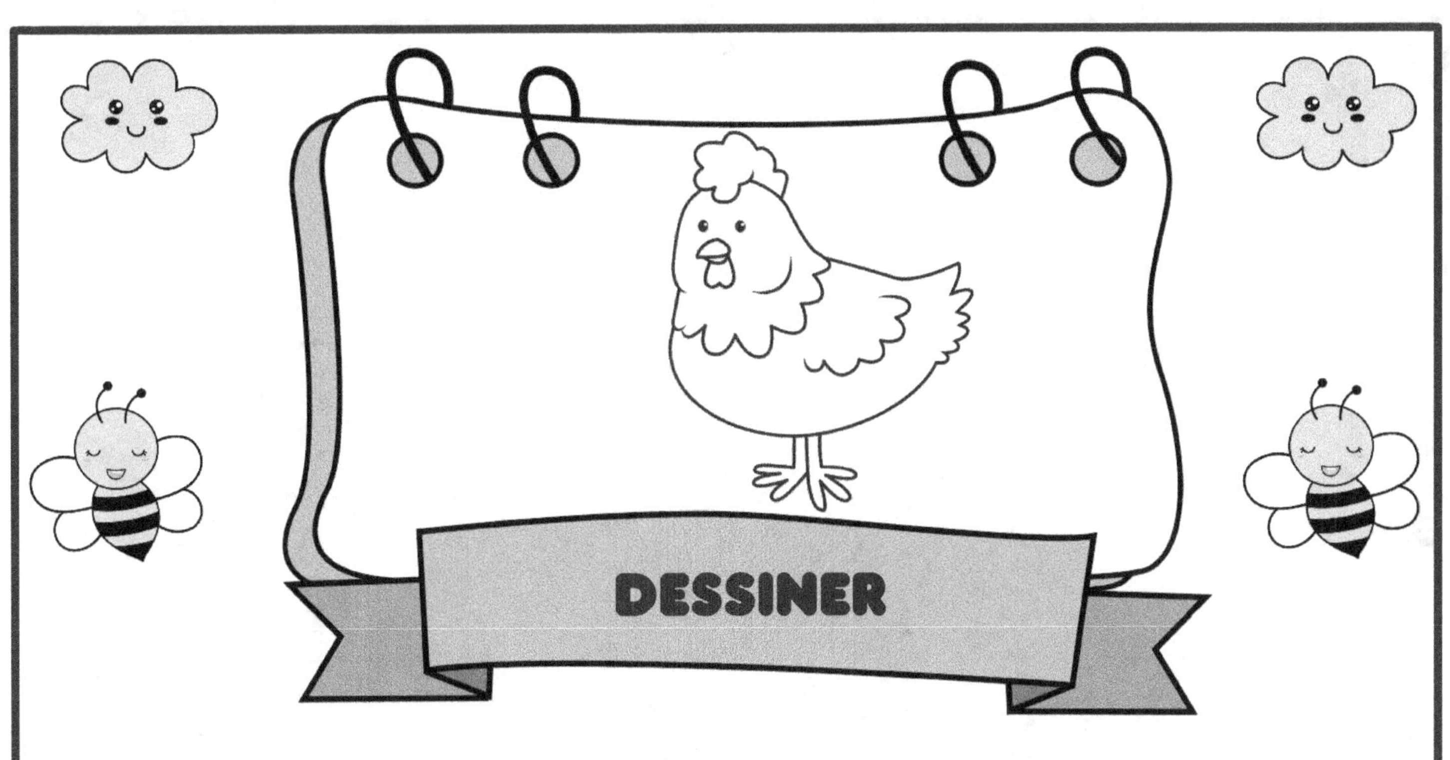

DESSINER

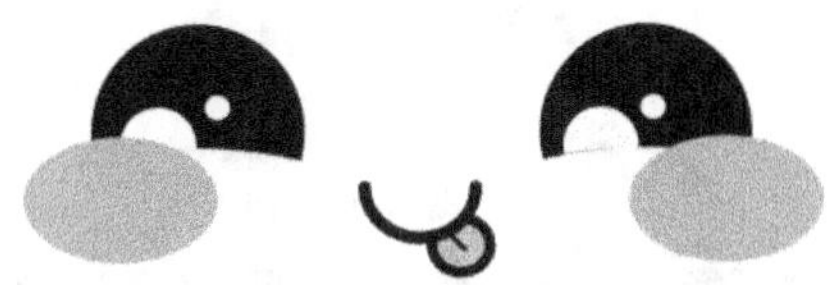
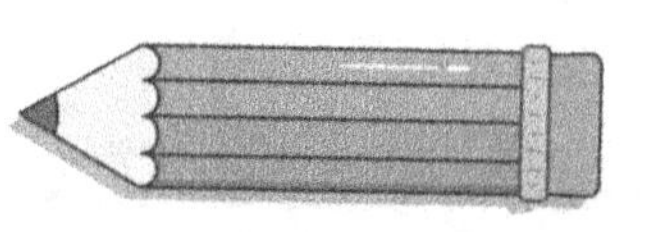
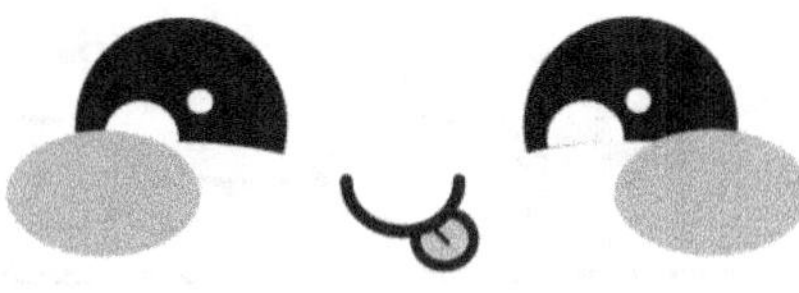

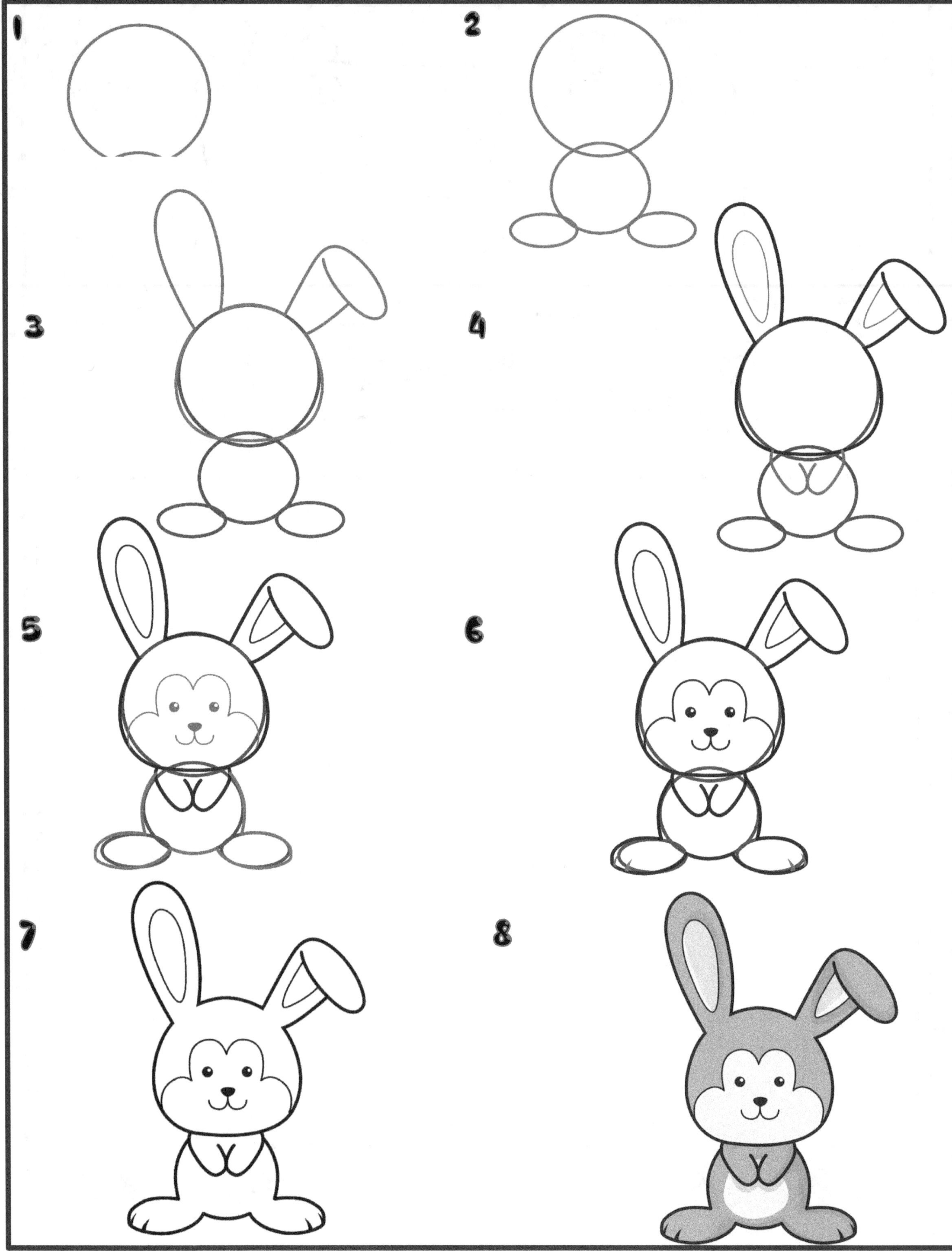

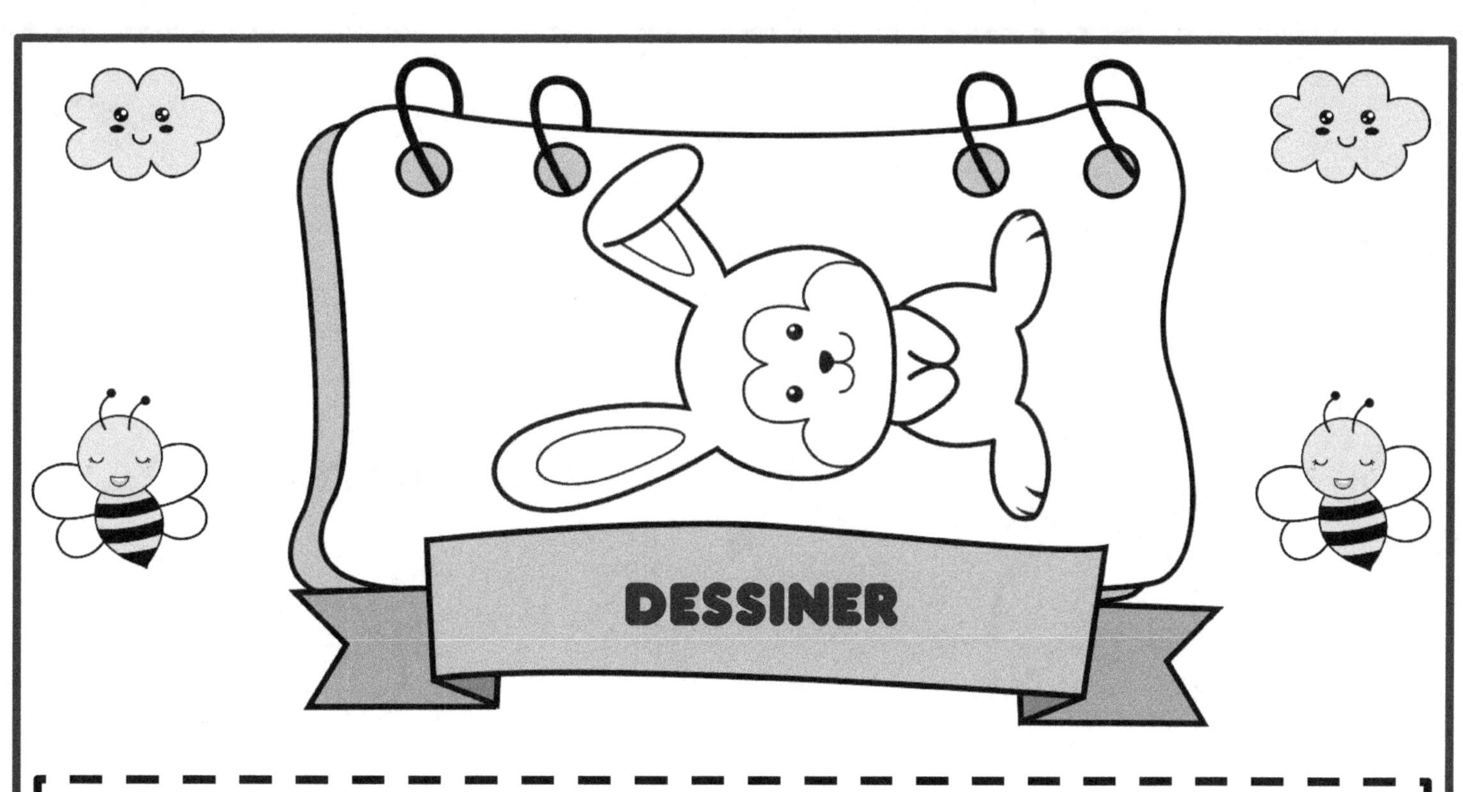

DESSINER

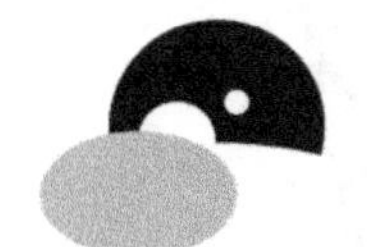
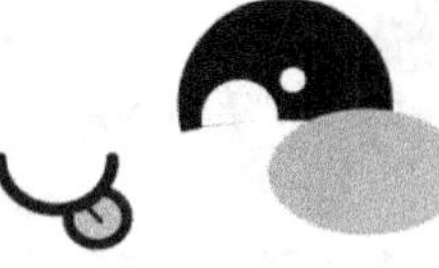
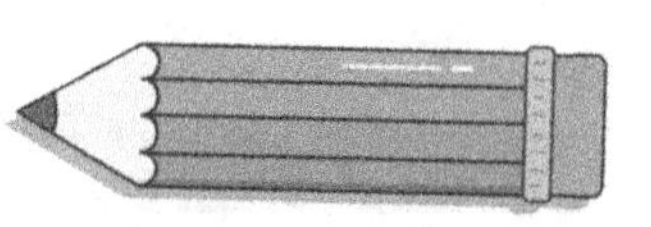
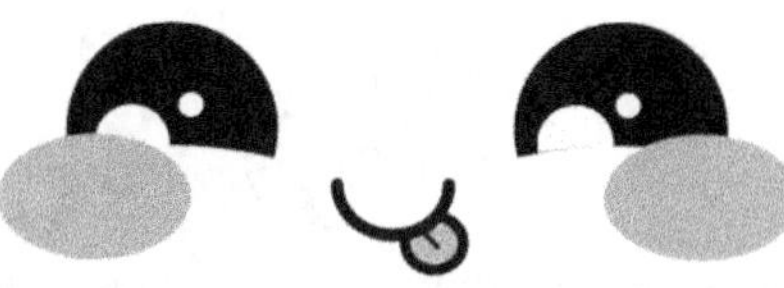

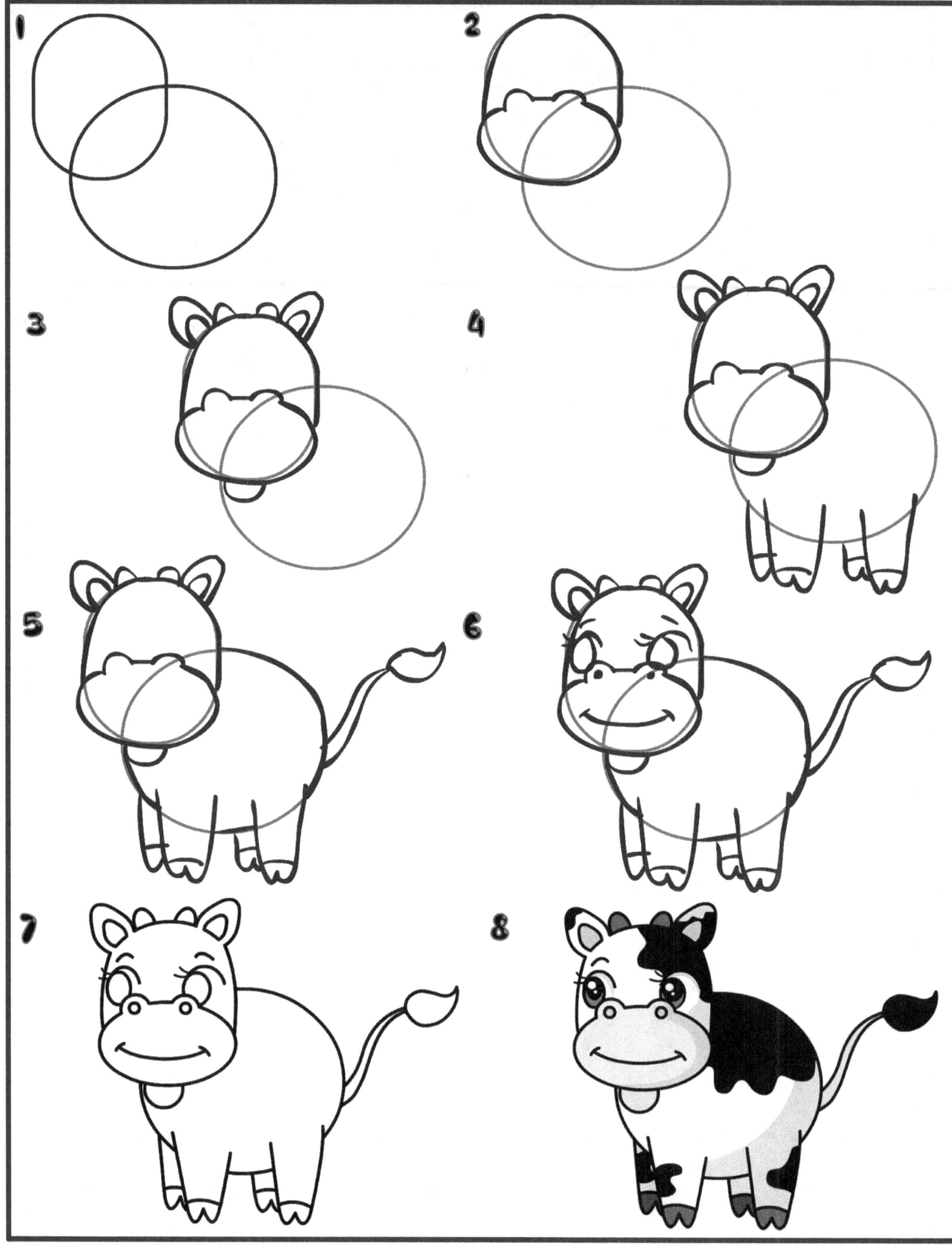

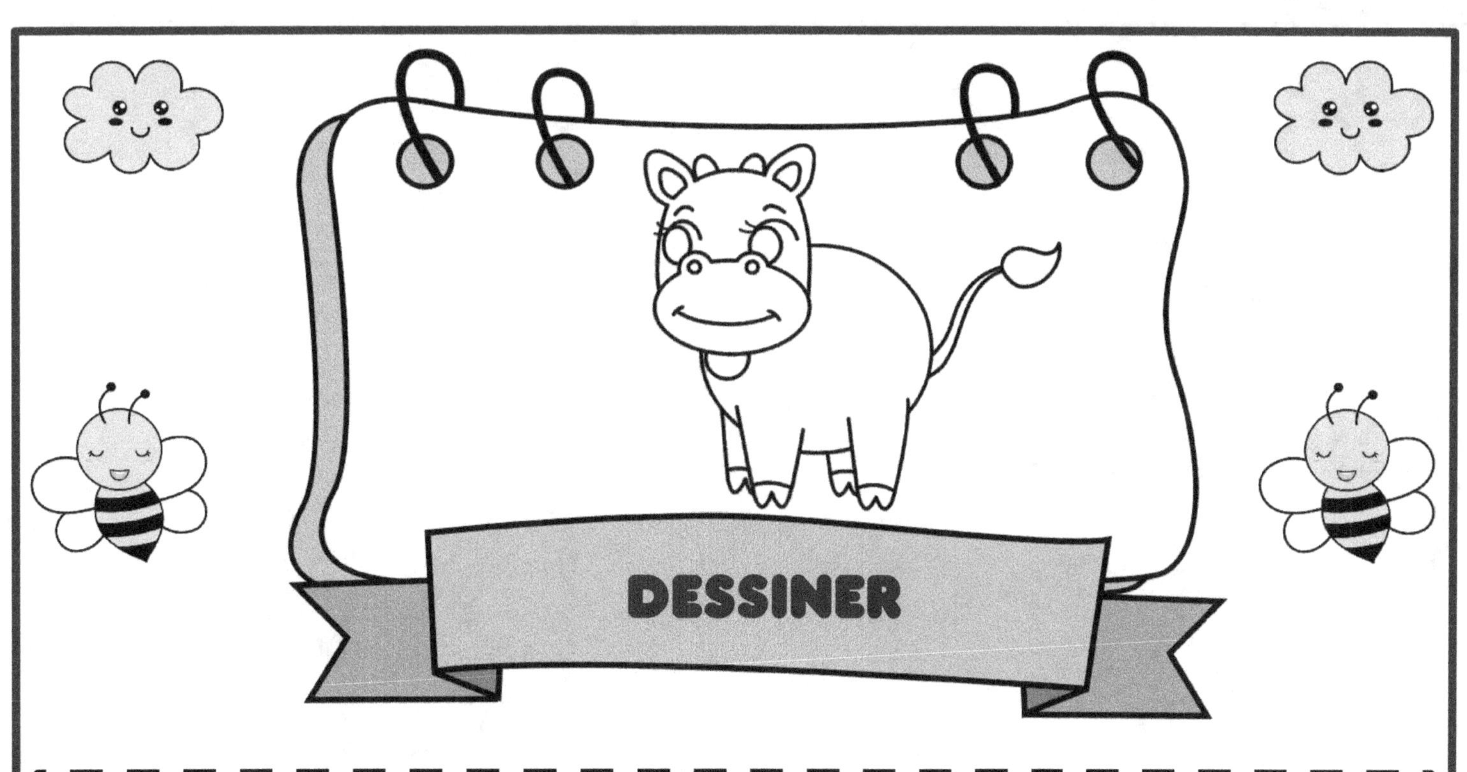

DESSINER

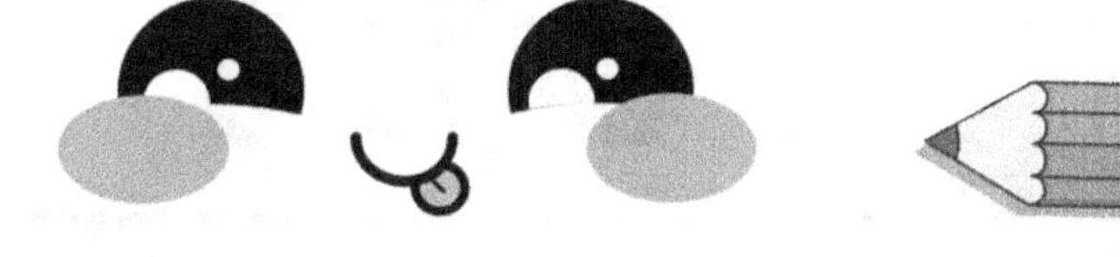

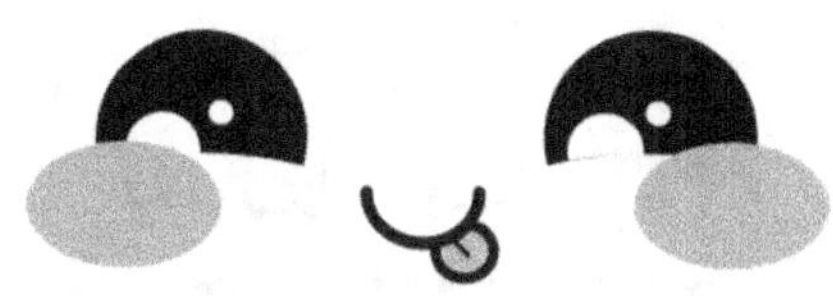

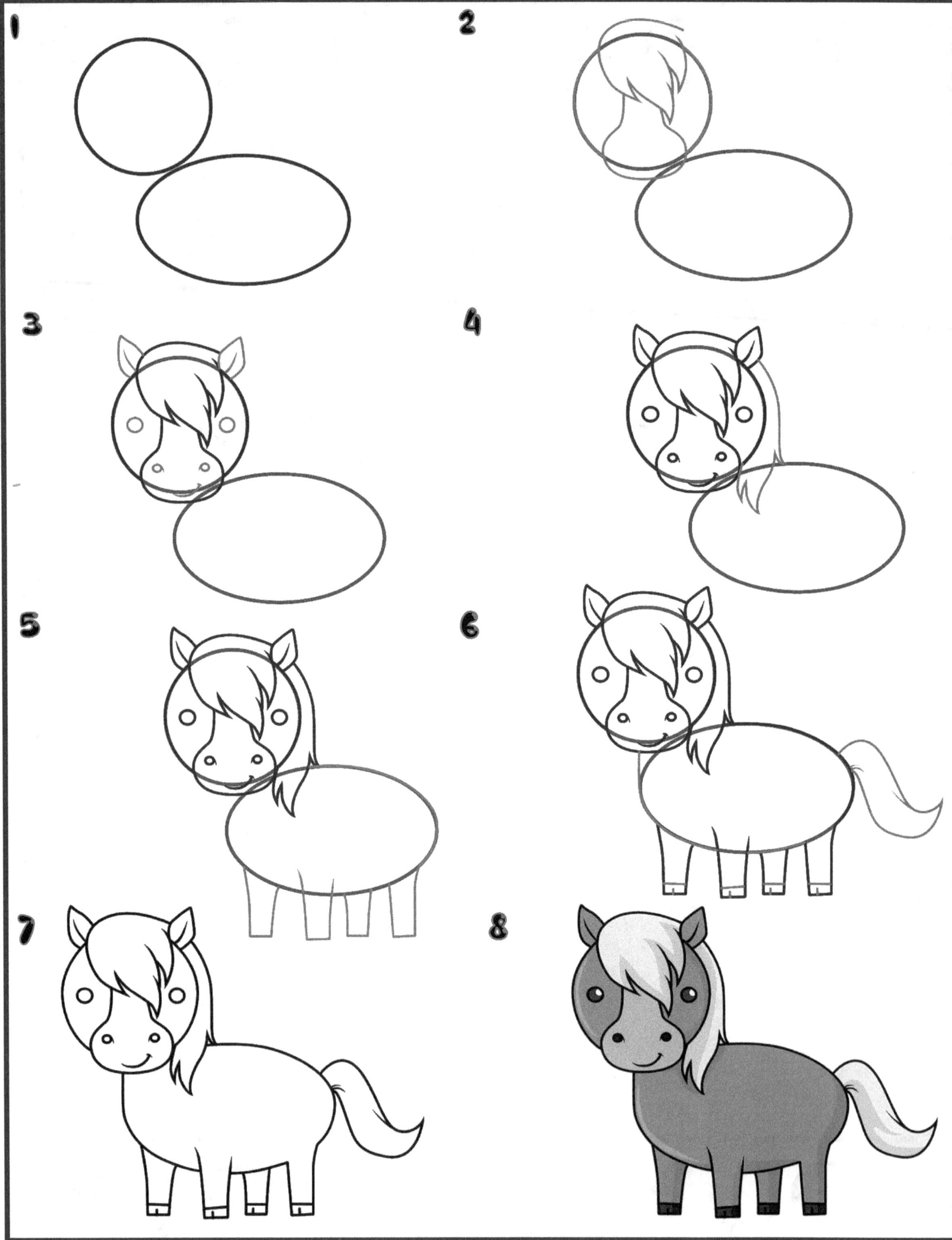

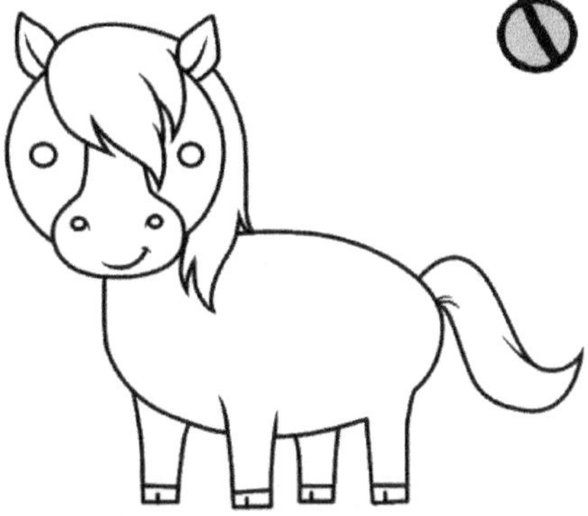

DESSINER

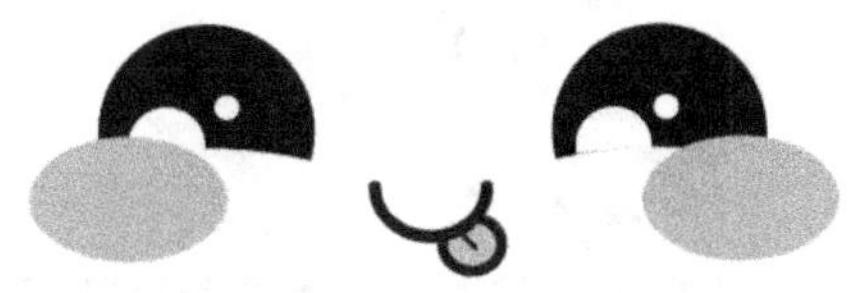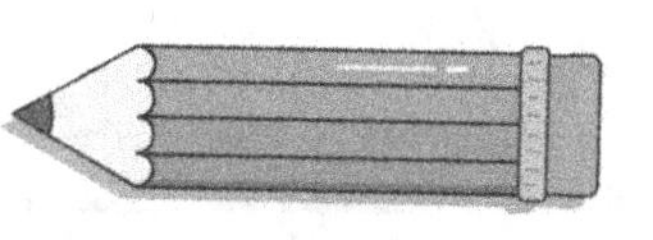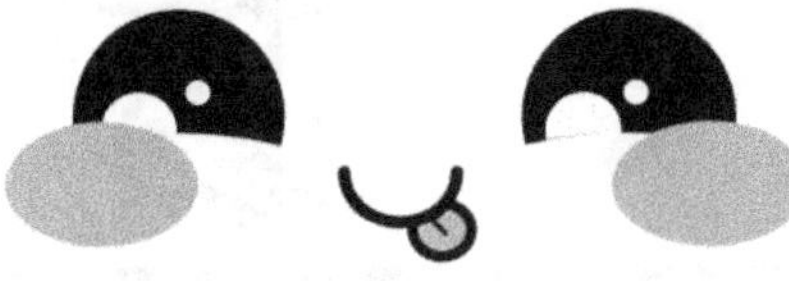

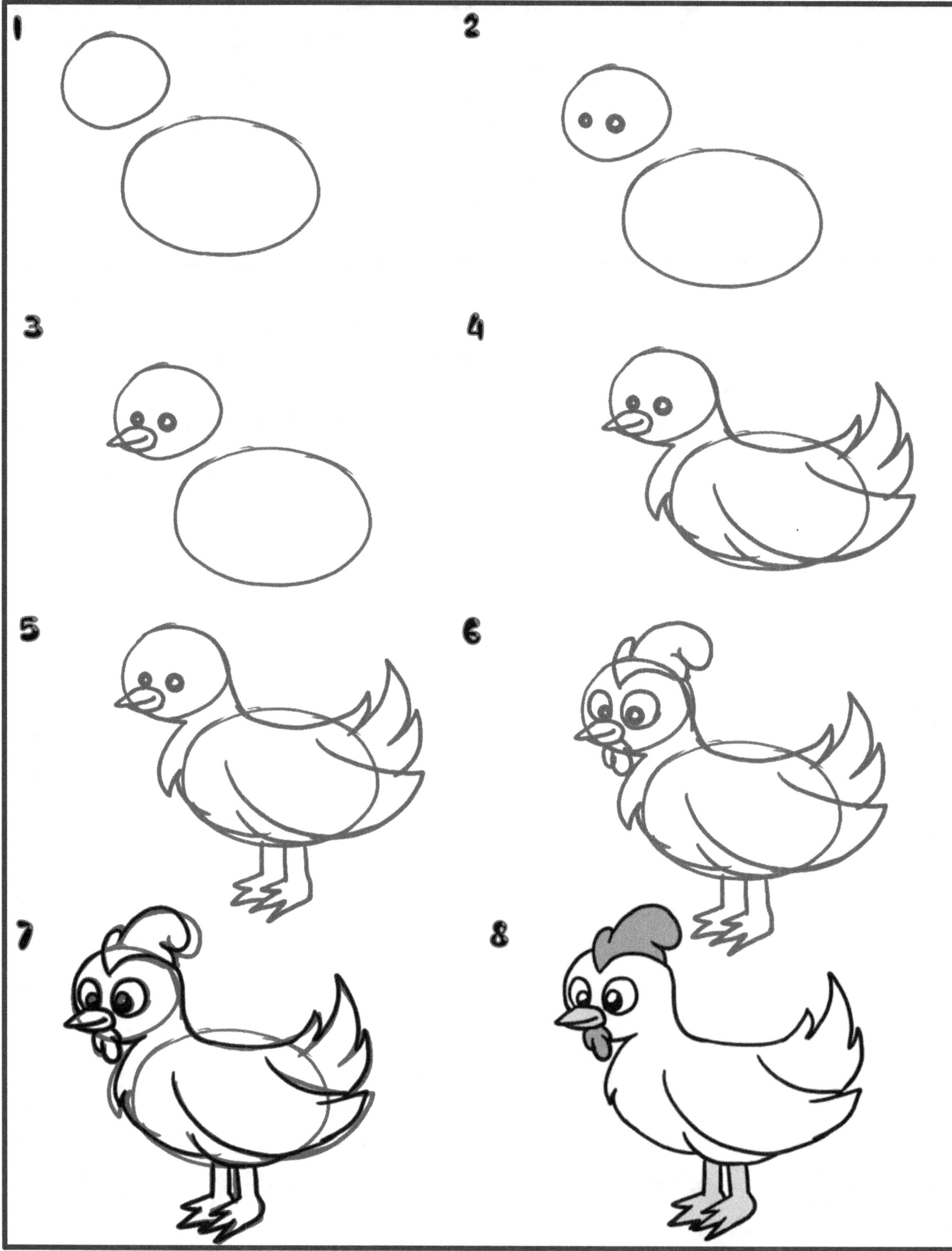

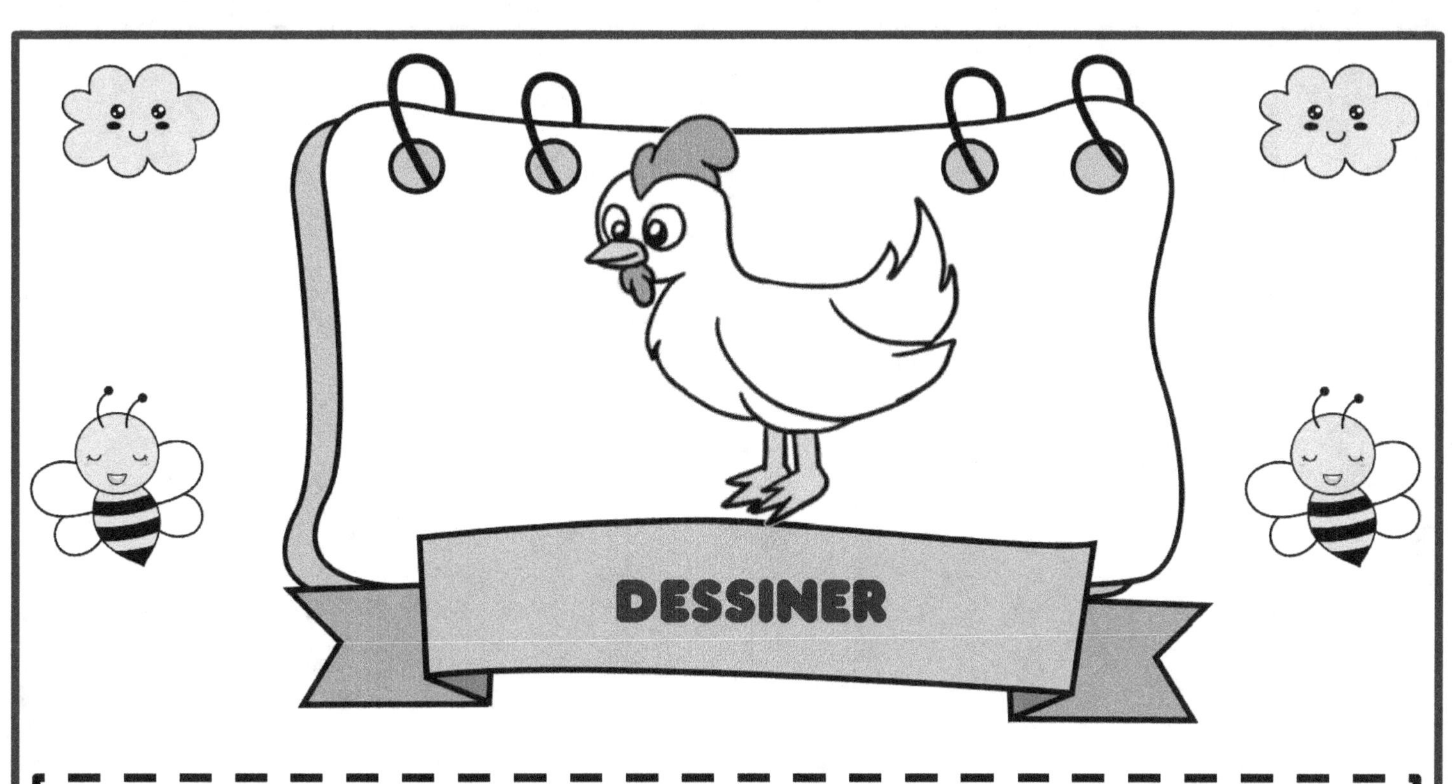
DESSINER

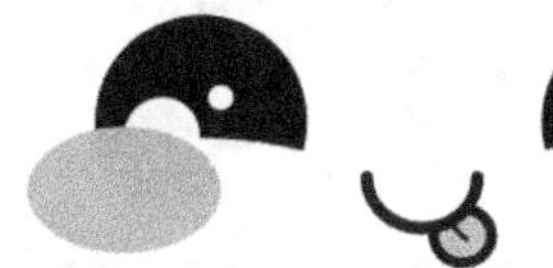
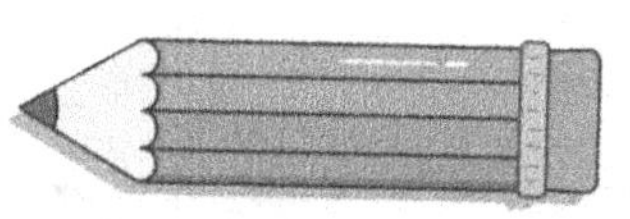
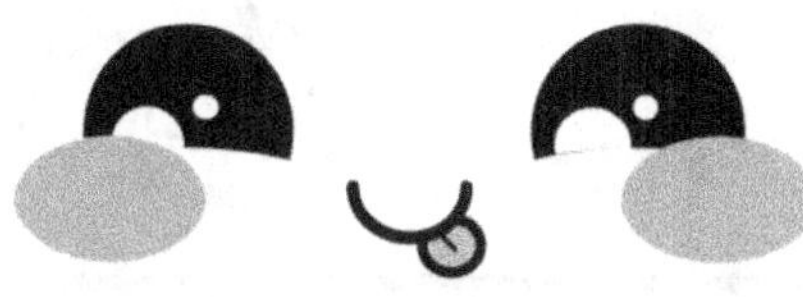

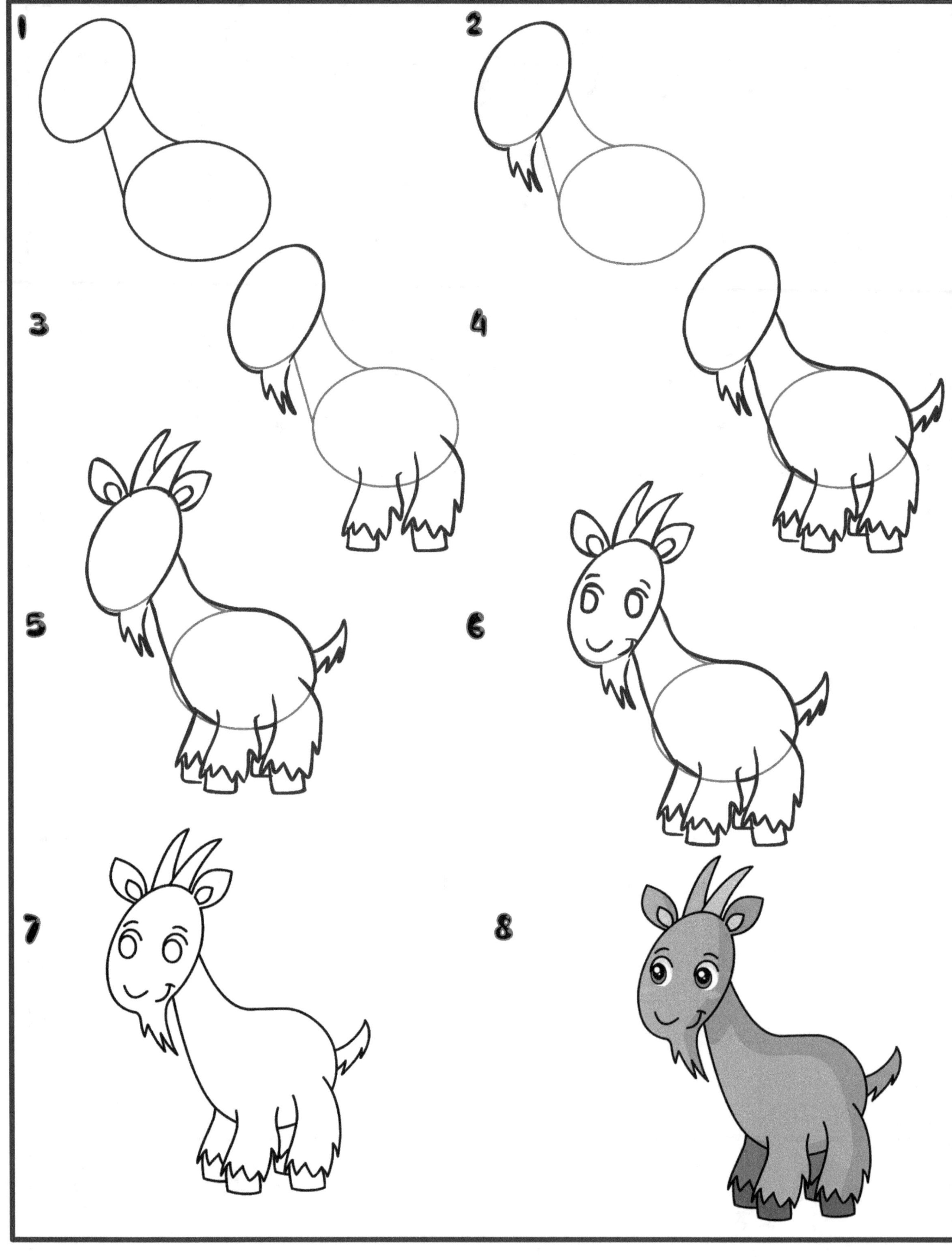

1
2
3
4
5
6
7
8

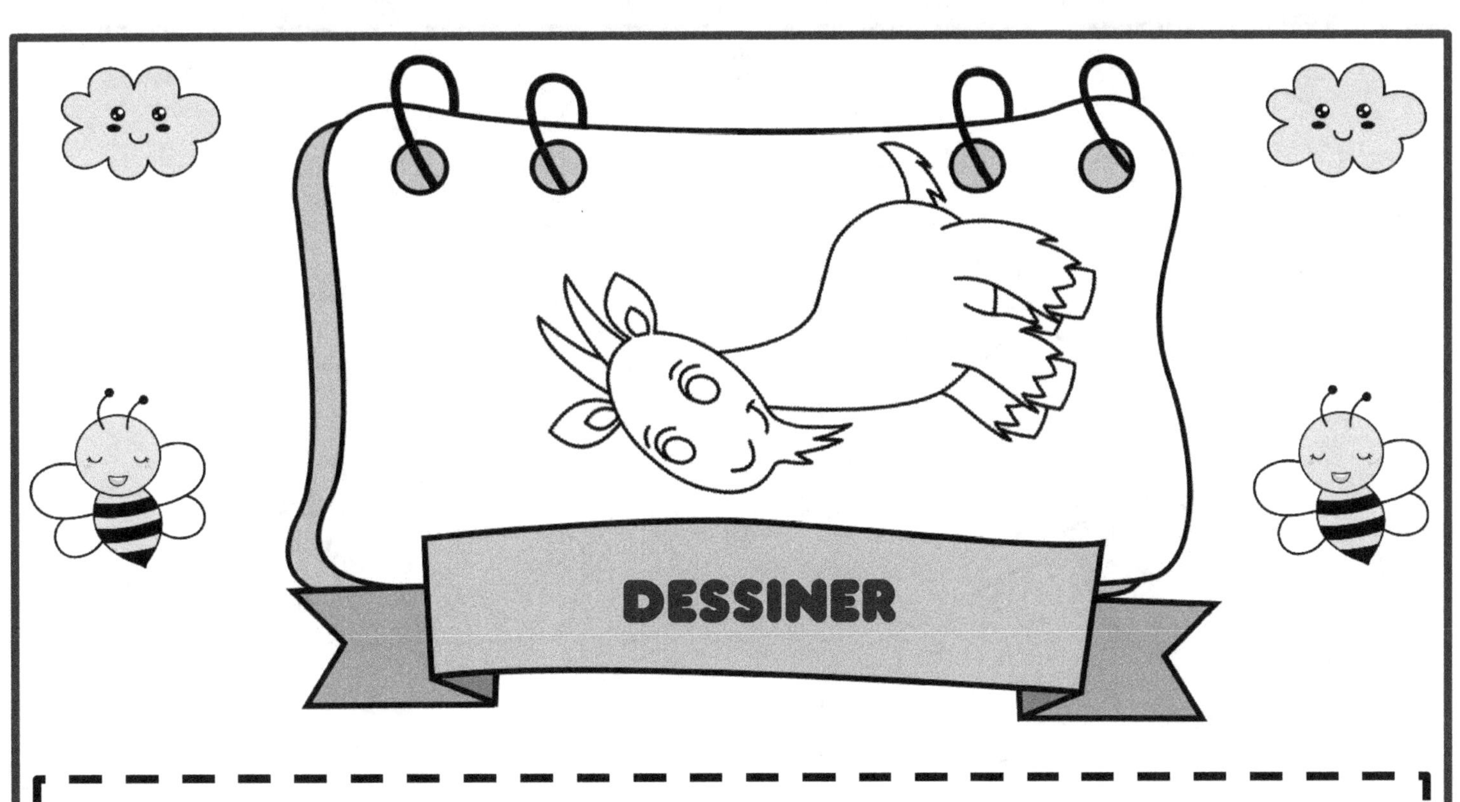

DESSINER

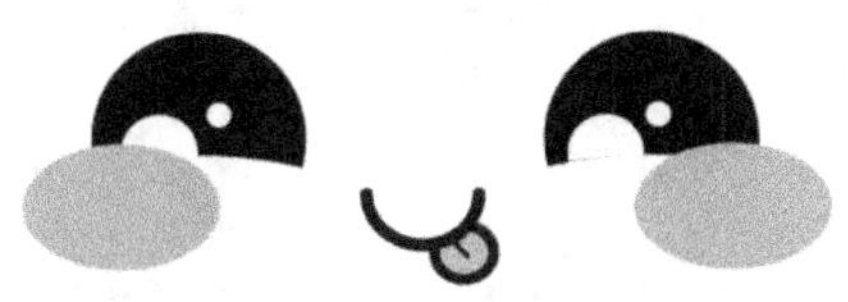

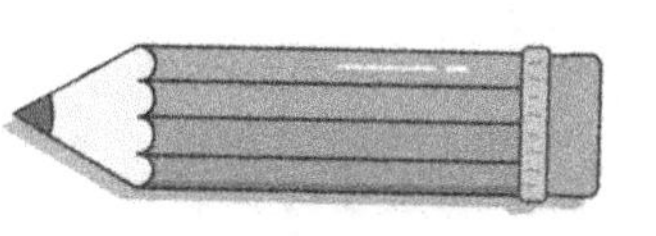

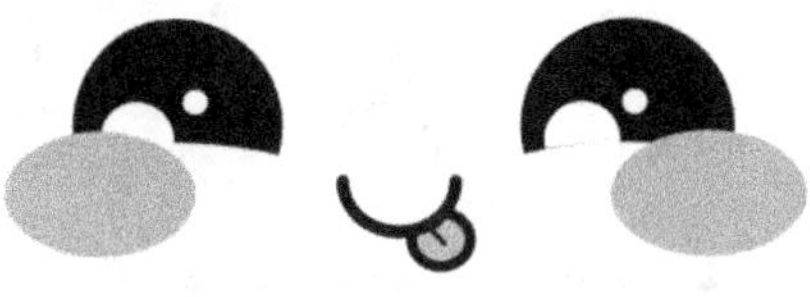

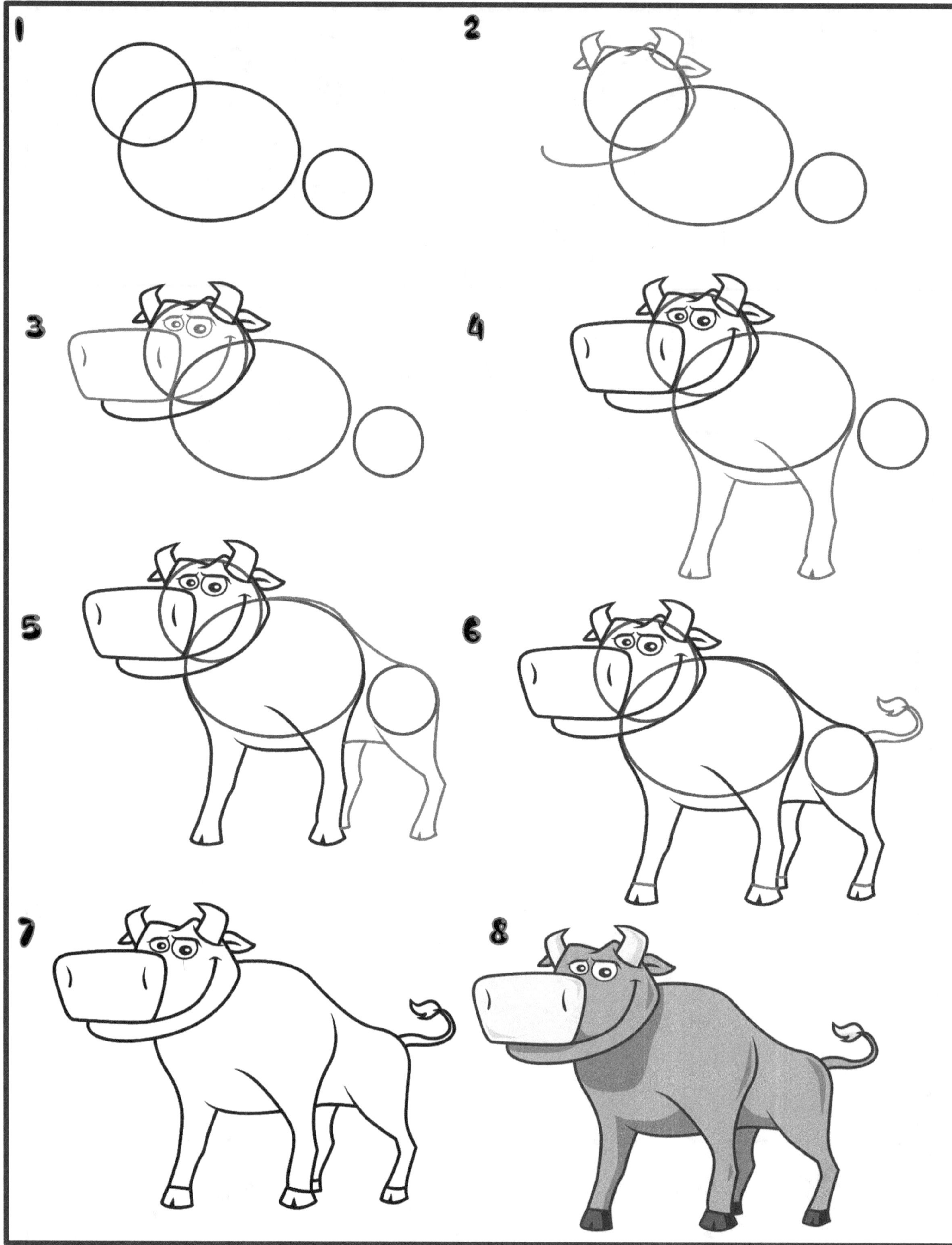

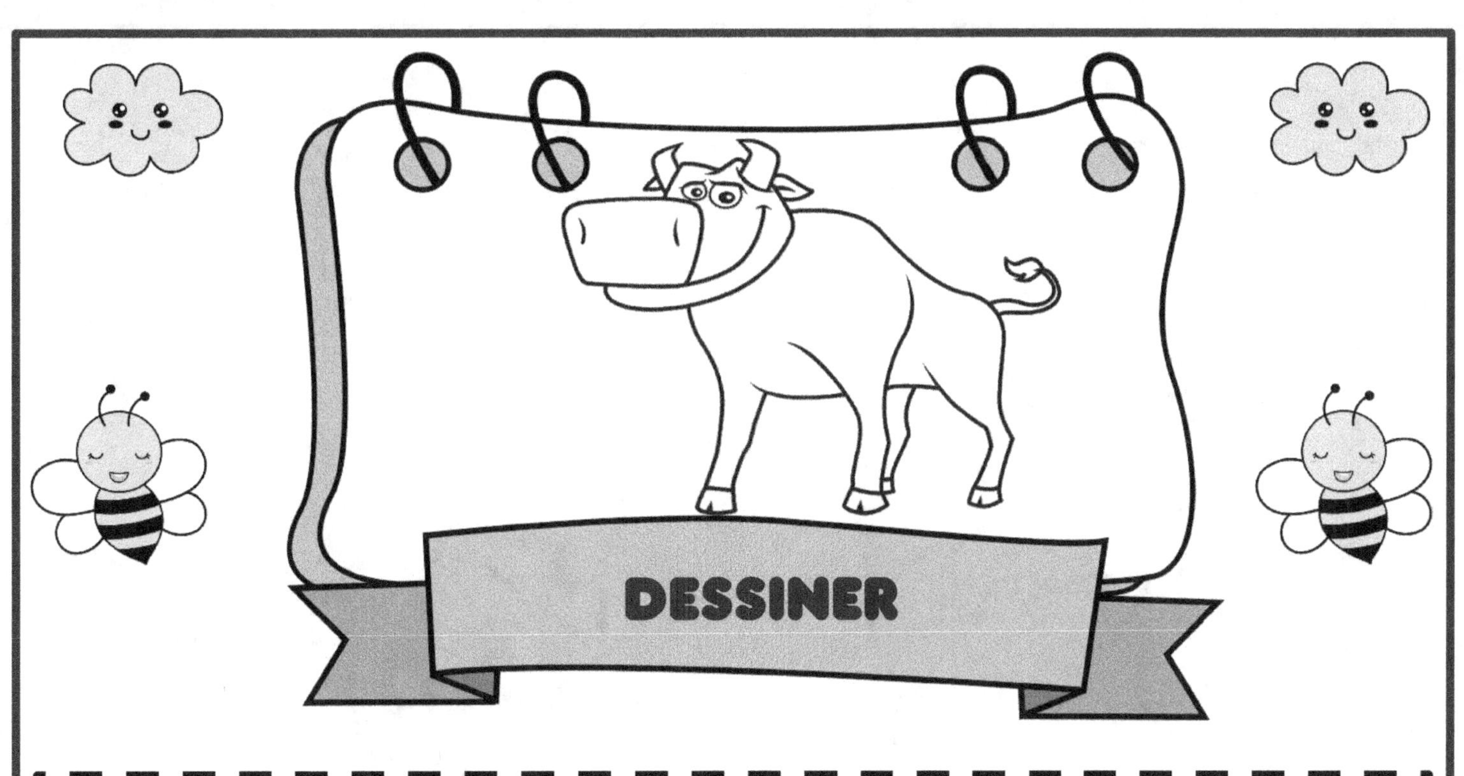

DESSINER

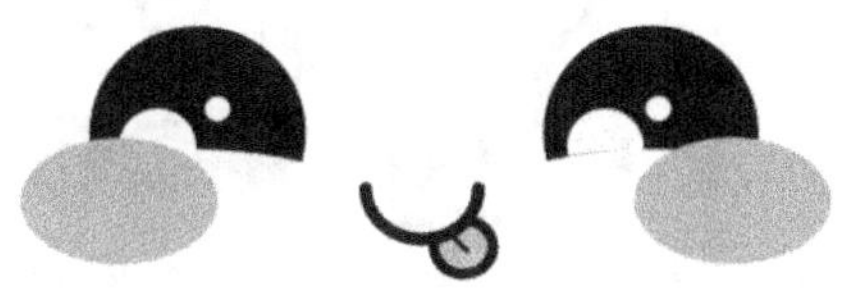

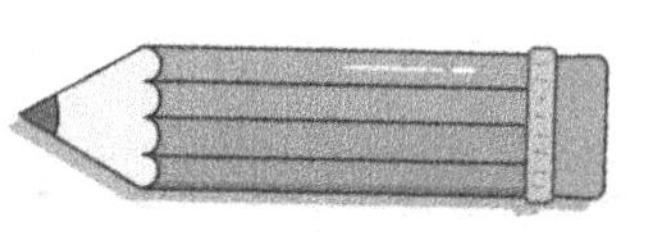

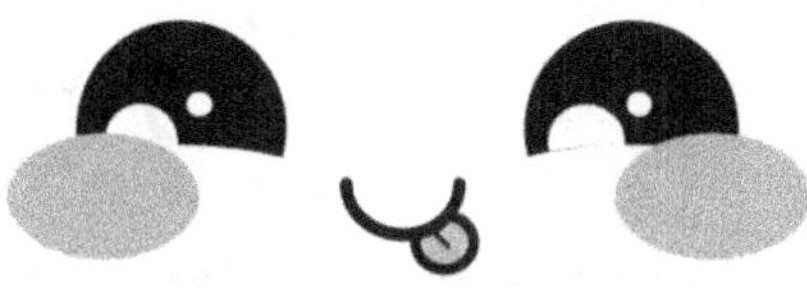

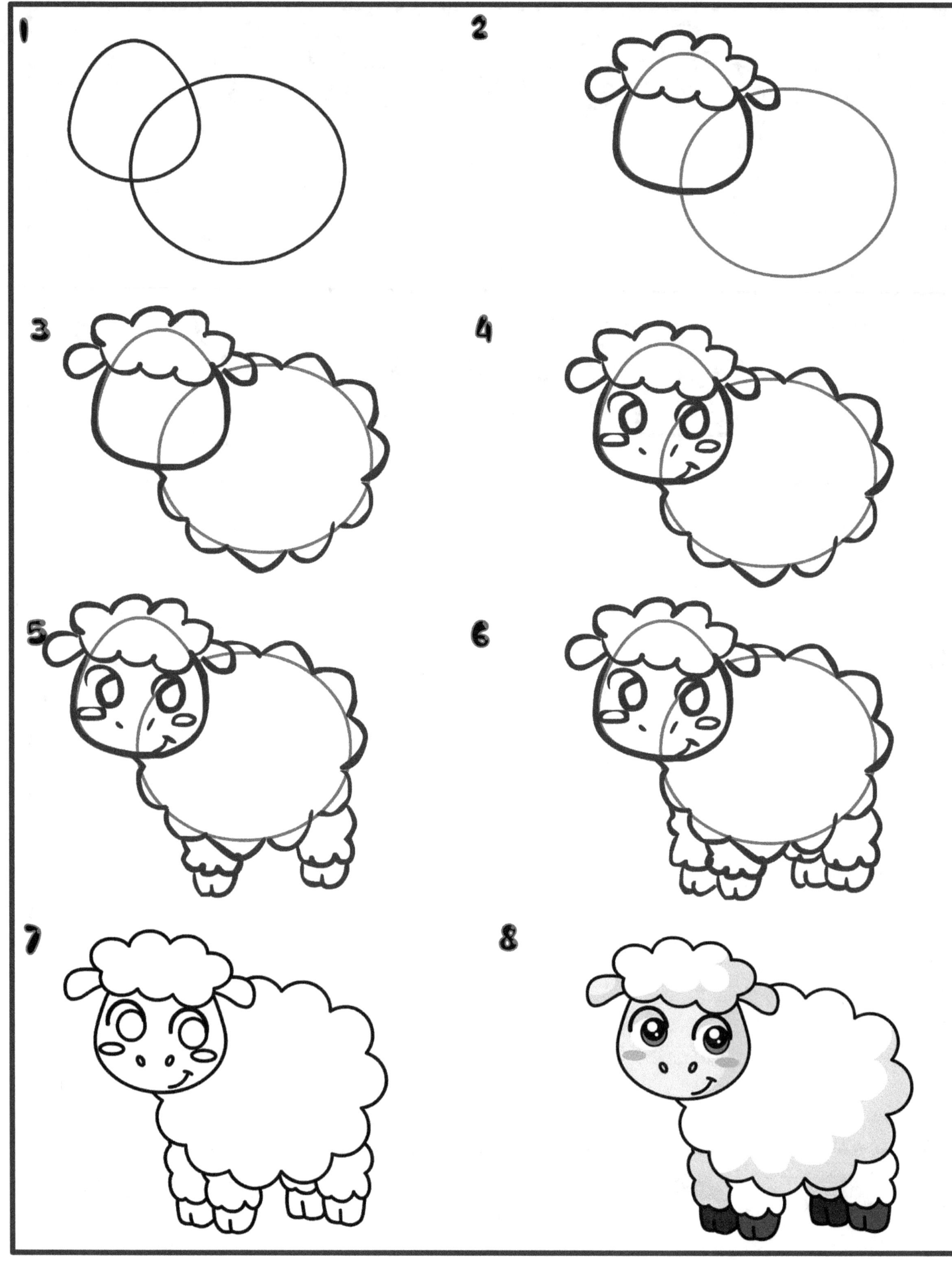

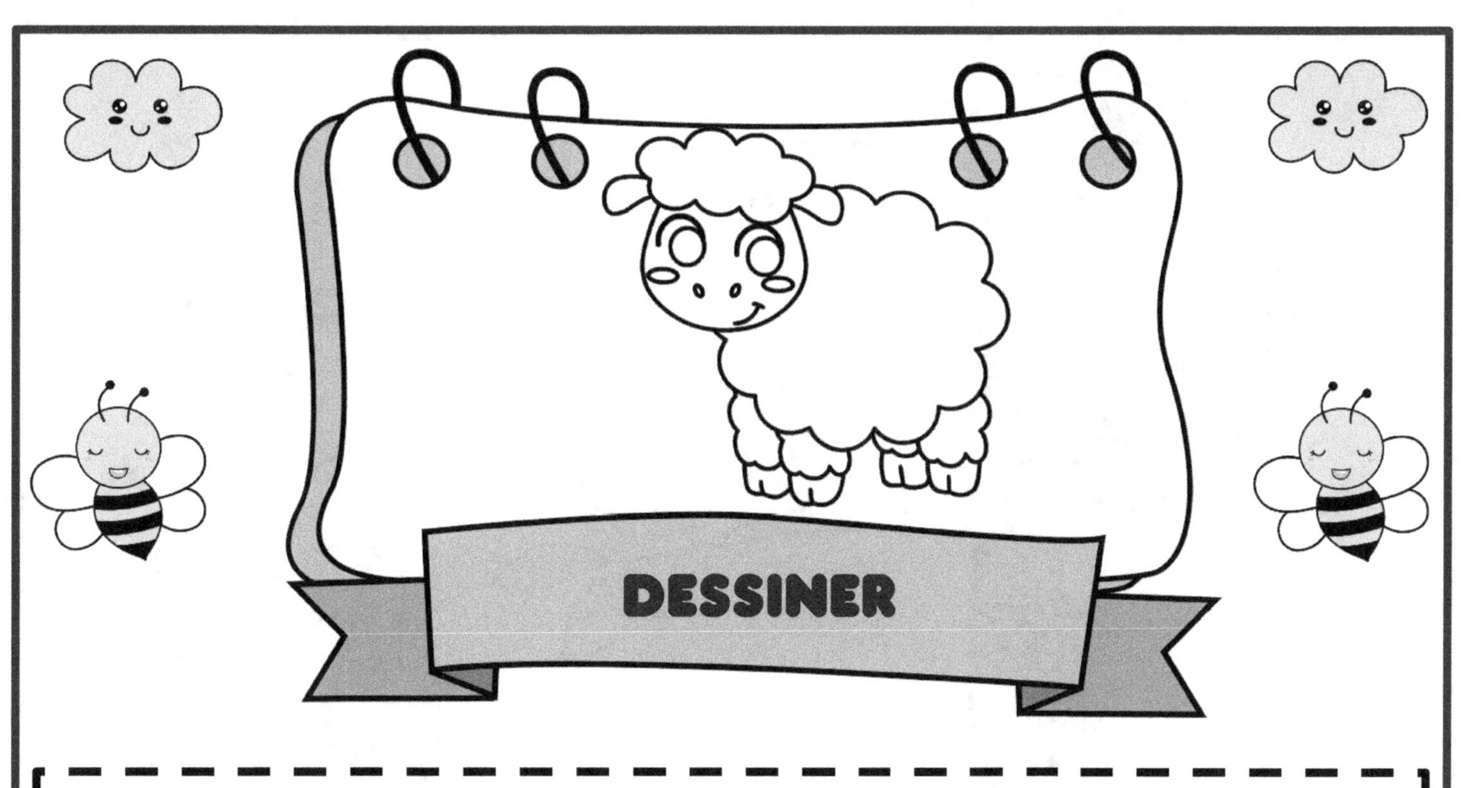

DESSINER

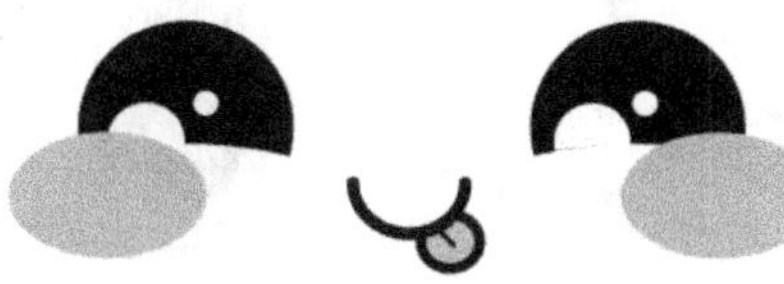
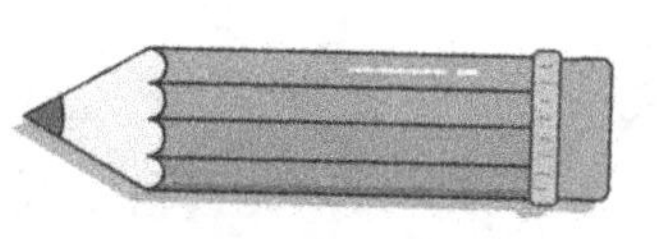
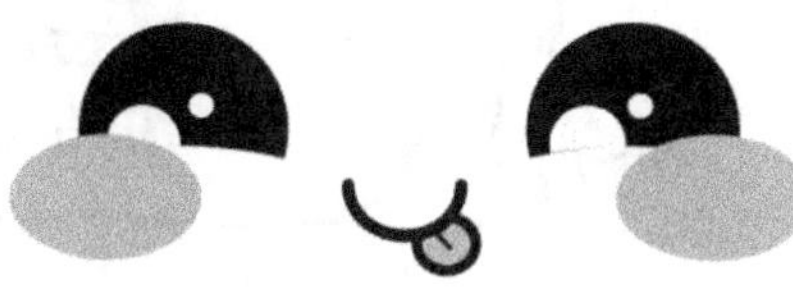

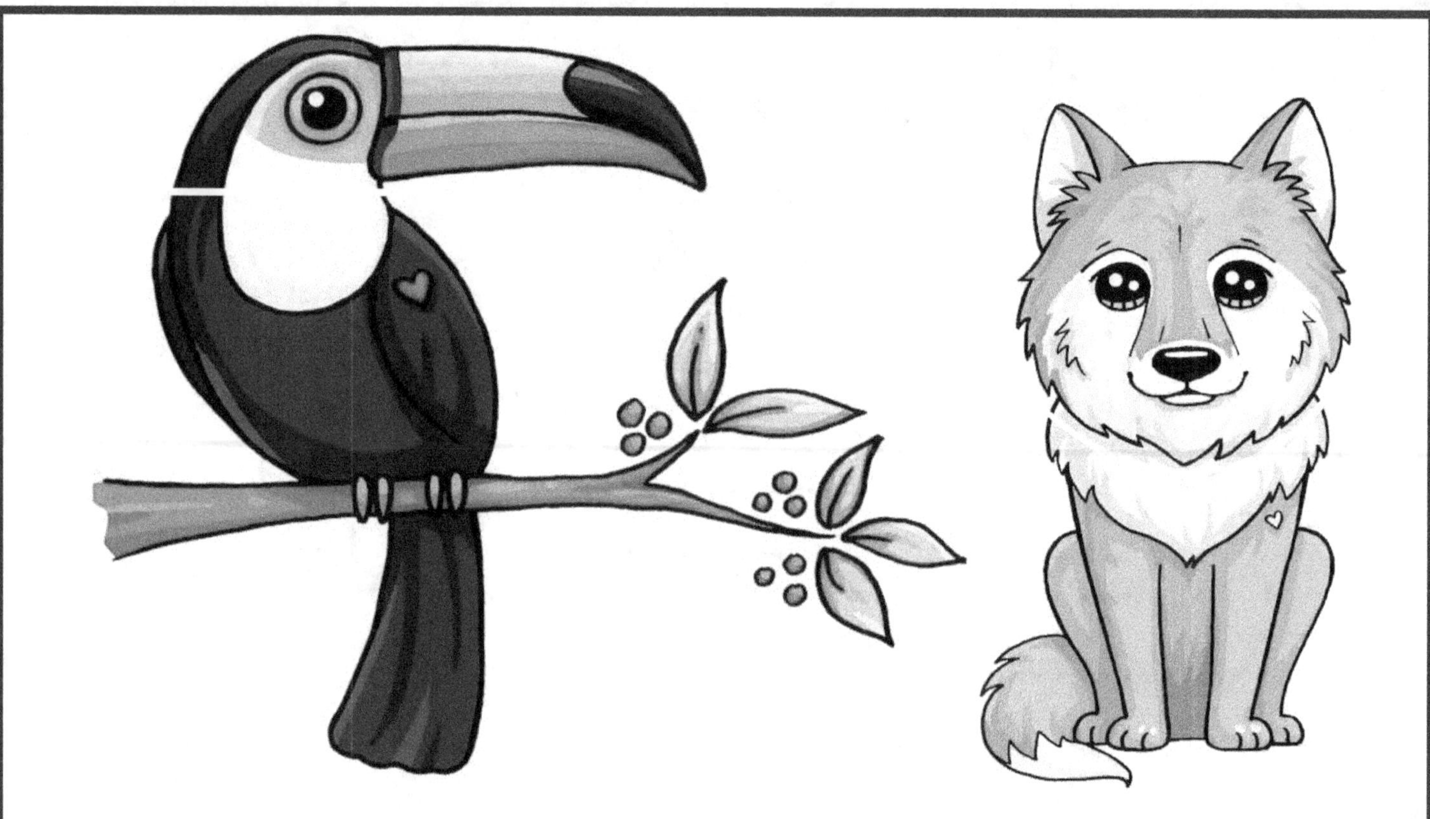

Merci d'avoir choisi ce livre. Nous espérons que vous avez apprécié chaque page de ce livre et que vous avez appris à dessiner étape par étape et à créer votre propre art.

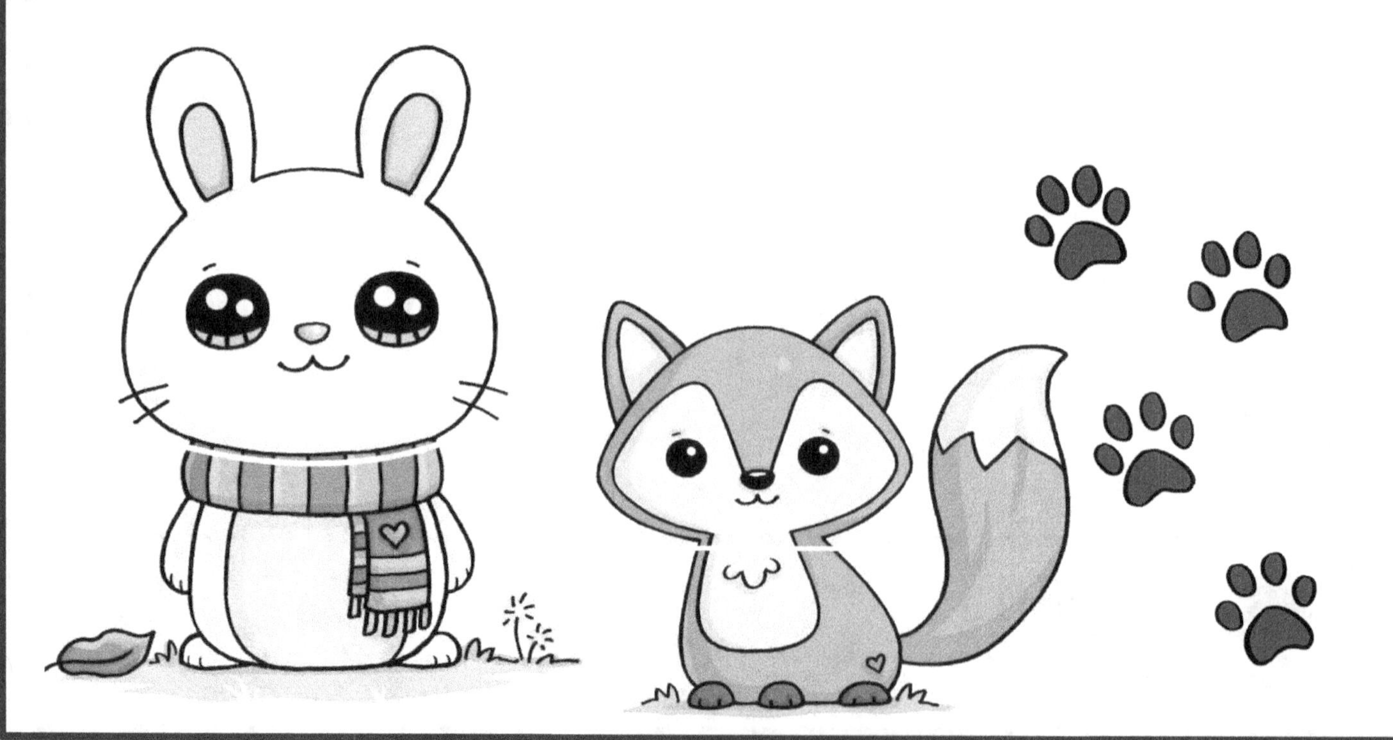